黑龙江省高等教育教学改革研究一般研究项目 SJGY20190339

纪录片理论与创作研究

曲玮婷 著

哈尔滨工业大学出版社

图书在版编目（CIP）数据

纪录片理论与创作研究/曲玮婷著. —哈尔滨：哈尔滨工业大学出版社，2022.6（2024.6 重印）
ISBN 978-7-5767-0052-7

Ⅰ.①纪… Ⅱ.①曲… Ⅲ.①纪录片 – 艺术创作 Ⅳ.①J952

中国版本图书馆 CIP 数据核字（2022）第 110875 号

策划编辑　张凤涛
责任编辑　马　媛
装帧设计　博鑫设计
出版发行　哈尔滨工业大学出版社
社　　址　哈尔滨市南岗区复华四道街 10 号　邮编 150006
传　　真　0451-86414749
网　　址　http：//hitpress.hit.edu.cn
印　　刷　哈尔滨市工大节能印刷厂
开　　本　787mm×1092mm　1/16　印张 11.75　字数 240 千字
版　　次　2022 年 6 月第 1 版　2024 年 6 月第 2 次印刷
书　　号　ISBN 978-7-5767-0052-7
定　　价　78.00 元

（如因印装质量问题影响阅读，我社负责调换）

前　言

本书主要研究纪录片理论与创作，包含两部分内容。第一部分主要关注纪录片本体理论与创作思潮的发展变迁，以及从早期的原始记录到新纪录电影创作理念的流行，对纪录片理论发展的各个阶段做了详细梳理，并着重分析了各时期不同创作流派在创作方式与纪实美学观念上的差异。第二部分则立足于当代中国纪录片创作实践，对新时期纪录片创作的方式方法进行理论探索，着重分析随着影像技术的发展，纪录片在表现手法和表现范围上的多元化呈现。

本书内容是作者多年讲授"纪录片创作"课程所积累的成果，其主要框架基于作者日常授课的讲义深化提炼而成。在本书写作过程中，作者又针对讲义中薄弱或不全面的地方做了进一步补充、修改，并查阅参考了许多研究资料，就一些疑点求证了许多纪录片史料，以保证内容的准确性。为了从全新的视角来看待纪录片理论及创作理念之变迁，作者在书中丰富了以往同类著作中不曾展开的案例，但是依旧无法做到面面俱到，只能是将具有代表性的案例呈现给读者。另外，书中部分观点难免有浅陋之处，恳请读者不吝指正。

最后，感谢在撰写本书时曾给予我帮助的家人、朋友与同事，同时也要感谢本书的编辑及出版社，在此表示深深的感谢。

作　者
2022 年 3 月

目 录

第一章　纪录片概述 ………………………………………………………… 1
第一节　何为纪录片 ………………………………………………………… 1
第二节　纪录片的基本问题 ………………………………………………… 3
第三节　纪录片的功能与价值 ……………………………………………… 6

第二章　纪录片的起源 ……………………………………………………… 10
第一节　早期活动影像 ……………………………………………………… 10
第二节　卢米埃尔的技师们 ………………………………………………… 11
第三节　纪录电影诞生 ……………………………………………………… 13

第三章　纪录片的流派与代表作品 ………………………………………… 14
第一节　诗意的乌托邦：罗伯特·弗拉哈迪 ……………………………… 14
第二节　电影眼睛理论：吉加·维尔托夫 ………………………………… 20
第三节　格里尔逊与英国纪录电影运动 …………………………………… 24
第四节　观察、旁观、等待：直接电影 …………………………………… 31
第五节　参与、诱发、促成：真实电影 …………………………………… 48
第六节　西方新纪录电影 …………………………………………………… 57

第四章　中国纪录片创作思潮 ……………………………………………… 67
第一节　从新闻片到纪录片 ………………………………………………… 67
第二节　格里尔逊式创作思潮 ……………………………………………… 75
第三节　宏大主题与民族精神 ……………………………………………… 78
第四节　纪实主义与平民化创作 …………………………………………… 83
第五节　社会化创作初探 …………………………………………………… 89
第六节　新主旋律创作思潮 ………………………………………………… 93

第五章　纪录片创作——类型与题材 ……………………………………… 96
第一节　类型与分类标准 …………………………………………………… 96
第二节　纪录片常见题材 …………………………………………………… 98

  第三节　选题与前期调研 …………………………………………… 103
  第四节　撰写策划文案 ……………………………………………… 116

第六章　纪录片创作——思维与理念 …………………………………… 122
  第一节　如何记录真实 ……………………………………………… 122
  第二节　选择表现形式 ……………………………………………… 124
  第三节　探索创新模式 ……………………………………………… 127

第七章　纪录片创作——叙事与结构 …………………………………… 133
  第一节　纪录片的叙事视角 ………………………………………… 133
  第二节　纪录片的解说词 …………………………………………… 136
  第三节　合理搭建结构 ……………………………………………… 146

第八章　纪录片创作——方法与实践 …………………………………… 150
  第一节　拍摄前的准备 ……………………………………………… 150
  第二节　纪录片采访 ………………………………………………… 153
  第三节　现场拍摄 …………………………………………………… 158
  第四节　剪辑的艺术 ………………………………………………… 170

参考文献 …………………………………………………………………… 181

第一章 纪录片概述

第一节 何为纪录片

刚刚接触纪录片的研究者可能会有这样的疑问:什么是纪录片?以往的教育方式让我们习惯了在学习新事物前先去了解它的概念,明白其主要的特点、性质、意义和功能,其中最重要的当然是对其概念的界定。但是,当大家稍微对纪录片本身以及纪录片的理论有一定的了解之后,很可能会产生一个更大的疑问:何为纪录片?当翻阅的文献资料越来越多时,越会发现这个问题并不容易回答。如果非要找到一个统一口径的答案,想找到一个较为明确的纪录片概念,那么很可能陷入迷茫。因为,关于纪录片的界定,不单是确定一个概念那么简单,这里面不仅包含了对纪录片本质属性的认识、关于纪录片美学的追求,还有关于纪录片的不同创作主张。概念与概念之间、认知与认知之间、理念与理念之间都可能存在着较大差异性。这也是纪录片很难有一个清晰、明确的定义的原因。"一千个读者有一千个哈姆雷特",不同的观众、导演、制作人、研究者,会对纪录片有不同的认知。《纪录片创作手册》的作者迈克尔·拉毕格也曾说过:"当两位纪录片导演在一起时,就会为什么是纪录片而争论不休。"那么,纪录片究竟是什么?这首先是一个关于本质的问题。另外,除了内在本质,还有外在形式;除了客观记录,还有主观创作。由此看来,与其急于确定纪录片的概念,不如先寻找一些关键词,比如"真实""非虚构""文献性"等,如此梳理出前人对于纪录片的认知过程,便可依靠这些关键词来理解什么是纪录片,也可以在这种文献的梳理过程中了解过往人们是如何看待纪录片的。

何为纪录片?

首先能够明确的是纪录片与以"故事片、剧情片"为代表的"电影"不同。尽管纪录片与现代电影诞生于同一母体,纪录片的起源也与电影的起源密切相关,但在整个影像的发展历程中,纪录片却多次作为故事片创作的对立面出现。纪录片与故事片,一种代表着纪实的、严谨的,另一种则代表着虚构的、娱乐的。苏联著名的纪录电影导演吉加·维尔托夫就曾极力反对并拒绝拍摄故事片,在他的"电影眼睛"理论中,纪录片与故事片有着绝对的分界线。在某些特殊时期,不论是在理论上或是实践上,纪录片与虚构的电影是有着清晰界限的。

当然，今天的纪录片与故事片（电影）都是受人们喜爱的精神文化产品，纪录片的创作风格也逐渐呈现出一种多元化趋势，有制作精良的大型系列纪录片，也有独立制作的质朴的记录影像，有纯观察式的影片，也有借鉴了故事片的创作形式，有情节、有表演的新纪录电影。甚至有些电影还采用了纪录片的纪实性创作方式来拍摄，为的是给观众带来一种更加贴近现实的沉浸式体验。如今的故事片与纪录片在创作方式与手法上不再那么泾渭分明，甚至有些导演会刻意混淆两种影像创作的界限，为的是给观众带来更加新奇的观影体验，但纪录片与故事片依旧是两个完全不同的影像类型。

这是因为纪录片与故事片之间最鲜明的界限就是其"真实"与"存在"，影片呈现的内容是源自现实素材还是人为虚构的，在这一点上二者是有着本质区别的。比如人们进入影院看电影，不论放映的是何种类型片，尽管在观影过程中，会被电影情节带入，产生沉浸式的观影体验，但走出电影院，没有人会将其与现实生活混淆。因为人们清晰地知道，电影是虚构的，是人为创作出来的影像，其人物、情节、内容、环境、背景，可能来源于生活素材，但却远不再是生活本身。它高于生活，将现实生活的多种情况浓缩在一起，才能有那么多的冲突，那么多的巧合及悬念。然而，相反的是，人们在欣赏纪录片时却会不自主地产生各种各样的疑问，如果纪录片与故事片在影像呈现上的界限感并不是那么清晰，那么，人们便会质疑纪录片的真实性，会质疑纪录片的创作方式，会质疑片中人物是否是在按照生活的本来面貌而行动，会质疑导演的创作动机。这种主观感受的差异或许因为电影对"虚构"影像的呈现，让人们可以和虚构的小说、故事联系在一起，认为故事就是要天马行空，需要想象力与创造力。但就纪录片对"真实"或"非虚构"的呈现，或以何种方式呈现却很难达成共识。人们会根据自身对生活的理解、认知与判断，质疑影片的内容、叙述表达的方式，还有细节，进而判断影片所呈现的到底是"事实"还是"虚构的故事"，是看上去像故事的"事实"，还是看上去像现实的"故事"。

当创作者开始对现实生活进行记录时，当其根据自身对"纪实"的理解而进行创作时，当其对现实进行"创造性处理"时，都容易被质疑其镜头拍摄的对象与内容叙事的真实性，还会被衡量其主观介入的程度会不会损害现实。尤其是历史纪录片，因为创作者不在场，其记录内容更容易被质疑是否符合史料的真实性。纪录片本是一种对现实世界的记录，是一种表达形式，是"纪实"，因此在创作上必然会存在不同的理念，这些理念的区别，主要是由于对现实呈现的标准不同，以及对现实呈现的方式不同。因而，迄今为止还没有一个明确的、为大家所共同认可的纪录片定义。

究其原因，一个简单的回答可以是这样的："纪录片是关于真实生活的电影。"纪录片是关于生活的影片，但它们却不是真实的生活。观众无疑也在塑造着纪录片的意义，因为他们会将自己对于世界的知识和兴趣与影片制作人向他们展示的一切相联系。除此之外，伴随着纪录片百年的发展流变，不同创作流派之间呈现出此消彼长、长期共存的形态。不同的创作流派各自有着自己对于纪录片创作方式的理解，或重视客观记录，或重视隐匿观察，或重视介入参与，或重视再现搬演，或重视解决问题，即使在同一时期也存在着不同的创作理念。但是，纪录片的内涵，即它区别于其他样式的规定性——"真实"的属性，决定了不同的纪录片虽然表现形式"殊途"，但其所秉承的"纪录"精神却是"同归"。

所以，关于纪录片是什么的问题，我们可以从"共性"出发，寻找"同归"之处，这样就可以分别从"本质"和"形式"来理解纪录片的多元化发展了。

第二节　纪录片的基本问题

纪录片的基本问题，其实与前面所提到的"关键词"有很大的关联性，也是关于纪录片理论的一些争辩。这些问题既包括对纪录片本质的认识，也说明了不同时期纪录片在创作理念上的差异。目前来看对"真实与纪实""主观与客观"两对概念的辨析，可被看作是对纪录片基本认知的前提。

从对历史的追溯中我们可以得到这样一个事实，技术装备的进步不断地改变着纪录片表意的语言系统，也不断使人们改变着对纪录片特性的认识。我们可以这样理解，或许对纪录片的认知本身就具有开放性。不停更新的作品，不断推出新的创作形式，都在刷新着人们对纪录片形式的认知，但这些认知主要是针对创作层面的，下面的内容则更多是对纪录片本质的探讨。

一、真实与纪实

想要说明什么是纪录片，绕不开的一个关键词就是"真实"，关于纪录片的几乎所有概念都在强调纪录片的真实，强调真实性是纪录片的生命，这也成了纪录片区别于故事片最鲜明的标志，是人们对纪录片本质属性的共同认识。

纪录片最基本的要求是立足于现实，真实是一切纪录片所追求的最高目标。有的纪录片拍摄者一生都在致力于使其作品达到完全的真实，达到理想中的真实。

然而，完全意义上的真实是不存在的。

纪录片同其他艺术形式一样，都是"选择的艺术"。创作者在创作艺术作品的过程中，面临着各种各样的选择，如主题选择、角度选择、人物选择、过程选择、手段选择等。在每一个选择的节点，都已经渗透了创作者自身的世界观和认识论。我们在纪录片的创作中也能看到这种选择,从拍摄到制作,这些选择或直接或间接,或显露或隐匿,但一定有创作者的主观意识参与其中。电影史上,只有卢米埃尔的十个短片接近于严格意义上的真实,但这种一个镜头的作品很难称得上是艺术。创作者的干预从梅里埃的"停机再拍"就已经开始,而到了弗拉哈迪的《北方的纳努克》更是让主人公去表演其祖辈们的生活。弗拉哈迪与梅里埃的不同在于,他拍摄的是人们实实在在的生活,而梅里埃拍摄的则是虚构的故事,弗拉哈迪由此赢得了纪录电影之父的殊荣。

从哲学的意义上说,真实是人们对物质"存在"的内涵的判定,"存在"是脱离人的精神而独立的物质世界,这个物质世界不依赖人的感觉而存在,但它又是通过人的感觉去感知的。因此,人们平时谈论的纪录片的真实,确切地说,应该叫作"真实性",它体现为纪录片文本与创作者之间的一种关系,即纪录片的表达层面和内容层面的关系。这种真实性在理论上可以视作等同于客观存在,是所有纪录片创作者渴望的。

纪录片的核心永远是内容,而内容的核心就是真实。这也是人们强调真实才是纪录片独一无二的本质的根本原因。但是我们不能否定创作者的视野和视角对真实的影响,所有的真实或真实性都是相对的。"如果说纪录片追求一种真实的境界,那么真实并不仅仅是客观现实的真实,而是创作者和观众的主观感受的真实,因为纪录片实际上是对生活的一种转译,是创作者把他对生活的解读告诉给受众。"这种转译实际上就是"纪实",其认可了纪录片创作的目的不在于真实地反映生活,而在于表达创作者对生活具有主体意义的价值判断,并以此实现与观众的情感交流。因此,钟大年强调"纪实不等同于真实"。纪实是一个现实主义的命题,"纪实风格""纪实手法"是作为一种独特的形式构成方式包含在现实主义的创作之中的。真实是纪录片的本质属性,它要求现实生活的存在方式和本质意义通过创作者的创作活动体现在作品中。这样的观点也正好契合了近一百年前格里尔逊对于纪录片的理解与判断。他在《纪录电影的首要原则》一书中写道:"可以利用一种新的富有生命力的艺术形式挖掘电影之把握环境、观察现实和选择生活的能力。原初(天生)的场景能更好地引导银幕表现现当代世界,给电影提供更丰富的素材,赋予电影展示更丰富的形象的能力,赋予电影表现真实世界中更复杂和更惊人的事件的能力。取自原始状态的素材和故事相比表演出来的东西更优美(在哲学意义上更真实)。在银幕上,自发的举止具有特殊的价值。"格里尔逊所述"电影"指的是纪录电影,而其所提到的"取自原始状态的素材",实际上对应的就是我们前面所述的"真实",即客观存在的事物,是非虚构的。格里尔逊的这一说法的价值就在于定义了纪录片的真实原则和现实基础。他还对"纪实"这个词的指称范围做了进一步说明,认为纪录片是指那些"对现实素材进行了创造性处理"的影片,而"自然素材的使用"是"至关重要的区别标准",这一般被认为是纪录片的经典定义。可见,在近一百年前人们首次定义纪录片的时候,对于纪录片的认知就是基于"纪实"的基础,肯定了素材与内容的"非虚构",但是绝对没有排除创作主体的创造性处理。尽管后来以"直接电影"为代表的观察型纪录片的创作方式重塑了人们对纪录片的认识,使人们再次陷入"真实"与"纪实"的认知旋涡当中,但是随着技术和创作手法的不断进步,人们对纪录片的认知也开始变得多元化起来,这一点我们从20世纪80年代末至90年代初期出现的新纪录电影的创作观念中就可以窥见。

在理论上,20世纪90年代,国内经历了一场关于纪录片的大讨论。在那场讨论中,经过多方观点的交锋,"纪实不是真实"这一观点逐渐成为学界和业界普遍接受的观点。钟大年在《纪录片创作论纲》一书中再次强调影像不是现实,而是已经被中介化了的现实,在观众与现实世界之间,还存在着创作者、摄影机、再现的作用与方式等因素。于是,真实在这里成为一种审美现象,真实性也不再是哲学意义上的,而是审美意义上的,纪实就是一种审美风格。书中还提到了关于纪实创作手法的五个维度:"纪实是一种特殊的纪录形态,强调纪录行为空间的原始状态;纪实是有创作者参与观察的,是创作者对被拍摄对象的观察过程;纪实具有独特的叙事(表达与现实内容兼具);纪实具有思维品格;纪实不是目的而是效果、手段。"

综上,可以这样理解纪录片理论中反复强调的"真实"或"非虚构":它们更多指向的是原始素材而非影像的表达形式,即在记录对象的选择和原始素材的获取上,必须是以真实为前提的。纪录片可以记录当下的人和事,也可以根据确切的史料和研究资料再现过去某个时空发生的事和存在的人,这些都必须是真实存在或存在过的,这一要求是合乎情理的。因为作为客观见之于主观的产物,任何艺术,包括绘画的写实,其文本本身与现实物质的"存在"都没有直接的对等关系,所以由人类以各种手段进行创作呈现出的纪实性文本都无法达到哲学意义上的真实,无法达到形而上的真实。纪录片所呈现的更多是"真实感",即参照真实性,参照现实成就一种纪实主义的美学风格取向。这种真实感更多是建立在观众的心理感受基础之上的,观众以其对客观现实的认知作为基础,对其所观看的影像内容的真实程度做出反应。对于观众而言,如果纪录片所表达的内容在某种程度上与其现实生活经验相符合,与其对于事物的理解与认知相一致,那么纪录片就是"真实"的。

二、主观与客观

接下来我们探讨关于纪录片的另一对基本问题——主观与客观。从罗伯特·弗拉哈迪的"搬演"到尤里斯·伊文思的"想象",从约翰·格里尔逊"创造性地处理事实"到吉加·维尔托夫"将现实的片段组合成有意义的震撼",纪录片从来都避免不了创作"主观参与",也从来没有绝对的"客观记录"。当创作者想要通过镜头来记录生活的那一刻,主观就已经存在了。"纪录片拍什么?""纪录片怎么拍?""纪录片用什么方式拍摄?""纪录片要表现什么?""纪录片表达什么?"这一切都是在创作者的主观选择当中实现的,当人们通过影像看到被记录的生活情景时,画面中展现的生活就已经不再是原始的生活,不再是客观现实存在的生活了,而是被选择的生活、被罗列的生活、被创作者展示的生活、用于传达意义的生活,是以艺术化的方式记录的生活。

钟大年曾提出:"主观性与客观性的矛盾一直是纪录片创作的根本问题,尽管人们并不否认,纪录片创作本身就是一个主观性的命题。"欧阳宏生也曾提出:"即使在最严格的纪实性作品里,也处处渗透着主观的痕迹。从题材的选择、景别的选择,到叙事策略和表达方式的选择,在这一系列的选择中,都贯穿着创作主体的道德立场、价值判断、审美选择和主观倾向,这一切都具有强烈的主观性。从这个意义上说,主观性是纪录片的普遍特性。"实际上,当创作者开始准备拍摄的那一刻,当摄影师扛起摄像机开始记录的那一刻,就已经渗入了主观意图,更不用说后期的制作、配乐、配解说词了。

在纪录片的发展过程中,人们曾经就纪录片的主观性与客观性有过多次激烈的争议。最开始是主观与客观之争,如巴赞的纪实电影理论就是建立在"摄影影像本体论"的基础上的,他认为"影像按照严格的决定论自动生成,不用人加以干预,参与创造。"但是巴赞的理论在现实中却是和实践相悖的,可以看作是关于影像艺术的乌托邦,但却无法根植于具体实践。绝对的客观是可望而不可即的,"客观真实"是纪录片创作者们的信念,但绝对不能成为执念。当人们真正投入实践后就会发现,纪录片创作本身就是对客观世界的观察、发现与思考,而创作主体是这一系列动作的发出者,主体性不可避免,只能尽量降低,还观众一个身临其境的拟态现实。因此,后期关于纪录片的主观性的争论又从"主、客观之辩"转移到了"主观程度之辩",这使得人们开始关注"对于纪录片可以在多大程度上表达主观性和以何种方式表达主观性,即纪录片表达主观性的空间到底有多大?它的最后边界是什么?人们对于这个问题的理解,还有很大的分歧,甚至可以说存在着激烈的争论"。

"如果说客观性是纪录片的血肉,那主观性就是纪录片的灵魂。……而只要与真实的客观世界不存在着直接的冲突,我们就可以将其视为真实,一种主观观照下的真实。"从追求绝对的"客观记录"到能够接受"主观介入",纪录片的创作形式越来越多元化,纪录片不再完全排斥创作者主观意识表达就已经是一种进步,是观念与理念的进步。

第三节 纪录片的功能与价值

相较于其他影视作品所具有的审美、娱乐、滋养心灵与情感等精神层面的功能与价值,纪录片在拥有这些功能与价值的同时,更因其纪实性、过程性影像在记录现实与历史方面具有极高的文献价值。纪录片不仅被称为"国家相册",更因其易于构建一个具有真实感的影像文本,而获得不同文化背景受众的理解与认同。因此纪录片在国际交流与传播、国家形象建构等方面也有十分重要的功能,更是被誉为"装在盒子里的大使"。如果将纪录片的主要功能进行划分,主要可以分为以下几个方面。

一、知识传播

作为一种意识形态的载体,纪录片具有一定的社会功能,反映生活、记录历史、传播知识、舆论引导及发挥审美作用等。它以影像的形式来传播信息,其中最为重要的信息就是知识与文化,正所谓"文以载道",纪录片就是一种以影像来传播知识的载体。这一功能在科教类纪录片中表现得尤为突出,这类纪录片以传播知识为主,用客观的态度向人们传播自然、科技、文化和社会等方面的知识,丰富着人类的认知和体验。同时,纪录片也在构建时代精神,它通过呈现一些事实,使之成为人们知识结构的一部分,从而提高人们的综合素养。有时一部好的人类学片其学术价值是很高的,它可以与论文、专著相提并论。因而,在一定程度上,人们将纪录片认定为影视产品中"文化""知识"的代名词,空余时间很多人会通过主动收看纪录片的方式来增长关于某方面的知识,提升自身的综合素质,而这些都是纪录片的知识传播功能的体现。

二、历史记录

历史记录功能其实就是纪录片的文献记录功能,所体现的是纪录片关于历史文献记录方面的价值。文献,一般认为是通过一定的方法与手段,运用独特的表意系统记录一定载体的具有历史与研究价值的知识。从纪录片的定义到它的特点,"真实"无疑是最核心的概念之一,也集中体现了其文献价值。格里尔逊更是将纪录片定义为"具有文献价值"的影片。早在人类文明的早期,从结绳记事到甲骨铭文,人类就开始了对历史的记录,这些都成为后世进行历史研究的宝贵资料,为人类文明的传承与发展做出了巨大的贡献。

纪录片的历史记录功能主要强调"记录",呈现过去,也记录现在。纪录片能够以再现的方式来呈现过去,同样也能够以其纪实的形式将终成为历史的"现在"记录下来,让这些内容成为影像文献被人们了解。伊文思曾经不止一次说过:"纪录片把现在的事记录下来,就成为将来的历史。"对于人们而言,每一部被创作出的纪录片都是一段历史的记录。如果一部纪录片能够如实地记录与反映一个时代、一些国家、一些地区、一些人的生存环境、时代风貌、生存境况,那对于后世而言将是最为宝贵的文献资料。当然,这种记录并不是一种机械的复制,也不是一种纯粹自然主义的记录,而是通过记录与关照,使人们对于历史与现实有更加深刻的认识。尤其是当纪录片创作的界限不再那么极端,人们逐渐接受纪录片可以使用一些虚拟的影像来还原历史,利用影像形态对历史遗迹、文化器皿、文化景观进行记录与表达,这不仅扩大了纪录片记录历史的叙事空间和叙事手段,而且逐渐使其"记录时代进程"的宏大使命扩展到了对社会深层和历史细节的深度思考上,使纪录片所承载的历史价值更为人们所关注。

三、文化交流

纪录片是"装在盒子里的大使",这一点说的是纪录片的国际交流功能。然而,纪录片的文化交流功能却不单局限在国际交流这一部分,纪录片本身就在呈现着各种各样的文化。人们观看纪录片,谈论纪录片的内容,反映各式各样文化样态的纪录片通过各类渠道与途径被人们了解,这些都是文化交流,文化交流是不受地域限制的。

首先,纪录片被视为国际传播视野下的重要传播策略,因为它承载了国家形象与文化的对外传播。我国"文以载道"的传统,以及根深蒂固的"传媒工具论"观念,使得我国非常注重对于纪录片的功能性开发,宣传视野下的纪录片其工具性价值明显,其中最重要的就是文化交流。告诉世界一个真实的中国,需要有效的跨文化交流文本。而纪录片因其具有纪实性、过程性的影像品性,往往给人以真实的预设,文化折扣更低,更容易获得不同文化背景下受众的理解。由此可见,纪录片是国际文化交流与展示中国形象的重要文化传播载体。

其次,纪录片还具有更广泛意义的文化交流功能。早期的纪录片采取的是一种文化启蒙的态度,试图整合文化,审视社会;当代纪录片则侧重于以一种平等宽容的态度进行文化交流,返回审视人类自身,这是纪录片在文化交流上的一种观念变迁。在某种意义上,历史纪录片可以是一种文化交流,它以动态文献的形式记录历史,"以史鉴今",用影像架起了古今文化的沟通桥梁,对今天的人们起到了启迪与警世的作用。同样,能够同步记录现实的纪录片也是一种文化交流,它最重要的意义在于为我们的社会提供了一个人文观察的角度,从人出发去关照人,这是现代人与现代社会文化的一种交流。纪录片的一大重要文化功能就是努力达成文化共识,促进人类的沟通了解,其主要通过文化教育来实现。文化教育有两种功能,一为文化整合,一为文化交流。这两种文化功能在纪录片传播中是同时存在的,在不同时期有不同的侧重。很多时候,我们强调的文化交流功能要建立在平等对话的基础上,只有这样才能让纪录片在当代社会的文化传播中,成为不同文化背景下的人们相互了解的桥梁,使文化能够广泛传播,也让文化得以代代传承。

四、审美愉悦

纪录片的审美愉悦功能是纪录片最为显著的功能之一。德国电影家克劳斯·克莱梅尔曾说:"纪录的质量取决于美的质量。"这是国际上最具有代表性的关于纪录片的美学观念。纪录片的审美功能就是满足人们的审美需要,以其真实美、发现美、思辨美、过程美凸显美学特色。纪录片的美首先源自生活本身,也就是要记录生活本身真实存在的美。"纪录片的根本美学特征在于记录真实",纪录片的美就在于"真实的美","这种美存在于真实生活的情态中,纪录片造型的美是为真实的生活内容服务的"。

生活中的美存在于自然界和社会生活中,从形态和内涵上讲,既有美的东西,也有丑的东西,而纪录片是通过探索的目光来发现美、挖掘美、再现美。格里尔逊说,对于纪录片,发现比发明更重要。每一部优秀的、具有审美价值的纪录片,都是创作者按照一定的审美观念进行美学构思,对生活中美的事物加以选择、概括、提炼、逻辑构架而形成的艺术作品。纪录片的美来源于生活本身,通过有选择的、长期的、不间断的记录,由此呈现生活中真实的过程美。因此,可以说纪录片的美是根植于生活美之中的,而一切生活之美,都可以在纪录片中得到很好的反映和再现。

纪录片的美还表现为艺术美,可以说优秀的纪录片就是艺术。如果"纪实的生活之美"是纪录片的第一层美感,那么经过主观选择与提炼的,在客观现实基础上创作的"影像艺术之美",就是纪录片的第二层美感。这种通过纪录片的光影、画面、配乐、构图、造型、解说、叙事等共同构成的美,即包含了原始素材的自然朴实,又体现了创作者的艺术追求。正如黑格尔所说:"艺术的美高于自然。"艺术美是艺术家通过对生活美进行加工、提炼、集中、概括而表现在艺术作品中的美,是艺术形象和意境的和谐与统一,因而比生活美更集中、更典型、更普遍、更强烈和更富有感染力。

纪录片从形式上来说是综合性纪实艺术的体现,集多种艺术表现手段于一身,并将其和谐地融于纪实性之中,形成了自己独特的纪实艺术审美特征。无论是自然美还是艺术美,一部具有审美价值的纪录片,对于观众而言能够在观影的过程中享受到审美的愉悦感,这就是纪录片的审美愉悦功能。优秀的纪录片能够深入人的精神世界、情感世界,使观众在享受视觉震撼与审美愉悦的同时,冲击人的心灵世界,这种心灵冲击也是一种美的享受。

第二章 纪录片的起源

在纪录片的发展史上，1895年是一个特别的年份，这一年是世界电影的诞生年，也是纪录电影的开端。纪录片与故事片（电影）脱胎于统一母体——早期活动影像，早期影像的诞生则源于人们对使用摄影机进行摄制的尝试。

第一节 早期活动影像

1895年卢米埃尔兄弟的活动摄影机被制成。用卢米埃尔的话说，它是把现实如实拍摄下来的理想工具，因为它的质量只有5千克。相比爱迪生所发明的棚内摄影机，卢米埃尔兄弟的摄影机只有前者质量的百分之一，形似一个旅行箱，携带方便，无须用电，可以轻松转移到室外摄影。

1895年12月28日，是世界公认的电影诞生日，但其实早在1895年3月，在巴黎召开的振兴法国工业会议上，卢米埃尔兄弟就对短片《工厂大门》进行了非公开放映。但直到12月28日，卢米埃尔兄弟才在位于法国卡普辛大街的大咖啡馆的地下室正式公开放映了《工厂大门》《火车进站》等影片，所以这一天才被认为是世界电影正式诞生的日子。他们陆续拍摄了几十部影片，每部影片的时长在一分钟左右，其中最受欢迎的是路易·卢米埃尔在法国南部拍摄的《火车进站》，火车从远处疾驰而来，当时多数观众将屏幕上的活动影像当成了现实，生怕列车进站时冲破屏幕，冲向自己，便在火车进站前的一瞬间惊叫着闪躲。这一幕多年后在电影《雨果》中被再现出来，可以让人们清楚地看到当时的人们第一次看到活动影像时的反应。

在早期的影片中，除了《婴儿的午餐》《水浇园丁》等几部是专门在摄影机前表演的作品之外，大部分都来自"现实"，没有使用演员。卢米埃尔没有仿照戏剧去拍摄影片，而是随着时代的前进，把日益生动有趣的法国生活的花絮展现在了观众面前。渔夫和网、划船、海水浴、消防队员、在大街上卖劈柴的人、练习骑自行车、拆墙、海边的孩子们、铁匠、工人们在郊游时套袋赛跑，如此等等，虽然都是身边普通人、琐事，却生动活泼。

"现实"与"表演"在早期的活动影像中没有严格的泾渭之分，或者可以说卢米埃尔兄弟在当时也并无纪实性的认知，仅仅是在尝试摄制生活影像。在今天看来，那个时期拍摄的活动影像尽管具有较高的史料价值，但是与真正意义上的叙事电影在拍摄技术与镜头叙述方面还有很大差距。正因为其没有一个确定的叙事架构，因而被乔治·萨杜尔形象地称为"活动的照片"，也就是说早期影像仅被看作是照相术的一种延伸，而非具有实际功能与意义的作品。关于纪录片，乔治·萨杜尔也有同样的看法，他认为："纪录片是在卢米埃尔的摄影师们拍摄长篇新闻片的时候创造出来的。"其说法在今天看来不一定严谨，但是从早期对电影的认知来看，还是具有一定前瞻性的，至少在他看来纪录片与新闻片有着相似的属性。那一时期纪录片与故事片尽管没有完全分离，但摄影机摆在月台边拍摄的《火车进站》，与为了博取观众一笑而拍摄的《水浇园丁》《婴儿的午餐》《医生》等虚构影片，却也逐渐呈现出了"记录现实"与"虚构表演"两种不同的影像创作方式。

然而，无论是纪实的还是虚构的，对于卢米埃尔兄弟来说仅有经济上的意义，虚构和纪实一样，不存在自身独立的价值。卢米埃尔兄弟在发明电影摄影机之初，就认定电影如同街头杂耍，在新鲜感消失后，终会被人们厌弃。因而他们便想尽一切办法利用摄影机来赚钱，他们的一切创作行为与艺术无关，也从来没有严肃地看待过电影，他们拒不出售他们所发明的摄影机，而是招募和培训摄影师，让他们到世界各地去拍摄和放映电影以此来获取利益，为其开辟世界市场。

第二节　卢米埃尔的技师们

在巴黎公开放映后的六个月内，活动摄影机陆续进入英国、德国、瑞士、意大利、俄国、美国、比利时、日本、墨西哥等国家，两年之内卢米埃尔的技师们已经到达了南极以外的各个大陆。多年之后，路易·卢米埃尔曾回忆起几位技师的名字，有些则是在别人的回忆录中被提到的。其中比较有名的，据我们所知有：莫里斯·赛斯蒂埃先赴印度，而后去了澳大利亚；菲利克斯·梅斯基奇在法国各城市放映影片，后来又被派往美国，之后又去了俄国；亚历山大·普罗米奥的活动范围很广，他很早就在西班牙、意大利、瑞士和土耳其开展工作；开拓拉丁美洲市场的是波特和塔克斯两位技师；弗朗西斯·杜勃利埃带领夏尔·姆瓦松，在俄国参加影片的首映之后，涉足亚洲许多国家，最后落脚于美国。其中，菲利克斯·梅斯基奇与弗朗西斯·杜勃利埃是卢米埃尔众多技师当中最有名的两位，他们实际上开创了纪录片创作史上两种截然不同的摄制方式。

卢米埃尔的技师菲利克斯·梅斯基奇在其旅程中不仅放映在法国已制作好的影片，同时还用摄影机随机拍下沿途风景，将一路的所见所闻用摄影机记录下来。这些国外影像逐渐充实了卢米埃尔在法国总部的影片储备，于是技师们便可以携带更具国际化的影片外出放映了。最初这样的方式只是作为他们招揽观众的一种手段,菲利克斯·梅斯基奇将其在国外拍摄的影片带回法国,当那些陌生的异域影像在巴黎的银幕上放映时,观众们的观影热情与兴趣前所未有地高涨。于是卢米埃尔的其他技师也纷纷效仿这种方式,将自己旅行的沿途见闻拍下来,拿到其他国家放映。渐渐地,这种做法几乎成了一项不成文的职业规范:能否把发生在身边的重大事件及时地用胶片拍摄下来,是用以评判一名电影技师是否恪尽职守和他的业务能力强弱的一个依据。以下为菲利克斯·梅斯基奇于1897年3月在纽约的普罗科托游乐宫张贴的影片目录:

《婴儿学步》;

《巴黎至波尔多电马车竞赛》;

《威尼斯的游览船》;

《奥地利骑兵的进攻》;

《伦敦南肯金顿附近的景色》;

《法国马赛的鱼市》;

《德国骑兵跳栏》(包括倒放影片);

《法国里昂的打雪仗》;

《伦敦街头黑人剧团演员的舞蹈》;

《里昂卢米埃尔父子经营的工厂》;

《工人套袋赛跑》;

《意大利米兰的密涅瓦泉》(包括倒放影片的奇妙效果)。

(转引自巴尔诺.世界纪录电影史[M].北京:中国电影出版社,1992:10.)

卢米埃尔的另外一名技师弗朗西斯·杜勃利埃也是卢米埃尔团队中较为有名气的一位。他在一次旅行拍片的过程中错失了重要的事件(德雷福斯案件)的拍摄,为了掩饰自己的失职,他将自己沿途拍摄的一系列与事件无关的镜头组接在了一起,通过虚构的方式讲述了有关德雷福斯上尉的故事。

菲利克斯·梅斯基奇和弗朗西斯·杜勃利埃的电影拍摄实践,实际上开创了纪录片创作的两种截然不同的摄制方式——对现实的实况记录和对现实材料按一定意图的重新安排。有人说,纪录电影的全部历史便是在这两个极点之间展开的,果真如此的话,最早站在两个极点的人,便是卢米埃尔培养的摄影技师菲利克斯·梅斯基奇和弗朗西斯·杜勃利埃。

尽管卢米埃尔和他的技师们对电影的贡献很大,但卢米埃尔兄弟始终关注的还是摄影机技术与制造。单纯停留在技术研究层面上的卢米埃尔兄弟始终未能给予电影真正的艺术表达,也未能给予电影所应当具备的艺术手法。1897年年底,卢米埃尔公司宣布将在世界范围内停止放映并卖掉设备,卢米埃尔兄弟正式退场。

第三节　纪录电影诞生

　　早期的电影其实离纪录电影并不远,但却始终没能成为真正意义上的纪录电影。"对卢米埃尔的影片不能作为纪录片的滥觞的考虑主要是基于在19世纪末那个时代还没有所谓的'纪实'这样一种美学观念。""在电影诞生的早期,可以说人们已经拥有了纪实的手段,纪录电影这样一种电影形式也已经呼之欲出,但是在人们的观念中尚无一种被称作'纪实'的美学思想,无人鼓与呼,因此纪录电影在那个时代也就无法现身。"聂欣如在他的研究中清晰地指出了卢米埃尔时期纪录电影未能真正诞生的原因,他认为原因不在于技术与能力,而在于观念与意识。当时的人们始终未曾意识到记录生活的意义为何,又何来"纪录"？幸在不久之后,有人开始为了"纪录"而创作,为了"感受"与"表达"而创作,并创作了一个新的电影类型和品种,最终促使纪录电影的诞生,使"纪录"有了意义。

第三章 纪录片的流派与代表作品

2022年对于纪录片而言,是一个极为特殊的年份。因为一部影片《北方的纳努克》,更因为一位被称为"纪录片之父"的导演。从1922年至2022年,纪录片历史已至百年:从无到有,从黑白到彩色,从形式单一到风格多元。钟大年曾提出:"在各个历史时期有各种不同的历史人物摆在纪录片工作者面前;我们也看到,科学技术的发展为纪录片不断注入新的表达因素;我们还看到,社会审美思潮的变化和创作者的探索动机造就了纪录片不同的创作观念和风格式样……这些,都促使我们下决心用一种多元的思维去看待'纪录片'这种充满活力的艺术;同时,也告诫我们在认识纪录片的规律时,不能忽视历史、技术和观念这三个发展变化着又相互影响着的因素。"的确,纪录片的发展得益于技术的进步,更得益于百年纪录片创作的艺术积累,但人的能动性也是不能忽视的。因为创作观念的不同,对"真实"与"纪实"的理解不同,不同时代的创作者以不同的态度和处理方式,完成纪录片创作的艺术行为,从"观察""发现"到"旁观不介入"再到"介入与激发",不同的流派遵循自己的理论原则,各自发展、各具特色,然而追根溯源,无不反映着他们对纪录世界"真实"的共同追求。

第一节 诗意的乌托邦:罗伯特·弗拉哈迪

一、弗拉哈迪与纪录电影

罗伯特·弗拉哈迪(1884—1951),被称作"纪录片之父",是世界纪录片史上公认的大师。1922年他制作出了第一部电影,也是被世人公认为是第一部完整意义上的纪录电影《北方的纳努克》。这部影片被世界电影史公认为是一个奇迹,在创作上、理念上、形式上、叙事上都是。最为重要的是它今天依旧能够被人们喜爱,依然能够收获观看者的惊喜与欣赏的目光。巴赞在20世纪50年代曾说:"《北方的纳努克》至今仍然非常耐看。"那百年后的今天呢?答案是肯定的,人们依旧被这部百年前的纪录片吸引,这让很多研究者都不禁赞叹,《北方的纳努克》在纪录电影史上绝对是个奇迹。

1884年,弗拉哈迪出生于美国密歇根州一个爱尔兰移民家庭,是家中的老大。在弗拉哈迪12岁那年,父亲罗伯特·亨利·弗拉哈迪作为一名采矿工程师,接受了加拿大雨湖地区金星铁矿经理一职。他便随父亲前往加拿大雨湖,在这个原始荒凉的地方一待就是两年。14岁时,他又随父亲去了蛮荒之地——印第安人的神奇土地——待了两年。这样的生活使弗拉哈迪萌发了对原始、单纯、简陋、未被文明化的生活方式的热爱之情。一直居无定所、四处漂泊,也使弗拉哈迪没有机会接受系统的教育,对于弗拉哈迪来说,他的童年就是自然与探险。

"早在少年时代,我就开始致力于探索新的大陆。我父亲是一名采矿工程师,从某种意义上说,我们是一个游牧家庭。我们从一个金矿到另一个,周转于加拿大的各个地方。那时我才12岁。……随着年岁渐长,从少年时代开始,我就和父亲或他的同事们一起去采矿。"将探险作为生命的起点,既是弗拉哈迪生活经验的主要组成部分,更重要的是,它促成了一种观察世界的特殊方式和全新的生活态度。成年后的弗拉哈迪同父亲一样成为一名探矿方面的专家,只不过他在探险时随身带上了摄影机。作为一名野心勃勃寻找新大陆的探险家,当弗拉哈迪拿起摄影机时,他在无意之中又进入了另一个"新世界"。

"就在我要启程之际,威廉姆爵士不经意地对我说:'干吗不带一架现在正在流行的玩意儿——摄影机?'于是我买了一架,但只打算在旅途中做些记录,此外未做他想。我们将要到有趣的地方,遇到有趣的人,但我从来没有为影院制作一部电影的想法。对于电影,我一无所知。"弗拉哈迪在后来回忆起最初的拍摄经历时这样说道。

弗拉哈迪在拍摄《北方的纳努克》前,曾经有过几次不成功的经验。1914年2月,弗拉哈迪的首次拍摄因为拍摄乘坐的雪橇破裂而告终。1915年冬天,弗拉哈迪第四次北上,这一次他拍摄了一些表现原始生活场景的短片,其中有因纽特人捕鱼、狩猎、手工制作的过程,直到7 000英尺长的胶卷拍完才离开。1916年,他又花费了几个月时间对素材进行了剪辑,准备运往哈佛进行放映。在这期间弗拉哈迪不断地将影片放映给朋友看,对于观众的反应,他回忆道:"观众很礼貌!但是我能看出来,他们之所以感兴趣,只不过是作为我的朋友想知道这些年我到哪里去了,都做了些什么,而这根本不是我的初衷。我想表现因纽特人,不是从文明的角度,而是从他们自己,从'我们''人类'这个角度。我突然意识到,我必须以一种完全不同的方式开始。"可见,弗拉哈迪的这次拍摄并不成功,出于懊恼和遗憾,也因为没有拍出自己想拍的东西,所以在他多伦多的剪辑室里,弗拉哈迪把一截烟头丢进了胶片堆,所有胶片顿时化为灰烬,而他也因此受了伤。后来他又回忆道:"那部电影非常笨拙,不过是一些场景的简单拼凑,没有内在关联,也没有故事线索和任何连续性,这样的东西势必令观众生厌。实际上,我都觉得厌烦。"尽管弗拉哈迪对于自己这一次的拍摄经历极度不满意,但这次经历也让他对自己的拍摄进行了深刻的反思。值得庆幸的是,他没有因此而放弃,而是选择从头开始,重新拍摄能够让人们记住的影片。可以说,如果没有这一次的失败经历,就不会有后来的《北方的纳努克》。

格里尔逊也认为,弗拉哈迪的这种尝试具有深远意义,因为它意味着弗拉哈迪正在为日后耗时8年的倾心之作《北方的纳努克》做准备。

二、《北方的纳努克》

1922年由弗拉哈迪创作的《北方的纳努克》,到2022年刚好一百年。聂欣如曾提出:"对于一个学习电影或从事与之相关工作的人来说,不知道弗拉哈迪简直就是不可饶恕。而对于一个热爱电影、对电影史略知一二的人来说,没有看过《北方的纳努克》(1922)也是匪夷所思的事情。"他认为《北方的纳努克》是电影史上的一个奇迹。这部纪录电影基本上会被每一位专业教师作为课程案例与素材在课上给学生们放,而且往往也是在纪录片课上放映的第一部影片,很多老师会寄希望于学生能够从这部奇迹般的影片中,感受百年前电影的纯粹与美好。事实上,本书作者在讲授纪录片课程时,在放映《北方纳努克》时学生们确实会被带入影片的情节中,他们会被影片开头纳努克一家的亮相而逗笑,也会在看到纳努克捕捉海豹时心情越发紧张,更会因为看到他成功捕猎随之松了口气。

同样是拍摄因纽特人的生活,比起之前走马观花般的拍摄方式,这一次弗拉哈迪没有再随机抓取素材,而是选择以一个家庭为线索展开拍摄。纳努克一家就是这次被选中的拍摄对象。弗拉哈迪是想通过拍摄纳努克一家的生活来展现因纽特人的生活,这样一来电影就有了主角,影片有了主线,弗拉哈迪也找到了他拍摄影片的表达模式——"家庭"。"在弗拉哈迪所有的影片中,他都遵循着一种特定的表达模式。他首先到拍电影的地方,从当地人中选出最有吸引力的角色来构成一个家庭,然后通过这个家庭讲述一个故事。"弗拉哈迪拍摄家庭的传统就是从《北方的纳努克》开始的,相比后来很多为拍摄而重组的家庭,纳努克一家因为"真实"而更有力量。影片中纳努克捕猎海象海豹、造冰屋、教孩子射箭,这些发生在纳努克一家的故事成为整个因纽特人群体生活的缩影。以小家庭反映社会群体,这种由小及大的拍摄角度和表达方式,在今天的影片中很是常见。但在20世纪20年代,在电影多以拍摄各地风情为流行样式的创作环境下,弗拉哈迪却是第一个把镜头从对奇风异俗和美妙风光的展现转移到描述一个因纽特人家庭日常生活的创作者。

拍摄之初,为了积累足够的素材,弗拉哈迪用了很长一段时间对纳努克一家进行了跟踪式的拍摄。在长期的相处过程中,双方的关系逐渐拉近,从陌生到熟悉。因纽特人在世界上环境最艰苦的地方乐观坚强地生存着,弗拉哈迪对他们质朴自然的生活方式非常尊重和欣赏,对他们与艰难的生存环境搏斗时所表现出的不屈不挠的精神和顽强的生命力充满了赞叹之情。影片中所表现出的人与人之间的关系、人与自然环境的关系、人与社会环境的关系,都是那么真实动人。"拍摄《北方的纳努克》的冲动来源于我对他们独特的感受和对他们深深的敬意,我想把他们的故事讲给其他人听。这就是我拍摄这部电影的全部原因。"正是这样真实而强烈的感情促使从未拍过电影的弗拉哈迪在经历了多次挫折之后仍然坚持了对《北方的纳努克》的拍摄,并最终使其成为经典。

三、弗拉哈迪的创作

关于弗拉哈迪的创作,总是有一些细节与方式被反复提起,"长镜头""故事""悬念""交友式拍摄"等,都是他创作中最鲜明的内容和特点,也是让他能够成为纪录片第一人的重要原因。当然,关于他的创作也存在争议,尤其是关于弗拉哈迪后期的创作。但这些都不妨碍《北方的纳努克》被国际影视界公认为第一部完整意义上的纪录片,影片所运用的技巧、手法以及美学取向都对日后纪录片艺术的发展产生了深远的影响。弗拉哈迪的创作方法和技巧特点,主要体现在以下几个方面。

(一)"搬演"——通过"选择"过滤现实

在《北方的纳努克》中,弗拉哈迪想要展现给观众偏离工业社会的原始生活画面,展现人类为了生存与自然的抗争。人与自然英勇斗争的选题自然是符合现实的,但弗拉哈迪在创作中却没有完全按照现实的生活去记录,而是有意识地"过滤"及"回避"了一些东西。为了达到足够的"原始生态",他甚至让渔猎者采用他们父辈的方法用鱼叉去捕猎海象,而当时的因纽特人在西方文明的商业文化的冲击下,早已放弃了祖辈传统的工具鱼叉,他们已经有了步枪这种更先进的工具。回归自然、热爱自然,是弗拉哈迪性格中的浪漫气质,但在崇尚自然的同时,对现实世界、工业文明、现代文明的回避,却也使他的影像成了一个封闭的文本,成了理想中的乌托邦,弗拉哈迪也被称为理想主义者,过于主观化的表达,让《北方的纳努克》《亚兰岛人》《摩阿拿》成了弗拉哈迪个人的诗意乌托邦。

在拍摄纳努克一家人的生活时,弗拉哈迪让纳努克制造了一个25英尺的伊格鲁(因纽特语,冰房子)。可是因纽特人住在12英尺大的房子里就已经足够了,所以没有制作过这样大的房子,花了几天,房子一次又一次塌下来。最终,纳努克还是成功了,而且他还用冰做了一扇窗户,借助太阳反光照明,这是他的创举。另外,在纳努克他们一家早上起床的片段中,由于冰屋内光线弱,没有照明设备无法拍摄,弗拉哈迪只能将冰屋削去一半进行拍摄,纳努克一家其实是在冰天雪地的刺骨寒风里表演起床的。但是观众观看这一段时完全没有想到会是这样,观众们都沉浸在纳努克一家正常起床的片段中。用今天的话来说,这些都是"搬演",而非对于生活的真实记录,这也是后来人们认为弗拉哈迪影片作为纪录片尚不够纯粹的地方,也是他的影片在放映后,遭受非议最多的地方。

(二)"长镜头"——充满悬念又质朴可信

关于长镜头的使用,最为经典的就是《北方的纳努克》中纳努克猎杀海豹的部分。在这个经典的长镜头中,弗拉哈迪吊足了观众的胃口。这个镜头开始很长时间人们都不知道纳努克在干什么,他只是不停地拉拽绳子,从一个冰洞里向外拉什么东西,拉了好几次都没有成功,甚至还被冰洞里的东西给拽退回去了。一次次地尝试,一次次地失败。然后他向远方招手,帮忙的人来了,经过一番努力,观众最终才知道一直在拽的是一头海豹,在海豹出来前观众观看时全部屏气凝神,海豹从冰洞里出来之后很多观众也跟着松了一口气。这个长镜头把悬念和冲突这两个戏剧元素表现得淋漓尽致。电影理论家巴赞也正是在这一点上对弗拉哈迪的创作赞不绝口,他说道:"在拍摄纳努克追捕海豹时,弗拉哈迪认为最重要的是表现纳努克与海豹之间的关系,是伺机等待的实际时间,而弗拉哈迪仅限于为我们展示等待的情景;狩猎的全过程就是画面的内容,就是画面所表现的真正对象。所以,在影片中,这个段落只由一个单镜头构成。谁能因此而否认它远比一个'杂耍蒙太奇'更感人呢?"聂欣如也曾在其著作《纪录片概论》中提出:"试想,如果弗拉哈迪谙熟剪辑之道,猎海象那场戏使用分切镜头来拍摄纳努克接近海象,可以拍到双方的特写、近景,并通过交叉剪辑制造悬念,延长实际的时间,从而大大提高影片的戏剧性;但那样的影片绝不会具有像《北方的纳努克》如此长久的生命力,这部影片质朴的叙事方法保留了那个时代可信的信息,这也是它至今仍然能够吸引观众的原因。"后期的弗拉哈迪越来越注重影片的传奇色彩,也越来越精通蒙太奇剪辑之道,比如《路易斯安那州的故事》。因此,他后期的影片在拍摄上也就离《北方的纳努克》,离质朴且可信的记录越来越远了。

(三)"交友式拍摄"——与被拍摄对象长期共处

在各类著作或研究中,弗拉哈迪经常被看作是人类学纪录片的开山之人。人们认为在那个年代,是他让纪录片从那些猎奇的探险片、风光片中脱颖而出,形成了人类学纪录电影的传统。这样的评价不单因为弗拉哈迪的拍摄题材总是关注在偏僻地域生活的人类群体,通过影片把因纽特人、波利尼西亚人、亚兰岛人的生活环境及家庭情况介绍给世界，更是因为他在创作上符合了人类学电影的重要特点，即基于田野调查的长期研究，缜密地体认和分析其所研究的文化与族群。只有建立在长期的观察、体会和对人类行为的深刻理解的基础上，电影的摄制者才有可能对之进行详细的描述和展现，挖掘它们的真实内涵。人类学电影的另外一个要求是，电影的摄制者必须融入对象，即沉浸于他的作品所涉及的文化背景、人类行为和社会环境，不是用自己的文化观念、伦理思维去思考，而是用自己考察对象——当地文化持有者——的概念、文化、常识等去分析、思考、领悟其中的文化内涵。所以，弗拉哈迪拍摄《北方的纳努克》取得成功的很大一部分原因，也应该归功于他长期的现场观察以及和因纽特人的长期相处，我们可以暂且把这种方式叫作"交友式拍摄"。"交友式拍摄"在一定程度上也会淡化被拍摄对象的注意，这有助于获取更加生动、更为自然的镜头表现。"在众多的旅行片中，电影制作者总是瞧不起，也不了解他们的拍摄对象，他们永远是从纽约或伦敦来的大人物。但我完全依赖着这些人，和他们一待就是几个月。我们一起旅行，一起生活。在寒冷的天气里他们为我暖脚；当我的手冻僵时，他们为我点烟，在长达8年的数次旅行中，他们无微不至地关心我。我的作品是与他们共同完成的，没有他们，我不可能做成任何事。总之，这完全是人与人之间的关系问题。"弗拉哈迪后来如此回忆道。

弗拉哈迪在《北方的纳努克》之后，又拍摄了其他一些反映土著民的影像，影片在叙事结构上依旧延续了以家庭为中心，对原始生活进行展现的方式。拍摄上增加了摇摆镜头、剪辑等方法，但他的后期作品都没能超越他拍摄的《北方的纳努克》这一巅峰。然而，就算是负有盛名的《北方的纳努克》，所得到的评价也不全是赞美，其中也存在否定与批评。不论在学术界还是行业实践领域，对于弗拉哈迪最初的创作行为一直都存在两种极端的评价，有人称之为"神话"，也有人称其为"伪浪漫主义"。赞美褒奖的人说，与这部影片相比，普通的故事片显得浅薄而空洞；即使从纯娱乐角度看，它也比一般故事片更富情趣，感人至深。一位法国评论家甚至把它与希腊古典戏剧相提并论。而批评非议者则指出，他的影片表现的东西有些与事实不符，比如纳努克使用的是鱼叉而非步枪；批评其建造冰屋是"造假"；说他的影片不关心社会，而是遁入遥远的国度，醉心于展示奇妙的异域风情等。纪录片确实不应该回避现实问题，正如许多人指出的那样，因纽特人和波利尼西亚人在西方文明的冲击下，有着数不清的社会问题。但是，反映现实并不是纪录片唯一的选择。纪录片应该能够表现更为广阔的题材，包括像弗拉哈迪那样，以"搬演"的方式再现已经消失了的文化。对于不同的导演来说，他们应该有权利选择自己擅长表现的题材和方式。今天，我们也能够看到许多纪录片在表现过去时空时，为了能够弥补"不在场"见证的遗憾，多数会采用"搬演"的方式来进行记录。如今我们对于"搬演"已经能够接受且足够宽容了，默认其是纪录片记录"不在场"事实的必然手段,那么从当下的时代背景来分析弗拉哈迪拍摄的影片,就能够更好地理解他的创作,对其选择"搬演"、选择性拍摄、缺乏现实主义也就可以宽容地看待了,在《北方的纳努克》诞生百年之际,也会更加心存感激地对待这位将纪录片带给世人的探索者了。

第二节　电影眼睛理论:吉加·维尔托夫

一、吉加·维尔托夫与"未来主义"

"电影眼睛存在和运动于时空中,它以一种与肉眼完全不同的方式收集并记录各种印象。我们在观察时的身体的位置,或者我们在某一瞬间对某一视觉现象的许多特征的感知,并不造成摄影机视野的局限,因为电影眼睛是完美的,它能感受到更多、更好的东西。尽管我们不能改善我们的视力,但是我们可以无限制地完善摄影机。"维尔托夫关于"电影眼睛"的这段论述,让人们感受到了维尔托夫关于电影制作及摄影机鲜明的态度,"电影眼睛是完美的","电影眼睛"就是摄影机。完美的摄影机超越了人的肉眼,这样的理论观点的诞生与维尔托夫身处的时代有密切联系。

经历了第一次世界大战与第二次工业革命的20世纪初期,充满变化且社会动荡不安,工业、科学、交通发展飞速,彻底改变了世界的面貌。在这个到处都离不开机器与技术的时期,在这个传统生活逐渐被机械节奏改变的时期,人们的生活与思想也随之而变,随之而生的还有关于现代艺术的种种观念。20世纪初滥觞于欧洲大陆的现代艺术观念,对苏联蒙太奇学派的形成有着巨大的影响,同时也对"电影眼睛"理论的形成有着深远的影响。

20世纪初,机器与机械将世界分为了前后两个截然不同的时代,在这个时代机器、技术、速度、竞争为人们所关注。未来主义就是有关这些内容的一种表达,主张将未来与过去分开,宣称追求未来,并认为世界上的一切都应以动力为核心,力学、机械运动和高速度是最值得赞美的。

十月革命后的苏联在最初的十年里曾是文艺思想十分活跃的国家,未来主义和构成主义思潮盛行。维尔托夫深受这两大艺术思潮的影响,其电影带有鲜明的现代性。维尔托夫受未来主义的影响,讴歌工业文明,对机器表现出一种狂热的热爱。"我们的艺术视野从工作中的人们启程,继续通过机器的诗歌,而更接近完美的电气人……不断运作的机器之诗万岁,杠杆、齿轮、钢翼、运转的金属撞击声、令人炫目的灼热电流之诗歌万岁。"维尔托夫崇尚机械与运动,这一点不论是在前期的拍摄上,还是在后期的剪辑上,不论是在他的创作实践上,还是在他的电影理论中都有明显的映射。

二、吉加·维尔托夫与"电影眼睛"

吉加·维尔托夫原名丹尼斯·考夫曼,出生于俄国巴耶尔里斯托克(今属波兰)。1914—1918年世界大战初期,为了躲避战火,考夫曼全家迁到了俄国本土比较安全的地区。年轻的丹尼斯·考夫曼在大学攻读医学和心理学,在上大学期间他热爱诗歌,热衷于读以弗拉基米尔·马雅科夫斯基为首的俄国未来派诗人的诗歌,因此也就对"未来主义"产生了浓厚兴趣。

学习医学的考夫曼在1916—1917年间设立了个人的"音响实验室",并在那里创作了由音响蒙太奇组成的音响诗歌,这为他日后的电影拍摄活动奠定了基础。上学期间考夫曼还开始使用吉加·维尔托夫的笔名在报刊上发表文章。据说维尔托夫是因为深受未来主义影响,而选取了"吉加"与"维尔托夫"这两个词,"吉加"在乌克兰语中意为"陀螺",而"维尔托夫"则为俄语中的"旋转"之意。当然,也有资料称维尔托夫是因为热爱电影而改名,认为"吉加"是对胶片穿过机器声音的模拟。不论怎样,对电影创作的热爱的确贯穿了维尔托夫的一生,他也是本着这种精神而活动的。

1922年起,维尔托夫创办了《电影真理报》,《电影真理报》的名字源自列宁创办的《真理报》。维尔托夫和他的兄弟哈伊尔·考夫曼以及他的妻子伊丽莎维塔·斯维洛娃组成了"三人小组",共同拍摄了一系列新闻片,并将其称之为"电影——真理"。在创作短片的同时,维尔托夫也曾多次以"三人小组"的名义发表文章,阐述关于影片创作的理念,或是发表一些代表性的宣言。再后来,维尔托夫开始使用更加广泛的"电影眼睛"的概念。

1923年,维尔托夫以"电影眼睛"的名义发表了题为《电影眼睛:一场革命》的宣言,标志着苏联纪录电影史上"电影眼睛"学派的成立。他写道:"我将把自己从人类的静止状态中解放出来……我的这条路引向一种对世界的新鲜感受,我以新的方法来阐释一个你所不认识的世界。"这里的第一人称"我"实际上就是摄影机,但是却带有强烈的主观化表达,维尔托夫用"电影眼睛"代替肉眼的实质是用一个新的、能够引导认知的主体代替一个旧的"不完善"的主体。当他赋予摄影机这一实体以"电影眼睛"的称谓,便赋予了摄影机这一机械以生命与灵魂。

1924年,维尔托夫创作了第一部电影纪录作品《电影眼睛》。在这部影片中,维尔托夫通过精巧的动态结构将很多表面上没有联系的事物剪辑在了一起,使他们从互不相干到互相联系,这种联系正是维尔托夫想要表达的主题:苏联是一个既分工又协作的社会,所有的劳动者不分等级不分贫富,他们都是社会主义国家的组成部分。这一时期,维尔托夫的"电影眼睛"理论日益成熟,它不仅开创了苏联纪录电影的传统,也在电影语言的探索上影响了整个世界电影的发展。

他在《电影眼睛:一场革命》中提到:"我们的出发点是把电影摄影机当成比人眼更完美的电影眼睛来使用,探索充满空间的那些混沌的视觉现象……我使观众按照最适合于我展示这种或那种视觉现象的方式去观看。眼睛服从摄影机的意志,并随其追逐动作的连续瞬间,以最简练的、最生动的方式,把电影眼睛的词组引向辨析的高度或深度。""我是电影眼睛,我是机械眼睛。我是一部机器,向你展示只有我才能看见的世界。……挣脱时空的局限,我可以把宇宙中的任何给定的点,结构在一起……我以新方法来阐述一个你所不认识的世界。"从这些论述中,我们可以看出维尔托夫对于"电影眼睛",也就是摄影机的推崇与热爱。他强调摄影机的特殊功能,强调其优于人眼,比人眼更完美。他认为人无法改善自己的眼睛,却能够不断改进摄影机;认为多视角的"电影眼睛"无所不能,能够看到人眼看不到的世界。所以他倡导要利用一切可能的电影技术来创造视觉奇观,如使用高速摄影、慢镜头、画面分离、定格、叠印、倒放、空镜、大特写等手法打破人眼的局限。

1929年,维尔托夫的"电影眼睛"理论得到了进一步发展,他在《从电影眼睛到无线眼睛》一文中写道:"电影眼睛＝事实的电影纪录。电影眼睛＝电影视觉(我通过摄影机看)＋电影写作(我用摄影机在胶片上写)＋电影组织(我剪辑)。"从中可以看到维尔托夫强调在拍摄上要用摄影机记录事实,但在电影语言组织上却强调了蒙太奇的作用。也就是说维尔托夫的"电影眼睛"理论真正想要表达的创作观念是要通过比人眼更客观的摄影机捕捉与记录日常生活,排斥一切导演的工作。然而,单纯地记录现实不是他想展现的,他最终想要呈现的"现实影像"还是要通过剪辑的方式对素材进行重构而得以实现,通过剪辑不断在影片中颠覆人们对时间和空间既有的感知。一方面,在前期拍摄中不干扰被拍摄者,不知不觉地去摄取素材;另一方面,在后期剪辑中极大地发挥主观性,统辖素材皆为情感和观点服务。维尔托夫的理论虽然充满了创新与突破精神,但因缺少严密的理论框架和逻辑论述,使其在后期实践中遇到了许多不可解决的矛盾。

应该承认,维尔托夫的理论虽然本身有说不通的地方,但是这一理论却也激发了各国电影工作者对"新闻剪辑片"和"历史文献纪录片"的兴趣。维尔托夫关于电影要摆脱故事片,拍摄生活现实的想法以及对电影"真实"的理解的原创性,深深影响了下一代纪录片工作者。

三、《持摄影机的人》

《持摄影机的人》是维尔托夫1929年创作的一部影片,这部影片没有字幕,维尔托夫拍摄了他的弟弟米哈伊尔·考夫曼以摄影师的身份记录苏联日常生活的活动情况。

影片中维尔托夫创造性地运用了各种新奇的手段,将前期的拍摄与后期的剪辑很好地融合在了一起。影片开始就是以一架巨大的电影摄影机开始的,然后摄影师米哈伊尔·考夫曼登上了这架巨大的摄影机。

还有一组镜头中画面突然停顿,成了一连串定格的画面,然后过了许久观众们才明白,这是维尔托夫的妻子斯维诺娃正在剪辑片子。此外,在这部影片中维尔托夫还运用了大量的特技,比如让摄影师进入玻璃杯中、让摄影机自己跳舞等。他通过多重曝光、快动作、慢动作、停格、倒放、分屏、大特写、动画等手段,让《持摄影机的人》成了一部当时看来十分新奇甚至是制作理念超前的影片,同时在后人看来更是一部带有对后结构主义、后现代主义"预言"般的神奇影片。1929年维尔托夫在访问巴黎时发表的演讲中说道:"电影眼睛的历史是要修正世界电影的方向,建立一个不是把重点放在表演上而是放到非表演的影片上这一新的原则,用记录代替演出,是为跳出剧场的舞台走向实际生活的现场而进行的一场不懈的斗争史。"他还说道:"电影眼睛使用一切可以使用的拍摄技巧:加速、显微、逆动、静物活动、镜头运动以及各种出人意料的透视法——凡此种种,我们认为并不是故弄玄虚,而只是充分利用正常的方法。"实际上,维尔托夫所运用的各种方法与他改造世界和改造艺术的美学思维是一脉相承的,它们有一个共同点:不是对现象的被动记录,而是对素材的能动加工。

因此,才会有人说维尔托夫早在20世纪20年代就已经有了结构主义的意识,将拍摄素材按照创作者的意图来进行组织与重构。虽然是格里尔逊正式提出的"要创造性地使用素材",但却是维尔托夫先去实践的。正因为这种"建构"与"解构"的意识,所以在《持摄影机的人》这部影片中,我们很少能看到长镜头,大多数时候都是被分解的镜头的组接。维尔托夫称:"实际上,这部影片仅仅是记录在胶片上的事实的总和,或者也可以说,还不仅是总和,而且是积,是一种事实的'高等数学'。每一项或每一个引述都是一个独立的小纪录片,这些小纪录片相互结合,从而一方面使影片只是把那些与视觉关系相符的有意义的片段互相衔接,而另一方面,这些连接也就不再需要插入说明字幕,这些连接的总和就形成了一个有机的整体。"说到底,维尔托夫不希望自己用强加的解说词来限制人们的思维,也不希望以刻意的叙事将现实变为故事,他希望人们能够通过他的画面,通过他记录下的镜头与组织后的意义来理解他的"思想主题",他希望人们以这样的方式读懂他,读懂他的电影。

在维尔托夫看来,不论是电影动画还是电影特技,它们都是电影本身所含的特性,充分发挥这种特性可以改变人们的视觉节奏,让整部电影形成一种复调旋律。复合状态是《持摄影机的人》最为突出的特点,正是这种看似矛盾的复合状态,使得人们对他的作品和理论都接受得相当缓慢。这位超越了时代的电影天才,最后却也因为他的创造性精神而被埋没在历史的长河中。但随着时间的推移,维尔托夫正在被越来越多的人接受,他的先锋试验,直到今天依旧在影响着世界电影的创作,《持摄影机的人》也被越来越多的人奉为时代的经典。维尔托夫一生最大的幸运和最大的悲哀都在于他超越了他所处的时代,在工业革命刚刚开始的时候就创造出了类似于后工业时代的电影作品和电影理论。今天的我们再回头看维尔托夫的影片,依旧能够透过他的作品感受到他对影像艺术的热爱,对"未来主义"的追求,这种创新精神在任何一个时代都是难能可贵的。

第三节　格里尔逊与英国纪录电影运动

一、格里尔逊与纪录电影

约翰·格里尔逊是英国著名的纪录电影导演与制片人,也是被称为"纪录片之父"的弗拉哈迪的学生。他一生虽然只拍过一部纪录电影《漂网渔船》(1929年),但是却被后人称为世界纪录片的教父。人们以其名字命名他的纪录片创作方式为"格里尔逊模式",这种纪录片制作模式,直到今天我们依旧能够在一些专题纪录片中看到它的影子,甚至可以说没有格里尔逊就没有"纪录片"这样一个概念。同时他又是那个将纪录片发展成为声势浩大、影响波及全世界的运动的发起人物,可见他对世界纪录片的重要贡献。

约翰·格里尔逊,1898年出生于苏格兰丁斯城,中学毕业后,1915年,格里尔逊考入格拉斯哥大学攻读人文科学。入学不久后,因为战争需要他应征参加皇家海军预备军,服役于北海扫雷舰队。1924年,在美国洛克菲勒基金的资助下,他开始了前往美国的留学之旅,进入芝加哥大学学习传播学,主要研究大众传媒对公众舆论的影响。当时芝加哥大学已经集聚和培养了大批闻名遐迩的社会学家,如斯莫尔、米德、托马斯、罗伯特·帕克等,并形成了著名的"芝加哥学派"。他们侧重于观察、分析社会关系,透视和研究传播媒介的功能和效果,希望借助大众传播媒介,使工业化社会恢复到第一次世界大战之前的那种理想化状态。芝加哥学派的学养,为格里尔逊提供了利用大众传媒媒介来教化民众的研究思路,强化了格里尔逊强烈的社会责任感,锻炼了他敏锐观察和分析社会问题的能力,以及对传播媒介的传播途径与特点等相关知识的储备。此外,在美国求学期间格里尔逊与专门撰写公众问题的专栏作家沃尔特·李普曼相识,李普曼对格里尔逊纪录电影理论的形成产生了重要影响。尤其是李普曼关于电影与教育相结合的想法,他认为公众的观点是多元化的,他们需要方向性的引导,这样的观点被格里尔逊赞同并认可。李普曼的思想坚定了格里尔逊想要通过媒介（电影）来影响、教育人的理念。"纪录片这个观念最初成型不是来自电影人，而是来自20年代早期芝加哥大学的政治科学学院。由于我们中的一些人很关注李普曼的理论，于是着手研究我们应该做什么来填补他说的教育实践中的鸿沟。开始我们未想到电影或者广播，考虑的是报纸和杂志的影响……是李普曼先生本人将这项教育研究转向了电影……他提示我们最好采用电影的戏剧模式。"格里尔逊希望"纪录影片作者可以把（社会）问题及其含义运用富有教义的形式加以戏剧化，进而给人们带来希望"，认为"媒介可以通过生动的、富有感染力的手段来唤起人们的情感和信任，而教育和宗教则无法做到"。从这个观点出发，格里尔逊认为政府可以通过电影对公众进行教育，从而保证国家民主体制的有效性，这成为格里尔逊的理论核心。

如果说对格里尔逊纪录电影理论的形成影响最大的是李普曼，那么对于格里尔逊纪录电影创作观念影响最大的则是弗拉哈迪及爱森斯坦。弗拉哈迪的纪录片作品和以爱森斯坦为代表的苏联电影人为格里尔逊的纪录电影创作产生了重要的影响。只不过，弗拉哈迪对格里尔逊的影响是更为直接的，他让格里尔逊意识到电影是可以走出摄影棚，在自然环境下进行拍摄的。在美国留学期间，格里尔逊接触到了好莱坞商业电影，但他对好莱坞电影的社会责任表示怀疑。他认为以商业化为主导目的，以票房收入为衡量标准的商业电影不会对社会公众的宣传和教育起到任何有益的影响。就是在这时，他注意到了美国纪录电影导演罗伯特·弗拉哈迪的作品，弗拉哈迪的影片《北方的纳努克》《摩阿拿》让格里尔逊看到了希望，他在美国留学期间还专门向弗拉哈迪学习。后期格里尔逊回到英国后，也是因为欣赏弗拉哈迪拍摄的纪录片，希望其可以给没有经验的年轻人提供一个学习的机会，便邀请弗拉哈迪一起拍摄一部反映英国工业化进程的纪录电影《工业化英国》。而爱森斯坦对格里尔逊的影响则是间接的，格里尔逊曾参与在美国上映的《战舰波将金号》的翻译与部分剪辑工作，这也让他接触到了以爱森斯坦为代表的苏联电影人，也让他熟悉了爱森斯坦的蒙太奇剪辑技术，感受到了电影技术的魅力，也让他萌生了"创造性地处理生活素材"的想法。关于格里尔逊纪录电影创作观念与理论系统的形成渊源，可以引用纪录电影史学家理查德·巴森的一句话来总结："罗素的作品帮格里尔逊提炼了他热情的社会良知，弗拉哈迪的影片再次肯定了他对人类尊严的信仰；爱森斯坦的电影则教导他，电影艺术可以成为服务人类及社会的一股生气勃勃且劲道十足的力量；而李普曼则使他信服，电影可以使市井小民思考社会议题并影响社会改革。"

1926年，在美国留学的格里尔逊观看了弗拉哈迪的第二部作品《摩阿拿》，并在当年2月8日出版的纽约《太阳报》中，为这部纪录电影撰写了影评。格里尔逊在文中写道:"这部影片是对一位波利尼西亚青年的日常生活事件所做的视觉描述,具有纪录(文献资料)价值。"这是英文词汇 documentary(纪录)在电影史上第一次被提出,documentary 源自法语 documentaire,意为"文献的""具有文献资料价值的"。格里尔逊所提出的 documentary,也直接确立了一种新的影片片种——纪录电影。"总体上是指故事片以外的所有影片,纪录片的概念是与故事片相对而言的,因为故事片是对现实的虚构、扮演、再构成。"纪录片则是以影像来记录现实世界,其文献价值也表明了它与虚构的影片相对的美学理念和社会价值。documentary 是格里尔逊对纪录电影的初步认识,而他真正的理论体系则是在对纪录电影的认识逐渐深入,在对纪录电影创作的不断思考中一步一步建构起来的。

1932 年格里尔逊在其发表的《纪录电影的首要原则》一文中,对纪录电影的概念进一步加以阐释与说明。他将纪录电影定义为"对现实的创造性处理"。格里尔逊关于"纪录电影"的这个定义被后人认为是关于纪录片的经典定义,在很长一段时间内都被纪录片研究者反复研究、引用,以说明纪录片和现实之间的辩证关系,同样也被纪录片创作者们用以阐释不同的创作观念与实践,用以说明他们对作品的"创造性处理"合乎纪录片的本质。从这个经典定义,我们可以看到格里尔逊最关注的两个方面,一个是"记录现实",而另一个是"创造性处理"。

(一)记录现实

"现实"是格里尔逊想要说明的他所认为的纪录电影应该呈现的内容。在《纪录电影的首要原则》一文中,格里尔逊提出纪录电影区别于剧情片的一个重要标志,就在于纪录电影拍摄了鲜活生动的"自然素材",而不是摄影棚中搭建的场景。他认为,纪录电影中的"自然"影像相对于在摄影棚的人造环境中创造的影像,能更深刻地表现"真实",因为它记录和再现了"现实的本来面目",同时记录和再现了现象和本质(真实)之间的关系。纪录片要揭示抽象意义上的"真实",就要对来源于现实的"自然素材"进行"创造性处理"。对于"真实",格里尔逊认为,它是建立在人们对"现实"的体验之上的一个抽象概念,而"现实"是"真实"的具体反映。然而,如果对格里尔逊关于"现实"的种种论述进一步深入研究,就会发现他所指的"现实"与他所欣赏的导演弗拉哈迪所拍之"自然素材"有很大的区别。格里尔逊一方面肯定了弗拉哈迪走出摄影棚以大自然的现实场景为拍摄对象的创作观念与态度,称他为"开风气之先河的人",把其尊为纪录片之父,但另一方面又为他迷恋于偏僻地方的未开化的人而惋惜。换言之,格里尔逊关注得更多的是眼前的现实与当下的现实,他的志向是"让公民的眼睛从天涯海角转到眼前发生的事情,公民自己的事情……门前石阶上发生的戏剧性事件上来。"在这一点上格里尔逊是倾向于反映社会问题的苏联电影的。

(二)创造性处理

很多纪录片的研究者都认为格里尔逊"对自然素材的创造性处理"是受到了爱森斯坦蒙太奇创作技巧的影响。蒙太奇,原为建筑学术语,意为构成、装配,电影发明后又在法语中引申为"剪辑",意思是"当不同镜头拼接在一起时,往往又会产生各个镜头单独存在时所不具有的特定含义"。1923年,爱森斯坦在杂志《左翼文艺战线》上发表文章《吸引力蒙太奇》(旧译《杂耍蒙太奇》),率先将蒙太奇作为一种特殊手法引申到戏剧中,后在其电影创作实践中,又将其延伸到电影艺术中,开创了电影蒙太奇理论与苏联蒙太奇学派。爱森斯坦的蒙太奇理论强调"斗争和冲突"的特性,"由两个元素的冲突而'涌出'特定概念",揭示了并列镜头的内在冲突可以产生第三种含义:对物象或事件的评价。

在格里尔逊创作的纪录电影《漂网渔船》中处处可见蒙太奇,像镜头的组合、反差、叠化处理,通过将传统工人与现代机器、工人添煤与烟囱、工人捕鱼收网与海鸟捕鱼等镜头进行叠化以达到的意象叠加,来表达现代工业对传统生活的影响,并强调人与自然环境相互依赖的关系,片中剪辑节奏有松有弛,整体来说影片单个镜头时长较短,镜头切换较为频繁。《漂网渔船》作为一部诗意的或者说意象主义的影片,同时也是一部叙事影片,它的叙事表现在对捕鱼这一件事件发生过程的抽象表达,影像展现了事件发生的空间,而事件则通过具有叙事功能的字幕加以说明。使用字幕这一点与弗拉哈迪的《北方的纳努克》的创作方式十分接近,但在镜头使用上却有很大区别。弗拉哈迪更擅长运用长镜头,即用镜头本身来进行叙事。而《漂网渔船》则不然,《漂网渔船》的叙事只是作为一种简单的线性叙事为影片提供结构上的支架,并不具备对观众的情绪和情感进行启发、引导和促进的功能。影片中这一功能的实现完全由剪辑来操控,而且收效显著。比如,透过影片,观众完全可以产生作为一个普通劳动者无限光荣的情感认同,而这一认同也是格里尔逊要传达给公众的"教育意义"。可以看出,《漂网渔船》无论风格的建构,还是主题的表达都体现了格里尔逊"创造性处理"的创作理念。影片的建构是建立在"诗意化"的节奏感以及"宣传教育"的功能之上的。

通过蒙太奇实现影片"诗意化"的节奏感源自格里尔逊纪录电影理论体系形成的第一个阶段,1929—1935年格里尔逊在初期倡导的是纪录电影的美学风格,即实现"诗意"建构。格里尔逊在他的《纪录电影的首要原则》一文中指出:"意象主义的处理手法,更明确地说是诗意的处理方法本来可以被我们看作纪录电影的一大进步,但是至今尚未出现一部伟大的意象主义的影片以说明这种进步的表现是什么。我所说的意象主义是指用形象讲述故事或阐明主题,就像诗是以形象叙述故事或阐明主题一样……"
"你想让自己的戏剧发生在一个支离破碎的现实中,这种现实能够揭示社会的基本协作关系或群体的本性:超越对个体的描写以表现他们在把握富有创造性的社会力量方面建树的功绩。换句话说,你应该放弃故事的形式,像现代诗歌、现代绘画和现代散文的作者那样寻求一种更能满足当代人思想和精神的题材和方法。"格里尔逊通过蒙太奇找到了他想要展示的节奏与张力,也找到了他想要展示的"意象"。通过对客观世界原始影像素材的组织与组接,格里尔逊达到了以诗的方式让人相信主题的目的,而这样的目的性发展下去,就延伸到了他纪录电影理论体系形成的第二个阶段,即强调纪录电影的社会学意义,坚持纪录片电影的宣传教育功能——"我视电影为讲坛"。

二、"我视电影为讲坛"

格里尔逊提到的"我视电影为讲坛",这里的"电影"主要指的就是纪录电影,这也是格里尔逊从思考纪录电影美学表现到深入思考纪录电影的社会功能而形成的重要理念。"讲坛"广义来讲是集会时作为讲台的平台,可以泛指讲演或学术讨论的场所,主要用于传播知识与理念。将电影比作讲坛,实际上格里尔逊是想要通过电影的方式对社会公众实施宣传教育。"学校、教堂等传统的教育方式已经陷入困境,它们能够提供的仅仅是一些事实,无法给人们提供信心和想象力。而纪录片,可以发现发生在家门口的戏剧性,电影院是可以利用的最好的宣传讲坛。"这是格里尔逊在《纪录电影的首要原则》一文中对"我视电影为讲坛"所进行的说明。"一个理念可以在一个晚上被重复几千次,在一百万人面前,这就是纪录片的希望:公开劝导。"这是格里尔逊1927年拜访英国帝国商品推销局局长斯蒂芬·塔伦茨时说的一席话,他提出了使用电影这个新兴媒介的作用。格里尔逊也因此于1927年加入了英国帝国商品推销局电影部,开始了他的电影生涯。出于强烈的社会责任感,他逐渐放弃了最初对纪录电影的美学思考与美学探索,而转向了对其社会价值和功能的研究与证实。

另外,除了"讲坛"说,格里尔逊还提出了其著名的"锤子"与"镜子"的理念。在格里尔逊看来,纪录电影是"一把打造自然的锤子"。他说:"在一个充满活力和迅速变化的世界上,举向自然的镜子不如打造自然的锤子那样重要。"因为"锤子"可以完成对"现实社会"的打造,而不仅仅是映射,媒介的使用要对表象现实有重构的力量,有能够唤醒公民心灵之力量。正因为对纪录片社会教育功能的坚持,使得格里尔逊不仅不赞同弗拉哈迪远离现代工业社会的拍摄方式,同时也对卡瓦尔康蒂开创的故事化纪录电影表示排斥。由于格里尔逊过于强调纪录片的社会意识形态的功能,纪录电影在某种程度上脱离了艺术表达的轨迹而沦为了政治宣传的工具,他的这一思想在某一段时期指导了整个英国纪录电影的创作。埃里克·巴尔诺写道:"格里尔逊舌敝唇焦地告诫他的学员不要成为唯美主义者。他对他们说:'我们首先是宣传员,其次才是影片摄制者。'"这一鲜明态度足以说明格里尔逊对于纪录电影创作的核心态度。

三、《漂网渔船》

1927年与英国帝国商品推销局接触之后,格里尔逊获得了英国政府2 500英镑的资助。他用这笔钱拍摄了一部关于鲱鱼的影片——《漂网渔船》,于1929年底在伦敦电影协会首次公演。当时这部影片是作为爱森斯坦的代表作《战舰波将金号》的加片进行放映的。《战舰波将金号》的上演是一个重大的胜利,但在伦敦电影协会的会员中,也有人更为《漂网渔船》所打动。从后者的主题的强有力的展开和想象力丰富的编辑手法上可以看出爱森斯坦的影响,但形式上更加严谨,其中捕捞鲱鱼的日常活动描写得淋漓尽致,使观众叹为观止。

《漂网渔船》这部影片很好地贯彻了格里尔逊的纪录电影创作理念,该片不仅创立了蒙太奇剪辑的诗意风格,而且确立了格里尔逊理想的纪录电影的创作主题。格里尔逊从弗拉哈迪的电影中发现取材自社会现实的影片要比摄影棚里虚构的故事更有魅力,因而他借鉴了弗拉哈迪实地采集自然素材的创作方式,但没有像弗拉哈迪一样将镜头对准偏远地区的人群,而是把镜头对准英国的普通捕鱼工人,让劳动人民成为影片的主角,在平常的生活中发现戏剧。从此,这种关注家门口的戏剧的写实主义题材和对于工人价值及劳动尊严的赞颂的主题成为英国纪录电影运动的两大核心元素,甚至后来还影响到英国剧情电影的写实主义风格。

《漂网渔船》取得成功之后,格里尔逊开始踏上新的生活道路,他不再做电影导演,而是选择成为一名富有创造性的组织者,将其纪录电影创作理念传递给更多人。《漂网渔船》也因此成为格里尔逊唯一一部亲自导演的作品,在那之后格里尔逊的创作理念则是越来越多地渗透在一场声势浩大的英国纪录电影运动中,也体现在英国纪录电影运动时期创作的多数作品之中。

四、英国纪录电影运动

英国纪录电影运动主要是在几个制片机构内开展的,如英国帝国商品推销局电影部、邮政总局电影部(包括英国皇冠电影公司、独立制片机构)等。该运动最先由格里尔逊发起并领导,其诞生、发展与消亡也伴随了格里尔逊的整个人生经历。"约翰·格里尔逊1929年发起的英国纪录电影潮流,是这种纪录电影的第一大学派,这个学派不但想构建纪录电影的美学基础,而且试图探讨它对人类的重要性。"因此英国纪录电影运动的理论学派又被称为英国纪录电影学派,而格里尔逊的整个纪录电影创作理念体系就是这场纪录电影运动的重要理论支撑,在此之后英国纪录电影运动在纪录电影美学方面的探索再未超过格里尔逊所处的时代。

这场运动以1929年格里尔逊创作的《漂网渔船》为起点,而以1950年格里尔逊从皇冠电影公司辞职为终点,历时二十多年。在此期间,英国纪录电影运动"在融合了社会性的电影实践中进行纪录电影的美学思想、制作方法和发行机制等多方面的探索活动"。

在纪录电影美学思想的探索上,英国纪录电影运动秉持早期格里尔逊对于纪录电影诗意化创作的美学思想。《漂网渔船》这部作品通过意象主义的方式构建了诗意的风格,创作尽量向音乐化和艺术化靠拢,影片中大量使用短暂的、局部的镜头,因此看上去节奏感强烈。正是通过这种镜头语言之间的节奏与张力,有力地揭示了主题并呈现出一种诗意的感觉。另外,英国纪录电影时期的很多作品,如《夜邮》通过英国现代派诗人奥顿的诗与火车飞驰的影像的叠加来建立"意象",表达节奏感与美感。还有巴锡尔·瑞特创作的《锡兰之歌》,也是通过声画对位的方式对僧伽罗人的传统文化进行诗意呈现,在这部影片中"声音"是建构"意象"的重要元素。

在纪录电影创作方法的探索上,在影像表达方面英国纪录电影学派遵循格里尔逊"对现实的创造性处理"的理念,即蒙太奇的运用、声音元素的意象化、解说词的运用等。前文已经介绍格里尔逊的蒙太奇及声音意象化的创作理念,这里我们介绍格里尔逊关于解说词的运用。在英国纪录电影运动的影像创作中,尤其注重对"解说"这一画外音的使用,达到宣传教育的功用。一般会运用具有权威性的男性之声,通过激发观众的热情或增强观众的信心来实现纪录电影的教化功能。正如英国纪录电影运动成员保罗·罗莎所说的那样,纪录电影是所有电影中"最具有男子气概"的影片。解说者在影片中就是一个全知视角,是话语权的掌控者,所以会给人权威性和说教性的感受,解说词成为格里尔逊纪录电影模式的风格标志。但也有人认为格里尔逊这种过于强势的话语权表达,尽管强化了说教功能,但是却伤害了纪录电影的"现实真实"。比如,《夜邮》如果没有最后4分钟的抒情段落,就是一部记录邮政工人劳动过程的朴素的现实主义影片。当然,这样的《夜邮》在主题上可能失去了表现的力度和深度,但是却在一定程度上更贴近真实。因此,对于纪录电影而言,制作技巧的使用需做到节制。

在纪录电影发行机制的探索上,英国纪录电影学派依靠政府资助,尝试在影院以外场所进行电影放映,比如学校和教育机构、教堂、图书馆等,并建立起独特的"非影院纪录片发行放映机制",这一机制的建立以及放映地点的选择也充分体现了格里尔逊对于纪录电影反商业化而强调教育功能的思想。但也正是由于格里尔逊对于宣教式影片的一味坚持,后期的英国纪录电影运动在创作方面的发展趋于停滞,在格里尔逊离开皇冠电影公司后,运动也随之终止。

第四节　观察、旁观、等待:直接电影

回望20世纪50年代末期的世界电影史,除了法国新浪潮电影之外,就属以德鲁小组为代表的美国直接电影流派的诞生最受关注。观察、旁观、等待是直接电影(direct cinema)流派创作理念的关键词,可以肯定的是,这是一种全然不同于以往的创作方式。对比弗拉哈迪的人类学纪录片,直接电影摆脱了"导演"的传统;对比维尔托夫,直接电影更加讲求客观记录,尽量避免让摄影机过多介入;对比格里尔逊,直接电影完全不用旁白跟解说词。直接电影作为一个电影流派而诞生,通过以罗伯特·德鲁为代表的德鲁小组、梅索斯兄弟以及弗雷德里克·怀斯曼等人的长期电影创作实践,在20世纪60—70年代到达了创作的顶峰。直接电影这种全新的创作理念在20世纪50年代末的出现首先要归功于技术的进步。

一、直接电影的技术背景

在20世纪50年代末的加拿大与美国,纪录片的拍摄设备发生了重大变化,一改往日在影棚内摄影所使用的大型且笨重的设备,开始出现了能够扛在肩上的、较为轻便的16毫米的摄影机。"在视觉方面,通过让塑料配件取代金属,16毫米的肩扛摄影机变得更轻、更安静,不再需要隔音罩了……带有反光取景框和推拉镜头的摄影机,允许摄影师改变他的视野,比如从特写到大全景,无须停顿……至于声音方面,四分之一磁带录音机产生,通过60转的动力装置跟摄影机保持同步。当晶体同步设备改进以后,连接摄影机和录音机的电缆也不再需要了。另外,当1960个真空管被转换器代替以后,录音机的质量也由200磅减轻到了20磅。以上技术允许摄影师可以自由录制发生在摄影机面前的画面和声音,而无须进行改变和干涉。从1958年到1961年,这些设备在加拿大、法国和美国广泛使用起来。"这种设备最大的优点就是轻便,并且使用高感光胶片拍摄,可以使它摆脱只能在影棚自然光线下进行拍摄的束缚,此外它还有很重要的一个优点,就是可以实现摄录同步。

16毫米便携式摄影机原本是第二次世界大战中战地摄影师的随身设备,用来记录最真实的战地画面。但后来为了更好地拍摄画面,这些以前并不专业的设备器材被逐渐"专业化"改造,镜头与各个部件都趋向于专业且规范的生产,并最终投入广泛使用。大量16毫米摄影机拍摄的影片的诞生,在某种程度上已经改变了纪录片的美学特征。

这些新技术和设备的出现让纪录片创作者们能够以全新的方式记录现实,诠释"真实",也使过去纪录片中不曾有过的近距离的观察成为可能,这种贴近不限于影像,连声音也包括在内。同期录音"最大的优点是解放了摄影机,因为摄影机不必被迫自始至终把镜头对准声源了。……摄影机会像人的眼睛在生活中那样自由,它只注意它所感兴趣的东西。"如果说摄影——手持摄影,是用画面征服了观众;那么声音——同期录音,则和画面一起最真实地还原着生活。直接电影就是选择用这些新设备对准现实生活,将现实生活中的各类场景与事件以沉浸式的方式呈现给观众。

事实上,当摄影机能够被扛到大街上开始,它就颠覆了电影艺术的拍摄传统。因此,当时有很多电影评论家都称,当直接电影出现之后,人们走进电影院很容易就能将故事片与纪录影片区分开来。相比于故事片在影棚内稳定地拍摄,有考究的人工布光,直接电影选择在室外自然光线下进行手持跟拍,因而画面中无论是光线还是镜头运动都不是很稳定,略带粗糙感,但更具有真实感,这对于当时看惯故事片精良制作方式的观众而言,也不失为一种新奇的体验。

二、德鲁小组与《初选》

直接电影的创作大体上可以分为前后两个阶段,第一个阶段以德鲁小组为代表,第二个阶段则以梅索斯兄弟及弗雷德里克·怀斯曼为主要代表。

(一)德鲁小组的诞生

罗伯特·德鲁作为直接电影的开创者,他早期曾担任过《生活》(Life)杂志的图片编辑助理和记者工作。德鲁在美国哈佛大学进修期间,看到了理查德·利科克的电影 Toby,他对利科克使用笨重设备试图超越其限制所做的努力很感兴趣,这也给他们后来的合作提供了契机。后来当便携式设备出现后,德鲁立刻对此表现出了极大的兴趣,他说服公司负担实验拍摄费用,试图把《生活》杂志的快拍摄影的传统应用到灵活的摄录同期的影片中来。德鲁用新设备尝试拍摄了一些实验影片,并不断改进,也因此而成立了后来的德鲁小组。他的这番实验热情恰好就是由理查德·利科克调动起来的,而德鲁也敬佩利科克许久,两人一拍即合,并联合彭尼贝克和阿尔伯特·梅索斯等人一起改良拍摄设备,让它能够适应新的拍摄需要。然而,德鲁小组的一系列试验,并非都是成功的,他们也经历了无数次的失败。在实验中他们为了加强机动性,对标准装备一再进行了改良和试验。最终,他们取得了某种关键性的突破,开发了以利用音叉为基础的无线同期录音方式,以后又代之以利用晶体控制马达的另一方式。他们找到了一个利用小型发射机的无线麦克风。然而就在1960年,在德鲁离开《生活》杂志,为时代公司所辖的电视台服务的那一年,德鲁小组的试验总算是看到了希望。

德鲁小组在1960年使用他们不断改进后的设备拍摄了一部影片——《初选》。德鲁小组一共拍摄了19部影片,其中最重要的就是这部《初选》。很多人认为《初选》是一部里程碑式的划时代作品,标志着直接电影的诞生,它同时也成为直接电影的集体声明:一种新的电影思考方式诞生了!

(二)《初选》——里程碑式的作品

《初选》,又名《党内初选》《总统初选》,主要以美国威斯康星州民主党选举下届总统候选人的选举事件为选题,分别拍摄了两位候选人约翰·肯尼迪以及休伯特·汉弗莱的竞选活动。德鲁和利科克说服了这两位美国参议员,希望在威斯康星州民主党提名下届总统候选人的选举活动期间,获得对他们二人进行摄影和录音的许可。德鲁强调说这种纪录是有历史价值的,影片摄制者们保证绝不要求或建议表演某种姿态,他们只是想把演说、集会、战略会见、接见、长时间电视讲话和汽车列行等拍摄下来。两位候选人同意了,并对其结果感到惊讶,从来没有一部影片能够这样鲜明地捕捉到竞选活动的异常欣悦、辛苦。

因此,在拍摄过程中,德鲁小组本着不干涉事件进程,也不干涉拍摄对象活动的原则,全程以旁观的方式进行记录。影片中不仅有竞选人在台上发表演讲神采奕奕的样子,同时也拍摄了其在台下因为竞选活动舟车劳顿而疲惫不堪的样子。整个影片非常讲究旁观的真实,几乎没有导演的主观介入与演绎。片中有很多镜头都是通过摄影机跟拍的方式来拍摄的,还有一些在人群中的画面是摄影师将机器举过头顶拍摄的,这充分体现了轻便摄影设备的优势。另外就是影片全程没有任何解说词,始终保持一种冷静旁观的状态,保证拍摄内容的"真实",视角的客观让观众也通过镜头找到了一种身临其境的参与感。

以下为《初选》的故事框架。

1960年,美国威斯康星州,民主党总统候选人汉弗莱和肯尼迪的竞选正在进行。

汉弗莱的车队行进在乡间的道路上,车上挂着汉弗莱的大幅肖像,一支助选歌曲在不停播放:"欢呼,汉弗莱……"

在人头攒动的群众集会上,人们兴高采烈地唱着肯尼迪的助选歌曲。

交替出现汉弗莱和肯尼迪在汽车上的画面。

某城市,肯尼迪在人群中为人们签名,他似乎很得女孩子们的好感,她们尖叫着跑向他。

汉弗莱在另一城市的大街上与行人交谈,并散发自己的名片。他笑容可掬地与孩子们对话,并走进一家又一家商店。

肯尼迪几乎也在做着同样的事情,他被一群要求签名的孩子包围。汉弗莱的车队又在前进。即便是在人烟稀少的乡村,他面对不多的听众也同样慷慨陈词,并博得热烈的掌声。

肯尼迪和汉弗莱交替出现在电视的画面上。

肯尼迪来到波兰裔美国人聚集区发表演说,受到了热烈的欢迎。群众齐声高呼:"我们选肯尼迪!我们选肯尼迪!"演说结束后,肯尼迪夫妇与群众握手。

选举日,肯尼迪站在投票点的门口,与前来投票的人一一握手。

投票点内,各种投票人脚的近景。画外音是不同选民在谈论自己对两位候选人的看法,各有褒贬。

肯尼迪和汉弗莱都在等待选举的结果,一组镜头分别交代两人,肯尼迪显得焦虑不安,汉弗莱则显得较为镇定。

肯尼迪和汉弗莱分别接受媒体采访。

肯尼迪以微弱多数胜出。画外音告诉观众他们将去下一个州继续竞选。影片的结尾是汉弗莱的车队远去的镜头。

从这部影片的结构上看,基本上是交替使用肯尼迪和汉弗莱的镜头,维持了一种以平行蒙太奇分别交代两人活动的叙事方式,在时间长度上并无明显的倾向性。但从镜头画面来看,多次出现肯尼迪与大批群众在一起,并受到他们的热烈欢迎的场面;而汉弗莱则较少此类画面,因而可能造成肯尼迪比汉弗莱更受人欢迎的印象。除此之外,这部影片基本上能够做到公正对待竞选的双方,不偏不倚。

在影片《初选》中,几乎放弃了一切刻意而为之的叙事手段,基本上看不到艺术化的表现形式。尽管利科克说影片中有利用蒙太奇营造效果的部分,比如在两位候选人活动中穿插的平行蒙太奇,但在整体的拍摄中他们依旧热衷于使用长镜头来进行客观记录。

此后,德鲁小组得到美国广播公司(ABC)的欣赏,在它的支持下相继拍摄了《不要美国佬!》(*Yanki, No!*, 1960)、《在极点》(*On the pole*, 1961)、《尼赫鲁》(*Nehru*, 1962)、《椅子》(*The chair*, 1963)、《危机——在总统所承担义务的背后》(*Crisis: Behind a Presidential Commitment*, 1963)及《幸福的母亲的一天》(*A Happy Mother's Day*, 1963)等一系列影片。其中,《不要美国佬!》记录了古巴的民主运动和卡斯特罗政权的勃兴;《椅子》讲述的是律师为罪犯争取减刑的事件,但是最终这个罪犯还是坐上了电椅;《危机——在总统所承担义务的背后》记录了亚拉巴马州与肯尼迪政权在黑人进入州立大学接受教育一事上的对立态度;《幸福的母亲的一天》拍摄的是南达科他州阿伯丁的一位一胎生下五个婴儿的母亲在被媒体和大众关注下承受困扰和苦恼的状况。利科克也意识到了自己的拍摄活动同样为这个家庭带来了麻烦,美国广播公司在放映时重新删剪了该片,并以《费希尔家的五胞胎》(Fischer Quintuplets)作为片名。德鲁小组一贯强调的是直观地反映事件本身的戏剧性,不干预事件本身,不影响被拍摄者,像"墙上的苍蝇"一样去观察,这和法国"真实电影"参与激发事件进程的观念有所不同。到了1963年,德鲁小组的活动日渐式微,并开始转向个人化的创作。利科克、彭尼贝克、梅索斯兄弟等成员先后离开了德鲁小组,开始具有个人特色的创作活动。在离开德鲁小组后,彭尼贝克摄制了记录流行音乐歌手鲍勃·迪伦的《不要向后看》(Don't Look Back,1967)和《蒙特利·波普》(Monterey Pop,1968)、《疯狂摇滚》(Little Richard: Keep on Rockin,1969)等影片。利科克也相继拍摄了《斯特拉文斯基传》(A Stravinsky Portrait,1967)和《两个美国观众》(Two American Audiences,1968)。梅索斯兄弟离开德鲁小组后的工作使他们成名,跃居世界纪录电影史上不可或缺的直接电影大师的行列。

三、梅索斯兄弟与《推销员》

(一)梅索斯兄弟的创作历程

阿尔伯特·梅索斯(1926—2015)与大卫·梅索斯(1932—1987)是一对兄弟。他们出生在美国的波士顿,阿尔伯特曾在波士顿大学教授心理学,大卫则给一些剧情电影做过制片助理。1955年,通过米高扬,阿尔伯特获准访问苏联的精神病医院,从而制作了自己的第一部纪录片——《苏联的精神医学》。通过利科克的介绍,阿尔伯特曾在德鲁小组中参与过《初选》等直接电影的制作,"对不可控制的事件采取同步拍摄和现场录音,并在呈现画面时不依赖旁白而依赖画面"。这种德鲁小组式的工作方式使他得到了最初的训练。虽然他是个熟练的摄影师,但由于不会剪辑而有悖于德鲁小组的要求;另外,他也不愿与德鲁小组签订长期工作的合同。于是,阿尔伯特不久就离开了德鲁小组。1962年,他和兄弟大卫创立了"梅索斯兄弟电影制作公司"。

有意思的是,在梅索斯兄弟的认知中,他们曾把"直接电影"与"真实电影",甚至和"纪录片"划开了界线,那个时候他们没有认识到自己拍摄的内容会被归于纪录片一类。"我们不喜欢自己的电影被称为真实电影或纪录片,而是直接电影,意思是在我们与被摄者之间没有任何其他东西,我们不会要求被摄者做什么事情,也不会给出自己片面的理解……这种直接还表现在整个拍摄就是由我们两人组成,一个摄影,一个录音……"

事实上梅索斯兄弟的整个创作历程并非一成不变的,就如同格里尔逊对纪录片创作理念的认识经历了三个阶段,梅索斯兄弟对直接电影的认识也是发展的,而"直接电影"本身的含义也在随着他们的创作而发展。随着时间的推移,梅索斯兄弟电影的风格特征也在产生微妙而有趣的变化。这一对配合默契的搭档,成了直接电影第二个阶段的主要践行者,两人共同导演,也逐渐形成了属于他们的直接电影创作风格。

在他们共同创作的三十年中,他们一起拍摄了多部影片,其中有记录20世纪60年代风靡西方的两支著名乐队"披头士"与"滚石"的影片,《快报,披头士在美国》《给我庇护》拍摄的是"披头士"乐队的成员,《与滚石的对话》拍摄的是"滚石"乐队。如果将梅索斯兄弟创作的这些乐队和音乐人物作为一个表现主体来看待,音乐主题在梅索斯兄弟的整个创作生涯中有着一种延续性。梅索斯兄弟认为拍摄乐队的共同特点就在于他们日常生活在镜头前难免有表演的成分,但是,在舞台上的艺术表演却往往是他们最真实、最自然的时刻。《推销员》是梅索斯兄弟用跟拍的方式对四个上门推销精装版《圣经》的推销员进行的记录。1976年制作的《灰色花园》则属于梅索斯兄弟创作后期的作品,该片将镜头对准一对住在肮脏公寓中的母女——大艾迪与小艾迪,记录了她们日常琐碎的生活,还有母女之间复杂的关系。在这些作品中,当属《推销员》最受关注,这部影片也成了直接电影流派的重要代表作品。

(二)《推销员》

1968年,梅索斯兄弟拍摄了直接电影史上具有标志意义的作品《推销员》(Salesman,又名《社会中坚》,1968)。影片《推销员》的故事情节非常简单,兄弟俩跟踪拍摄了推销员在波士顿与佛罗里达销售区域推销昂贵的精装版《圣经》的故事。

在故事情节上,梅索斯兄弟没有刻意描绘推销员的精明与口才,反而占用了一定量的篇幅来记录推销员受阻时的沉默表情以及顾客们的各种托词,如"我丈夫不在家,我无法做主,孩子的医疗费还没着落""我家中有一本""我的英语不好""我没有那么多钱"等等。影片中与推销员对立的是一户户普通家庭,正因如此,每个人都有不同的理由来拒绝推销员口中的"必需品",正是这些理由让我们看到了20世纪60年代的真实美国。

……

社会底层,不得不每天说谎。在顾客家,他们口若悬河,滔滔不绝地讲话,眼神中充满了自信、果敢,回到宾馆后却是一张张愁云满布的脸。他们终年在外奔波,只能和妻子在电话里说几句甜言蜜语。除此之外还有无休止的"动员大会",台上的人激情澎湃地演说,台下的人面无表情……(引自周振华的《纪实影像的再构建:表征、意义与认知》)

《推销员》刻画了四个推销员从芝加哥到佛罗里达州区域的推销经历,但导演特别把焦点放在了四个推销员之一保罗的身上。谈及拍摄原因时,阿尔伯特说道:"我认为每一位伟大的艺术家,都通过艺术最大限度地实现了自我,他/她本能地选择了自己的艺术和生活方式。因为童年的一些形象,一些很个人化的东西,决定了他们的表达方式。只有与这些人和事有某种联系的人,才能最好地表达出这种人和事。我在波士顿的犹太人幼儿园里长大,成为爱尔兰孩子欺负的对象,他们喜欢打架,总是挑衅犹太孩子。我和他们打过几次,幸运的是我能够保护自己,因此每次都打成平手。但是,我从来没有真正了解过爱尔兰孩子,除了打架,这种身体的碰撞,此外没有更深的了解。所以,我总是很想了解爱尔兰人。当我发现来自波士顿的四个爱尔兰人,就有通过他们表达自己的愿望。我想,这部影片对我来说是最重要的影片。同时,影片的主人公保罗在某些方面很像我的父亲,这很奇怪。在犹太幼儿园长大,有位爱尔兰邻居,和其他爱尔兰人一样在服务部门工作,我的父亲在邮政部门工作,这是很典型的犹太人。《推销员》的主人公保罗,一位爱尔兰人,却从事了更像犹太人从事的工作,我的父亲和保罗都是找错工作的人:我的父亲应该是一名音乐家,而保罗应该是一名作家或者诗人。所以,这部电影里童年与拍摄具有密切联系,或许童年的经历就是拍摄这部影片的所有动机。"

整个片子里,在不断重复的兜售俗套之外,影片用相当的篇幅冷静地记录了保罗焦虑中的沉默:在敲门不应的时候,在茫然行驶的车上,在同伴眉飞色舞的背景里,在喧闹的牌桌上。保罗入行十年,但除了在自嘲中规划下个"五年"计划,继续做他的苦行僧外,似乎别无选择。影片首尾 10 分钟里,保罗模仿上代的爱尔兰口音说了一段关于退休金的冷笑话,前后一联系才让人明白,年近花甲的保罗的全部念想,只是为了一份可怜的养老金,但前景不容乐观。

在真实生活中,保罗的多愁善感是他的独特禀赋,跟他的工作业绩未见得有太多关联。他时常真情流露,大雪天里工作热情也照样高涨,但他的行为举止被影片予以重构以后,显然也被赋予了别样的意蕴。……他落寞、焦虑,他那夸张的苦笑和不断重复的歌声——"如果我是个有钱人",都仿若一首唱不完的悲歌,冰冷地流淌在人的心坎里。透过保罗的反省,导演轻柔地点出了现代生活的荒芜以及对"人"的本质的理解。

纪录片的精彩,多半源自导演的剪辑。据阿尔伯特回忆,《推销员》的素材有 20 多个小时之丰富,而最后成片却只有 91 分钟。梅索斯兄弟的摄影机是在客观地记录,但从成片的角度来看,兄弟俩后期"时间差"式的介入,已经改变了摄影机记录的最初原意。(引自周振华的《纪实影像的再构建:表征、意义与认知》)

关于纪录片的本质,阿尔伯特·梅索斯说:"从摄影的角度看,有人说过摄影师的眼睛应该是镜头后的诗意之眼(the eye of the camera man should be the eye behind the lens of poem)。我想一部作品如果有诗人一样的感觉和睿智，即使镜头晃动、焦点不实、构图不完美，也比那些完成得很专业、技巧娴熟但是没有诗意的影片好，诗意是最重要的因素。"同时，他认为："《推销员》的成就在于它不是关于某一论点的纪录片，不像莎士比亚的戏剧是基于某种争端或者某种观点，《推销员》超越了这一切，我希望看到更多像《推销员》这样的影片。许多纪录片导演，觉得有责任拍摄具有观点的纪录片，用影像来表明政治观点，他们这样的做法从某些方面来说很有进取心和胆识，但是这种做法有时是不客观的。"

作为直接电影的倡导者，梅索斯兄弟拍摄《推销员》选择的方式就是旁观，采用伺机等候后滞后关机的方式来记录事件过程。在这个过程中作为创作者的他们也仅仅是旁观者，不论被摄对象处于什么样的状态之下，甚至是在推销员保罗以欺骗的方式向贫穷的妇女收账的时候，他们仍然选择了不介入，就那样将其记录了下来。没有剧本，不用职业演员，不使用固定镜头，避免说教，他们在乎的是他们记录的事件要真实地展现给观众。不介入拍摄对象的生活，尽量减少干扰，这就是直接电影的创作原则。

（三）《灰色花园》

《灰色花园》是梅索斯兄弟在1976年制作的影片，该片将镜头聚焦在一对住在破旧公寓的母女身上，记录了她们——大艾迪和小艾迪之间无休止的争吵、无奈与容忍。整部影片同样是以跟拍的方式进行拍摄的，影片拍得十分琐碎，甚至没有一个能够贯穿始终的外在事件或者内在情节。

与《推销员》不同的是，在《灰色花园》中观众多少能够从影片中感受到那个"他"或者说"他们"的存在，就是创作者的介入对影片及片中人物的影响。片中有很多小艾迪对着镜头自言自语的画面，事实上小艾迪不是在对着镜头说，而是对着创作者。"在镜头前，小艾迪讲述了她家中那个介入者——流浪者杰瑞堂而皇之住进她家所带来的麻烦。她以要离开来表现自己对杰瑞的嫉恨、对母亲的不满，还有对梅索斯兄弟的试探——很明显，她对兄弟俩已经有了一种情感上的依赖。作为这种依赖的明证，她很快就以母亲的名义，将兄弟俩邀请进了家门。梅索斯兄弟恰如其分地记录了被摄者这种主动参与的迫切情态，使得影片更有深度。"

不难猜想，在《灰色花园》中，对于居住在肮脏公寓里的母女俩，梅索斯兄弟是很善于"热情注视"的——进一步说，这种注视来自对被摄对象的理解和认同，甚至欣赏。正因如此，小艾迪才会在镜头面前频频更换衣服，情不自禁地跳舞，或者神秘兮兮地说些贴己话；大艾迪才会放弃她的固执和蛮横，用那副饱经沧桑的嗓子唱她年轻时唱过的歌。虽然最后的尾音犹如公鸡垂死的哀鸣，但这位"伟大的歌手"（大艾迪的生日晚会上老友们给她的祝词)却在镜头前面优雅地扶了扶她的帽子;另外一个证据就是影片拍完一年以后,当女儿问弥留之际的母亲她还有什么话要说时,母亲回答:"没什么了,该说的都在电影里了。"这说明了梅索斯兄弟获得的信任程度之深。片中大艾迪的不安和抱怨、小艾迪的告诫与奚落,显然与两个成年男人以及摄录设备的在场有关。由于纪录片面对的是人物的真实身份和真实面貌,观众也就自然而然地将被摄者与生活中的人物合二为一。在运用从被摄者那里获取的信任问题上,回避并非万能膏药,存在更多的是无可回避的情形。

可见,不论是拍摄乐队的成员,还是《推销员》或《灰色花园》,梅索斯兄弟的创作实践所关注的总是"人",他们的影像也主要是在记录"人"。将镜头对准"人",记录人物的性格和命运轨迹,成为梅索斯兄弟直接电影的亮点所在。"像罗伯特·德鲁的影片一样,梅索斯兄弟的作品一直保持一种以人物来引导影片的结构。他们并不依赖所谓的危机结构,但对于压力之下的人们如何去证明他们自己(或至少说是去生存下去)却是匠心独具。"所以,尽管这些影片的故事性不够强,我们很难找到一条颇为明显的故事线索,观众看到的更多的是琐碎的场景和对人物的跟拍记录,但是丝毫不影响观众对梅索斯兄弟以及对《推销员》的喜爱,很多人在保罗身上看到了自己的影子。能投射到现实当中的人物,必然是属于现实的。正是他们兄弟俩这样老老实实、本本分分地记录下人物本身的言语、行为以及生活,才让我们看到了那个时代的"本真"。

在纪录片的创作中,有的创作者把镜头聚焦于"人",如梅索斯兄弟;但也有的人把镜头聚焦到了"社会",具体点说是聚焦到了一个又一个社会机构,并透过这些机构来监视某个社会甚至是某个国家,比如弗雷德里克·怀斯曼。

四、怀斯曼的"印象化描述"

"我在过去三十年所做的纪录片,是涉及美国现代生活的纪录片,特别是针对美国的有些机构,比如警察局、医院、福利机构,或者有关培训美国的空军人员,或者宰牛的工厂。我认为所有这些纪录片的出发点,或者设想,主要是想描述个人与国家的关系,这种关系可以通过机构的形式来表现,同时也可以表现它对美国社会和其他方面的影响。这些机构呈现出来的形式不同,在不同文化视角中表现出来的意义也不同。"

——《怀斯曼谈纪录片创作》

弗雷德里克·怀斯曼终身都在拍摄纪录片,被称为"世界最伟大的纪录片导演",他用实际行动告诉了我们他认为的纪录片是什么样的。

(一)怀斯曼

弗雷德里克·怀斯曼(Frederick Wiseman)是美国老牌的纪录片制作人,1930年1月1日生于美国波士顿的一个犹太家庭。1951年他获得了威廉姆斯学院文学学士学位,1954年又在耶鲁大学获得了法律学位。1956—1958年间,怀斯曼曾在巴黎做了两年的职业律师,然后回到美国,定居在他的出生地波士顿。回到波士顿后,他先是在波士顿大学教授法律,后来又转向了电影制作。1967年开始拍摄了第一部纪录片《提提卡蠢事》(Titicut Follies),这部影片与他的法律背景有关,主要是为了向他学法律的学生们展示布里奇沃特惩教所的情况,他以电影的形式真实地表现了这个关押精神病人的机构的情况。从怀斯曼第一部正式的作品算起,他总共拍摄制作了三十余部纪录片,而且获得了很多荣誉与奖项,被人们尊称为美国20世纪60年代"直接电影"运动的主要人物,他的作品影响力波及世界。

作为直接电影的主要代表,怀斯曼关注的是美国社会的各种各样的机构,因此其作品的总体风格是以美国各种机构为主题,沿着"用镜头解剖各种机构与人的方式展示20世纪下半叶的美国"。在拍摄中怀斯曼采用的是一种"印象化描述"的方式,对整个影片的主体进行"片段式"的积累。在怀斯曼的电影中,看似零碎的生活片段,却是整个国家的真实投影。正如上文引用怀斯曼所说之内容:"主要是想描述个人与国家的关系,这种关系可以通过机构的形式来表现,同时也可以表现它对美国社会和其他方面的影响。"2016年8月30日,弗雷德里克·怀斯曼获得奥斯卡金像奖终身成就奖荣誉,这个奖无疑是对他以往的执着与坚持的最好肯定。

(二)怀斯曼与直接电影

怀斯曼开始创作纪录电影时,美国的直接电影流派已经经过了六年的洗礼,有了以德鲁小组为代表的属于直接电影的拍摄经验与既定的风格特征。所幸的是,怀斯曼作为唯一一位没有在德鲁小组工作过的直接电影创作者,他无须为这场运动担负什么责任,因此他的选择从一开始就是个人化的,在他的探索空间里也不存在什么禁忌。律师出身而转向纪录片创作的怀斯曼在做过一段时间创作实验之后,便开始了以专门拍摄美国公共机构为对象的影像创作。他断然停止使用一些说明和评论性的语言,而往往选择一些能够展现社会情况,或者缓和并反映社会的紧张与不安的机构。他的影片对于美国社会中权力的运用情况,不是站在俯视的角度,而是站在了美国社会公众的角度进行研究,这些影片合在一起展现了美国生活的全貌。

但颇有意思的是,怀斯曼在接受就《波士顿市政厅》的采访的时候,表示对于真实电影和直接电影"没有任何想法",从不将自己置于其中任何一个阵营。所以怀斯曼一直拒绝别人对他进行任何的归类,尤其是被看作直接电影创作者,他认为自己的创作风格来自个人的兴趣。然而,从怀斯曼的整体创作来看,他不会介入与干扰拍摄对象,只是以旁观者的身份进行拍摄,影片没有画外解说,没有无声源音乐,没有字幕,这些基本上都符合直接电影的创作理念与创作特征。因而在很多人研究直接电影时,还是会将怀斯曼的作品列为研究对象,更有人认为他是将直接电影创作延续最久的导演。当然,怀斯曼的影片有其自己的风格,具有除了直接电影所倡导的共同点之外的其他特征。怀斯曼清楚地意识到纪录片并不能捕捉到"绝对真实",它是不存在的,拍摄者对于被拍摄者的影响不可能消失,只存在属于创作者个人的"我的真实",这是其对纪录片的又一个层面的理解。尽管他所坚持的拍摄风格并不被所有人喜欢,也与后来所流行的一系列电影风格截然不同,甚至有些影片因为长时间的记录可能还会让观众感到乏味,但是他对剪辑、解说词、画外无声源音乐的态度以及采用的直接电影的手持拍摄、同步录音等方法也在一定程度上丰富了纪录片的表现手段,引发了后来很多纪录片创作者的思考。

(三)怀斯曼的代表作

前面一直提到怀斯曼的作品主题都是围绕着美国的社会机构而拍摄的,这是他一直热爱并坚持的创作主题,30多年如一日地坚持拍摄。可以说在怀斯曼的电影世界里,变化的是他拍摄的不同社会机构,而不变的则是他的创作风格与方法。在怀斯曼的镜头下,美国社会机构的日常呈现在人们眼前,不加修饰,未经导演,他就是如实地对这些机构进行观察与剖析。从最早的《提提卡的蠢事》(1967)到《法律与秩序》(1969),再到《医院》(1970)、《中央公园》(1990)、《高中》(1994)、《公共住房》(1997)、《波士顿市政厅》(2020),怀斯曼的纪录电影触及了美国社会衣食住行的诸多方面,影片呈现出的机构有大有小,人物各有特点,但这些影像都可以被看作是对整个社会甚至是整个国家的隐喻。

张同道主编的《真实的风景——世界纪录电影导演研究》一书中有专门针对怀斯曼电影类别的研究与表述,其将怀斯曼的电影或者说将怀斯曼所拍摄的社会机构归纳为11个类别,分别是有关医疗机构的纪录电影;有关学校等教育机构的纪录电影;有关政府机构的纪录电影;有关军队的纪录电影;有关动物机构的纪录电影;有关社会福利机构的纪录电影;有关美国驻外机构的纪录电影;有关商业机构的纪录电影;有关特殊人群相关机构的纪录电影;有关公共场所的纪录电影;有关艺术团体的纪录电影。书中还提到,基本属性之上的分类,目的是让人们对怀斯曼的纪录电影群落看得更加清晰,如果再还原成整体,其主题具有多重性等多个特征。其中,变化中的时代是怀斯曼纪录电影世界里的灵魂和生命。

日本山形电影节的负责人渡部实先生曾经这样评价怀斯曼的电影:"他的影片的风格和方法至今未变,变化着的是这个时代。因此,不断观看他的新作,我们会发现一位纪录片作者30年来以冷静眼光收入镜头的、关于现代的一连串具有象征意义的影像,而这些细节我们在日常生活中往往熟视无睹。"这大概就是纪实影像最大的魅力与价值,尤其是像怀斯曼以旁观的方式所拍摄的影像。

(四)怀斯曼的创作理念与风格

"我的拍摄方法是比较简单的,三个人就可以工作,一个人负责扛摄影机拍摄,一个人负责录音,另外一个人做助手。我拍摄时,大多数不使用灯光,摄影师是肩扛拍摄,我不需要刻意要求被拍对象做什么事情,一般来说,事先也不会做太多的设想研究,这是和美国其他一些纪录片制作人有所不同的。对我来说,事先要做的准备,是要对场地做一些考察,可能需要一两天的时间,主要是对所拍的地理环境、机构和人物有一个熟悉和了解,这样对我着手拍时有用,然后开始拍片。"

——《怀斯曼谈纪录片创作》

以上内容来自怀斯曼接受媒体采访时的话,通过怀斯曼自己的表述,大体上可以了解他在进行纪录片创作时的方式及原则,并能够进一步从这些方式方法中感知其创作理念与风格。

1. 印象化的手法

在拍摄阶段,怀斯曼给自己设定的任务很简单。"事先也不会做太多的设想研究",只是单纯地进行记录,抓取生活的片段,抓取生活中的戏剧。可以看到,在怀斯曼的影片中,会有很多对话的场景。比如《高中》,影片中学生没有穿校服,被老师叫到办公室训斥,其中争辩的人还会被老师赶出办公室。而在《社会福利》中,全片更是由人们的谈话镜头组成。怀斯曼采取旁观不介入的方式进行拍摄,因而在拍摄人物对话时并不是简单地截取某个对话片段,或通过剪辑来完成人物对话的过程概括,而是选择不间断地记录,让镜头忠实记录下人们对话的全部过程,片段之长甚至让观众产生昏昏欲睡的感受。比如在影片《聋》(*Deaf*,1986)中,学校老师和彼特及他的母亲的那段对话长达四十多分钟,仅这段谈话内容就占据了影片时间的四分之一。完整地呈现谈话内容是怀斯曼追求最大化客观、践行其不带观点式观察方法的一个策略,他只是通过摄像机对生活进行忠实的记录。尽管长时间的记录会让人对平淡的生活感到厌倦,但也只有完整的段落才能让人们更接近事实,接近事实的本身。在影片《聋》中,这段对话的过程能让观众知道先是彼特的母亲在和老师交谈,后来彼特才进入房间进行三个人的谈论。长时间的对话内容能够让我们知道事件的整个过程,如果怀斯曼只是从这段对话里面截取只言片语,那我们就不能了解到底发生了什么事情,也无法明白彼特的问题到底出在哪里了。

"我是用我的电影来表明人类存在一些复杂的问题,并以复杂的方式来解释它,而不仅仅是使它成为一种简单的意识形态的主张或造就简单的意识形态的主角。在美国有许多电影制作人,他们确实是这样做的,他们把电影意识形态化了,而这使他们电影的重要性大大降低,因为他们电影当中的思想质量下降了。我在《法律与秩序》片子里就是想指向一种思考——不管成功与否——通过描叙与警察相关的东西,比如说警察的训练、警察的职责,同时也涉及了一些背景知识,比方警察他们所受的教育背景、他们的工资情况。我希望大家来思考:是不是坎萨斯城人民都愿意拥有这样一个警察局?如果这个警察局并不太符合他们的要求,他们是不是有兴趣改变呢?同样,我在《医院》这部电影中,也是想通过医疗来折射出所有其他的社会问题。在这部电影中你会看到由于人们生活在贫困中,他们有很多问题,比如说文盲、破碎的家庭其成员、吸毒者和犯罪人员,他们最后都汇聚到医院当中,与医疗方面的问题发生关系。"

"我非常强烈地感到,作为纪录片制作者要考虑这一点:作为一部现实的、直观的纪录片,并不仅仅表现在银幕上,观众的经验、想法、价值观可以起作用。我所使用的制作纪录片的方法,只是为了让观众考虑自己和这部影片的关系。当然,我并不想告诉你们应该怎样考虑。在我看来,阐述性的纪录片就是在简化内容,把你当作一个不是很聪明的人,而不是把你当作有很成熟的理解力的人,所以他要解释所发生的是什么。我所使用的拍摄纪录片的方法,是假设所有的观众和纪录片工作者一样聪明,由于这个原因,我从不把观众的接受能力和理解能力当作我拍片的前提。比如说,如果要我在拍片之前,考虑美国观众的教育背景、价值观以及他们会期待些什么,或者假设我的片子将要在中国放映,我们和中国是如此完全不同的文化环境,我如何才能知道我的观众是愚笨的还是聪明的?这对我来说,太困难了,而且可能会导致错误,使我不能非常成功地做出我的纪录片。当然,好莱坞的影片商是这么考虑的,因为他们要从影片中得到金钱回报,所以他们要考虑观众不同的兴趣和智力情况。但作为纪录片,我的制作方法是把观众看作和纪录片制作者有一样的地位、一样聪明。"

——《怀斯曼谈纪录片创作》

怀斯曼努力通过他的摄影机对日常的生活进行发掘。所谓"一沙一世界",如果把机构看作是一个小世界,社会则是一个大世界;如果把每一个影片文本看作是一个小世界,机构则是一个大世界。机构是怀斯曼纪录电影风格形成的基点,是怀斯曼纪录电影充满个性化探索的园地。如果说"直接电影"的手法给了他看世界的一种方法,那么机构就是怀斯曼开垦的土地。怀斯曼的纪录电影实践告诉人们,他为直接电影增加了一种被称为"积累式的、以印象化的手法"来描述机构的方法。

2. 发现日常的戏剧性

直接电影在题材的选择上往往是现在进行时,无法决定事情的走向。与其他故事类电影最大的区别就在于直接电影里的所有故事与戏剧化的情节都来自现实事件,它追求的是事件内在的戏剧性。这一点只能依赖于导演在记录时能够具有高度的敏感,直接电影的戏剧性来源于寻找、等待与发现。有的人说直接电影的导演会特别关乎一些"非此即彼"的时刻,比如《初选》当中的选举,这些时刻就是事件的内在冲突。怀斯曼也曾说道:"我试着制作一种具有戏剧序列和结构的电影。我不能准确地说出到底什么构成戏剧,但是我假想我将得到戏剧性事件。不然,它就成为权力式的说教……我寻求戏剧化,但我没有必要去寻找人们的相互殴打和相互射击,在日常生活经验中就有很多的戏剧化。"或许很多在我们看来平凡且没有太多意义的日子,在怀斯曼看来却包含着诸多情节与戏剧性。我们身在生活当中选择适应,而怀斯曼却选择发现生活的戏剧性。

怀斯曼在影片中所追寻的戏剧化不仅仅是通过组织素材段落的序列(sequence)来实现的,大量完整地呈现他选择的对话场面也是致力于营造戏剧化氛围的一个重要方面,前者的戏剧性需要通过素材的对照体现出来,而后者的戏剧性就包含在影像之中。比如《高中》在最后的镜头里校长向大家宣读一份来信时讲:"收到这样一封来信,对我来说意味着,说明我们学校的教育非常成功。"另外还有,男教师在训导那名男学生时,镜头更是推到两个人物的嘴部大特写,此外特写镜头还捕捉到教师戴着戒指的手部,这些特写镜头除了起到常规的探究人物心理的作用外,也表现出了日常的戏剧性。由镜头中那名教师和学生的嘴唇翕动,联想到他们在不停地争论,这就是一个极富戏剧化的场面。《社会福利》中,福利机构的管理人员重复叫着:"下一个。"从这些语言中我们就能感受到很强的戏剧感、一种见怪不怪的日常戏剧性,可见导演非常善于利用特写镜头放大日常生活情境中的戏剧性。

3. 现在进行时的记录

在怀斯曼的影片中,事情永远是进行时。如果以他伴随式的记录方式来看,那么可以说怀斯曼影片的又一艺术风格就是现在进行时的记录。比如影片《医院》记录的是医院的日常运转,怀斯曼将医院中的人和发生在医院中的事情持续地记录下来。影片《法律与秩序》记录了堪萨斯市警察局工作的情况,记录了警察的日常训练以及社会对警察的期待等情况。影片《社会福利》记录的是纽约市社会福利中心的日常工作,将复杂的社会福利系统贯穿在社会福利机构面对的各种问题之中,诸如住房、失业、离婚、医疗和心理问题等。影片《家庭暴力》记录的则是位于佛罗里达州坦帕县境内的一个名叫"春天"的家庭暴力庇护所,这里庇护受家庭暴力伤害的妇女和儿童,影片在呈现家庭暴力过程的同时,也揭露着暴力背后的动因。这些影片共同的特征都是伴随式记录,用现在进行时的方式对种种事件进行观察,让事情顺其自然地发展。

从影像信息里我们能确定的是,事情发生在一座学校、一所医院、一个城市的警察局、宰牲畜的工厂、商店、动物园等,而从怀斯曼影片中大量的长镜头也可以看到他在努力保持空间的相对完整性,因而我们看到的都不是零碎的片段,而是连续的记录,这种现在进行时的记录方式可以让观众对内容有一个相对完整的直观印象。例如《盲》(*Blind*,1987)中的那个小男孩从一层楼到另外一层楼活动的长镜头若改成分切镜头,我们就无法知道事情是在两层楼里发生的,而会倾向于认为这些都发生在同一层楼。开放式的构图拓延了空间,使观众始终意识到画外空间和事件的延续。

4. 使用现场同期声

在怀斯曼的影片中,除了现场同期声,观众听不到像其他影片一样画外的解说,也听不到任何来自画外音源的音乐,甚至连一些提示性的字幕也没有。怀斯曼对事实纯粹的记录不仅体现在镜头上,更体现在他对声音记录的态度上。怀斯曼坚决反对使用任何的解说,他认为:"每个人对电影的内容都有完全不同的解释和评价,而如果你使用了旁白,等于是你要向观众解释你的观点。"他的这种对客观记录的坚持甚至超过了以往任何时期的直接电影与纪录片。事实上直接电影在录音技术促进下的一个重要突破就是摒弃了以往纪录片大量使用的画外解说词,开始使用现场同步录音。怀斯曼继承了直接电影的这一特点,且在声音元素方面走得更远。直接电影运动的工作者虽然反对画外音,但是他们同时又认为"在影片中必须尽量避免画外解说,即使不得不用解说,也必须在内容上尽量客观而不带倾向性,在语调上应尽量不带语感"。但是人们在研究时,可能会忽略怀斯曼与以往其他直接电影制作者之间的细微差别,直接电影的制作态度说明他们认为可以控制画外音使它们做到尽量客观,些许的主观倾向也是可以允许的,画外解说和实际生活本质上并不矛盾。但在怀斯曼看来,他认为解说必然有损于客观公允,只要使用了画外解说,那么影片就难免带主观化倾向。怀斯曼重视的是"现实生活的模糊性"与"人类行为的复杂性",他不想告诉观众自己的态度以影响观众们的判断。选择用现场同期声记录,可能会让声音及其表述的内容不可控,或许更可能出现夹杂着各种环境音的嘈杂声,但这就是怀斯曼认可的现实,影像与声音的嘈杂感来源于对生活的如实记录,来源于我们感受到的生活的本来面貌,所有要表达的东西都已经在现实生活之中。如果平时注意不到,那么怀斯曼就是让大家注意到身边发生的事情的那个人,他的影片永远让大家有一种"我们的生活就是那个样子的"感觉。这些影像是怀斯曼对于人们度过的每一个平凡且真实的日子的敬畏,更承载着他对现实生活的发现之旅。

5. 质朴的后期剪辑

"当我结束拍摄回来时,我会看所有的毛片。有时我按时间顺序看;有时,我会从记忆里喜欢的那些部分开始看。第一阶段是重看所有材料。这得花上四到六周。我会做笔记,并运用一个类似米其林的评分系统。每一个段落镜头都会评一颗星、两颗星或三颗星——或者没星。第一阶段结束后,我会淘汰四至五成毛片。然后我开始剪辑我可能会使用的素材。"

"然后我要花六个月选择和剪辑那些段落。只有当我剪辑完那些所谓的'候选段落'后,我才开始做结构。我对于电影的结构或视角没有预设想法,而是从研究材料的过程中逐步形成。随后我试图弄明白它们该如何整合在一起,思考它们的排列顺序可以产生怎样的意义。我必须向自己解释一个段落里发生了什么,以便知道我是否要使用它,随后我从原始长度开始将之剪短成一个可用的版本,而不改变我对这一事件的理解。"

——《怀斯曼谈纪录片创作》

根据怀斯曼自己的说法,他通常花费在拍摄上的时间只有四到八周,而他用于剪辑的时间却需要八到十个月。但是与故事片使用蒙太奇剪辑语言的效果不同,怀斯曼使用剪辑主要是由于前期使用的是无脚本的拍摄,因此他需要通过剪辑的阶段梳理并挑选前面拍到的大量素材,怀斯曼的剪辑实际上也是他对自己拍摄内容的寻找与发现的阶段。

怀斯曼自己将这段漫长的时间分为三个阶段:第一个阶段对五六个段落逐个剪辑,他将这种剪辑称为"内部剪辑";第二个阶段只用两三天的时间,将段落"孤岛"按照一定的内在关系形成"群岛式的段落群",怀斯曼将其叫作"外部剪辑";第三个阶段一般要两个月左右,主要用来调整段落节奏,尤其是段落之间的过渡(或者叫转场)。

事实上,不论是旁观视角还是后期剪辑都避免不了主观的介入,所以他选择了一种颇为质朴的剪辑方式,基本上都是自己动手剪辑影片,没有叠化,没有任何特技。怀斯曼使用蒙太奇更多是为了确保影片叙事的流畅性,剪辑是为了将其旁观的视角进行到底,他懂得隐藏自己的观点,尽量模拟出好似某个偶然经过的人不经意间一瞥的旁观感觉,好奇且注视着现实发生的一切。

五、直接电影的创作理念

依赖于技术，直接电影实现了声画同步摄取，这也让它"记录真相"的能力达到了一个新的高度。直接电影流派的一些拥护者甚至声称："直接电影就是人们窥视世界的一个窗口。"正因为有这样的观念指引，很多直接电影的制作者会越发追求对现实的客观复制，相信唯有不干预现实、以纯观察的方式才能确保作品的客观与真实。去除主观化，"竭力维护客体的客观性"，才是他们理想的电影形式。

经过上文对直接电影流派的代表人物、创作理念、代表作品的梳理与分析，我们对直接电影的创作理念有了较为清晰的认识。总体来看，直接电影的创作理念可以归结为以下几点。

直接电影主张在尽可能不介入或介入较少的前提下，对现实生活中实际正在发生的事件进行跟踪拍摄。在拍摄者与被摄对象的关系上认为："在不介入的状态下拍摄真实情况下的真实人物；观察优于旁白。"其创作的目的与理念就是要让影片中所记录的事件通过影像"自我陈述"，因此在创作中创作者会尽量避免对被拍摄对象的干涉与干扰，用理查德·利科克的话表达就是："让摄影机隐匿如墙上的苍蝇。"可以试想一下墙上的苍蝇，即停落在墙上的苍蝇，非常微小，小到足以让人们忽略它，但是它却时时刻刻在观察着一切。直接电影想达到的状态就是让创作者与摄影机一起如墙上的苍蝇般静静旁观，并想方设法使作为影片主体的拍摄对象忽略或忘却摄影机的存在而自行其是。

直接电影的创作一般不采用事先拟定的脚本来指导拍摄，反对用任何"导演"手段对事件的自然进程进行人为的干预。在拍摄者与客观世界的关系上主张："排除非剧情片的传统；排除传统纪录片的'导演'或者事先写好剧本；创造一种包含着不同暧昧形式的显示模式。"

直接电影在创作人员的组织上会尽量精简制作班子，并高度依赖于摄影师的现场直觉。正如怀斯曼所说："我的拍摄方法是比较简单的，三个人就可以工作，一个人负责扛摄影机拍摄，一个人负责录音，另外一个人做助手。"为了便于不动声色地深入事件，为了不影响被拍摄对象的行动，为了不分散被拍摄对象的注意力，直接电影的制作班子在现场拍摄时只留必要的拍摄参与者。很多情况下，为了使主创人员在拍摄上有高度的共识，在现场能够根据突发情况随机应变，很多影片的摄影师和导演往往会由同一人兼任，以便在实际操作中更加便捷，降低其他因素的干扰与影响。

直接电影在设备使用上依赖于轻便的摄影器材和高感胶片。轻便的摄影器材可以方便他们用伴随式的跟踪拍摄的方式进行记录。在纪录片《初选》中就有很多在人群中的镜头是摄影师将摄影机高举过头顶进行拍摄的，充分体现了轻便摄影设备的优势。

高感胶片可以使创作者脱离室内影棚到自然光下进行拍摄。

直接电影实现了摄录同步。在真空管时代,录音设备重达数百磅。随着晶体管技术的发展,1960年前后,轻便的录音设备出现,纪录电影的同期录音得到实现。现场声成为纪录电影的一个重要表现元素,纪录电影的真实变成了声音和画面的统一。同期声录制的工艺质量普遍提高,声画同步使直接电影所记录之人和事变得更加具有说服力。

直接电影无画外解说词,基本上不用字幕。以怀斯曼为代表的直接电影制作者认为连篇累牍的解说词和旁白所提供的文字信息会严重影响和干扰观众解读影片,所以他认为应该完全弃绝不用或者尽量将其抑制到最低限度,希望能够让观众考虑自己和这个影片的关系。所以直接电影要给观众呈现的是一种开放的影片解读空间,而非教化和告知。

事实上直接电影在实际操作中会比传统纪录片更依赖后期剪辑。直接电影创作者在长时间大量记录的情况下,所积累的素材要比正常按照脚本拍摄的更多,随机素材也较为凌乱。面对大量凌乱的素材,在剪辑台上做选择就成了一种创作必需,直接电影导演往往在剪辑中会放弃很多故事片常用的技术,而采取一种较为质朴的剪辑方式,比如怀斯曼。另外,直接电影创作者还要依赖于剪辑技术小心翼翼地抹去在场痕迹(就好像是今天影视作品中的穿帮镜头),为的是确保其影片的旁观状态。"为给观众一种身临其境的自然之感,直接电影往往是形式优于内容,剪辑优于长镜头。"

所有的这一切围绕着这样一个核心——尽量让镜头前自生自灭的"事实"在影片当中进行"自我阐述",这就是说:它如你所见。直接电影实践者们的作品所运用的透明的形式,带给人们实在的真实经验,这种经验既迥异于以往的好莱坞剧情片,也不同于传统的纪录片,它不事修饰的现实,使人联想起意大利新现实主义引发的写实电影潮流,但在工艺上要更加完善,它向人们所传达的现实经验要更加直接,也更加强烈。

直接电影在美国兴起之后,很快就对世界范围内的纪录影片产生了影响,其中也包括中国。但是中国纪录片人真正全面认识并接受直接电影的美学观念是在20世纪90年代,中国新纪录运动的兴起受到了直接电影的深远影响。在相当长一段时间里,怀斯曼一直是中国纪录片界研究与学习的榜样。

第五节　参与、诱发、促成:真实电影

一、真实电影的起源

早期的一些著作中会将真实电影翻译成"真理电影",主要是因为真实电影的代表

作品《夏日纪事》的副标题曾被译为"真理电影的一次经验"。英国学者苏珊·海沃德出版于1996年的工具书《电影研究关键术语》中只有Cinéma-vérité条目，这本英文编写的工具书直接搬用了法文，而没有使用相应的英文词汇。该法文又源自俄文"电影真理"（西文拼音为Kino-Pravda），这是苏联电影工作者维尔托夫在20世纪20年代提倡的电影观念。该词典中此条目向我们提供的信息是：Cinéma-vérité是对法文的直接搬用，汉语有时译作"真理电影"，有时译作"真实电影"。因为法文中vérité一词本身就具有"真理"和"真实"两个含义，而在现今的法国，真理电影概念已经渐渐淡去，真实电影已将其取代，比如著名的法国"真实电影节"使用的就是"真实电影"这个词，而非"真理电影"。为了与维尔托夫的电影理念区分开，也能够与"真实电影节"的称呼一致，目前国内的相关研究与译著中基本上使用的都是"真实电影"这个词。

与直接电影的诞生技术背景与时间非常接近，真实电影诞生于20世纪60年代初，地点是在法国。摄影技术及录音技术的进步，刺激并改变了电影的创作观念，也催生出了纪实电影新的形态。从20世纪50年代末到60年代初，轻便摄影机、同步录音机、高感光胶片等技术和设备的使用，为纪录电影的新纪录实践提供了坚实的物质基础。随着20世纪60年代初同步录音技术的运用，纪录电影家族的庞大根系生发出了"直接电影"和"真实电影"两大流派。直接电影采取的是"墙上的苍蝇"式的旁观记录的方式，主张隐藏摄影机存在的痕迹，呈现给观众身临其境的状态，舍弃了对现场的搬演、场面调度、置景和构图等所有可能的操控手段，展现出一种对真实事件进行长时间记录的特别毅力。真实电影却反其道而行之，主张主动揭露摄影机以及制作人的存在，认为要告诉观众"我在这儿"才是最真实的记录。在拍摄实践中，制作者的身影在影片中的出现使其得以"在场"。接下来我们介绍"真实电影"的代表人物让·鲁什和他的搭档艾德加·莫兰。

二、让·鲁什的创作历程

让·鲁什1917年出生于法国巴黎，是真实电影的创始人，著名的法国纪录片大师。"真实电影"在世界电影史上能成为一个独立的流派、一个专有的学术术语，这些都得益于让·鲁什的贡献，他也因为他的拍摄实践而获得了"真实电影之父"的赞誉。但他最早并不是专业的电影制作人，而是一名人类学家。作为人类学家，他的影片聚焦于"人"，电影是其人类学研究的手段，"真实电影"实际上是他在人类学影片摄制过程中意外的"副产品"。在拍摄中他首先提出了"共享的人类学"（shared anthropology）这一理念，即在纪录片的拍摄中，拍摄者与被拍摄者通过交流互动产生某种关系，共同参与影片的制作，共同分享作者身份；对影像的认定和把握的权力不再由拍摄者垄断，被拍摄者因此而不再是被动的一方。

这个"共享的人类学"的理念实际上就是让·鲁什后期真实电影创作理念的雏形。《世界纪录电影史》的作者埃里克·巴尔诺在书中称让·鲁什为代表的真实电影属于"触媒者",而与之对应的就是直接电影"旁观者"的角色,因而真实电影最主要的特征就是变被动为主动,不做局外人,而要做主动的介入者。

(一)人类学家的拍摄实践

让·鲁什曾经作为工程师长期在非洲工作和生活,作为人类学家他对非洲当地土著人的生活非常感兴趣。1946年,为了更好地采集非洲当地土著居民的生活样本,他购买了一部战时使用的由贝尔豪斯公司出产的16毫米摄影机,开始拍摄关于非洲土著的人类学影片。让·鲁什从20世纪40年代开始,在撒哈拉以南的非洲国家拍摄当地风光、社会和人文等影片,用镜头将非洲人们的生活拍摄了下来。让·鲁什一生摄制了140多部影片,在这些影片中有很大一部分就是他在非洲拍摄的,大多数是关于非洲土著居民的影片,其中也有一部分是他拍摄的纯粹的人类学影视档案,有些还只是单纯的素材而非正式的影片。

早期的让·鲁什在导师马赛尔·格让勒的指导下尝试拍摄人类学影片,他在马里的多根地区拍摄了很多此类影片。到了20世纪50年代中期,让·鲁什将研究课题转移到移民主题上,关注从尼日尔移民到西非一些大城市的人。在加纳他陆续拍摄了影片《水妈咪》和《疯狂仙师》,其中《疯狂仙师》表现了流落到欧洲城市的巫师们的宗教生活,这是让·鲁什第一部从描述性的风格转入综合性事件结构的影片。

让·鲁什在1985年拍摄了一部名为《我是一个黑人》的影片,这部影片逐渐脱离了他前期拍摄人类学影片的模式,开始有了后期直接电影的影子,或者说是通向直接电影创作的一个重要通道。影片讲述的是一群生活在黄金海岸贫民窟特雷什维尔地区的非洲人,他们演出了一场关于自己生活的心理剧。让·鲁什尝试了一种新的拍摄方式,他将写好的提纲发给码头的三个工人,由他们在熟悉的日常生活环境中幻想、回忆、议论、模仿电影明星、即兴创作。影片拍摄时是无声的,让·鲁什要求主角甘达在后期配合素材进行即兴讲解和评述。甘达的后期配音中提及了他对战争的看法等一些心理活动,这种安排让电影触及了人物的内心世界,让·鲁什自己也认为影片的成功之处就在于:黑人是在日常的生存状况下被记录下来的,并描绘了他们内心对世界的认识和想象。尽管前期有人为安排的痕迹,然而这一切看起来是那么自然和客观。在这部影片中,让·鲁什的主动介入影片的触媒方式越发自然,导演进行了更加明显的干预,并以此来推动创作,让·鲁什后期主张的以干预介入为创作方式的真实电影的轮廓越发清晰起来。因此,很多人认为从1958年的《我是一个黑人》开始,让·鲁什的人类学电影就开始逐渐展现出真实电影的一些美学特征了。之后让·鲁什又开始筹备拍摄另一部影片《人文金字塔》,但由于一些原因,这部实验性影片拍摄未果。后来在朋友埃德加·莫兰的建议下,让·鲁什决定回法国拍片。莫兰向他提议说:"你研究了别的国家那么多人,但是你却对自己身边的人一无所知。"这句话深深激发了让·鲁什研究巴黎人的愿望。于是就在1960年的夏天,让·鲁什和他的朋友——著名的社会学家埃德加·莫兰一起在巴黎合作拍摄了一部影片《夏日纪事》,这部影片是让·鲁什的成名作,也是法国真实电影的代表作品。他们两个这次一拍即合的决定及行动,却不经意开创了纪录片历史上一个著名的流派"真实电影"。

(二)《夏日纪事》

因为赞同莫兰的想法,让·鲁什便结束了在非洲的拍摄与工作,他将拍摄实验带回了法国。初回巴黎,让·鲁什却猛然发现曾经熟悉的家乡对他而言变得有点陌生。刚经过第二次世界大战,20世纪中期的法国到处因战争摧残而千疮百孔,劫后余生的人们伴随着恐惧生活。1961年回到法国的让·鲁什决定对住在巴黎的人们开始一次人类学研究,并通过影像用他自己的方式将这一切记录下来。他与埃德加·莫兰联合导演了《夏日纪事》,以"介入"的方式记录了1961年夏天巴黎居民的日常生活以及他们的所思所想。影片中,让·鲁什一开始就定下了拍摄的实验基调,他将《夏日纪事》的副标题用"真实电影的一次实验"来命名,并以字母的形式出现在影片的开始。这样的一句话不仅表明了影片的实验性质,同时也说明了让·鲁什对拍摄的新探索,也正是因为这部影片,他们探索出了真实电影的创作方法与美学思想。

整部影片大体可以分为两部分,一部分是在室外拍摄的,一部分是在室内拍摄的。室外拍摄的部分主要以采访的方式进行,对巴黎街道上形形色色、来来往往的人进行随机采访。室内拍摄的一部分是在影片开头,鲁什与莫兰,还有串联起本片的重要人物马瑟琳·罗丽丹一起讨论影片该如何拍摄,他们为罗丽丹设置了街头采访的任务。室内拍摄的另外一部分则是在影片的后面部分,当街拍的部分结束后,鲁什和莫兰将拍摄到的素材放给拍摄对象们看,并让他们一起讨论影片的内容,讨论这部影片所展现的内容是否是真实的。在这一讨论环节中,作为制作者的鲁什和莫兰发生了典型的"触媒"行为,他们进入影像中,多次出镜和大家一起进行讨论。讨论渐近尾声,屏幕中就只剩下制作者鲁什与莫兰,他们边走边对制片经验中得出的想法进行交流,影片就这样结束了。有研究者认为鲁什的影片这样的内容设计所使用的是用来展示真理的套层结构。"《夏日纪事》一片并未失去它的结构完整性,让·鲁什在整个影片节奏的把控上非常得体且耐人寻味,采访的形式循序渐进,人物内心由浅入深清晰地展现出来。"

再说一下影片的主题,在影片开始的制作探讨环节,马瑟琳·罗丽丹被鲁什要求在巴黎街头进行随机采访,而她向行人提出的问题就是:"你生活得幸福吗?"被问到的人有工人、年轻的夫妇、小职员、大学生、老年人等,他们对于这种唐突的、有点意外的采访方式毫无准备,但鲁什认为正是这种猝不及防的提问,才能诱发人们下意识地回答,才能够让人们在没有准备的情况下,在没有时间伪装的情况下,透露出内心深处最真实的想法。这就是鲁什的实验——关于幸福的实验。巴黎街头的路人行色匆匆,这时传来了导演的旁白:"这部电影没有剧本,也没有演员,不过同样是由男人、女人演出来的,给我们展示的是一瞬间的事情,这是一次新的体验——真实电影。"这就是让·鲁什的代表作品《夏日纪事》的开场白,短短50秒的陈述,鲁什清楚地交代了这部影片的主要特点:真人真事以及展现内心真实(一瞬间的事情)。由此我们也能发现导演鲁什在制作影片时所采取的策略:纪实手法,借助外力来挖掘内心瞬息万变的时空世界。20世纪60年代,这种形式的开场白具有十足的先锋性,在此之前,采访仅仅是影片中实现导演意志的一个工具,而在《夏日纪事》中一开头就漫无目的地提问还史无前例。这个超常的实验行为不仅震惊了巴黎街头的人群,也震撼了1960年的巴黎电影界。

(三)让·鲁什的创作方式

1. 内心的真实

让·鲁什之所以会做这样的实验,也是源于他对"真实"的一种思考。随着后期人类学研究的深入,让·鲁什不论是在研究上,还是在影像创作观念上都发生了一些转变,他对"真实"的理解也发生了变化,所以他放弃了旁观记录的方式,而改为了一种参与、介入的创作方式。前面我们提到的直接电影,它的创作观讲求的是不介入的旁观式记录,认为只有旁观才能获得真实。然而,让·鲁什却不这么认为,身为人类学家的他,随着跟人接触的深入,对人的内心及反映内心的行为开始更加关注。因此他认为旁观的记录方式只能看到表象,而人们在社会生活与交往过程中展示的却不一定是真实的自己,他认为人们只是在呈现自己的社会身份,习惯性地伪装自己,因此让·鲁什认为只有走入人们的内心世界,才能看到他想要了解到的那份真实。这也是真实电影与直接电影在对"真实"的理解上最大的区别。这也许和让·鲁什人类学家的身份密切相关,他更关注人的内心以及人与社会之间的关系。

2. 巧妙的采访

在影片的最开始出现的是让·鲁什与罗丽丹的对话场景,鲁什问罗丽丹:"你过得怎么样?"这是这部影片的主题最开始出现的地方,罗丽丹向鲁什坦白了自己对生活的迷茫。鲁什和莫兰便鼓励罗丽丹克服内心的恐惧,走上街头和一位助理拿着话筒对路人进行采访。关于"你生活得幸福吗?"这样一个问题人们给出的答案多种多样,如万花筒般展现了巴黎当时的社会背景:大量的移民、老年化程度偏高、社会福利尚未完善、经济飞速发展。当时,法国社会面临着经济、种族、教育各方面错综复杂的矛盾危机,在这种情况下,这一敏感的话题瞬间点燃了人们内心的火花,引发了人们不同的感受,于是我们看到,在摄影机面前,有的人拒绝回答掉头而去,有的人有所触动驻足而思,有的人则百感交集潸然泪下……动荡时代的惶恐不安、苦难岁月的猜忌多疑、人类的敏感脆弱、人性的美丽与人生的无奈,所有这些不易察觉的细微变化和不可预设的个性化回答,都被摄影机真实地记录了下来。访问者罗丽丹此时既是创作者,也是摄影机拍摄的对象之一。人们此时此刻的反应是被由罗丽丹代表的导演群体的访问行为激发出来的,摄影机后面的制作者直接参与并挑起了回答问题这一事件的发生。当然影片中还穿插了一些关于采访者罗丽丹的片段,当罗丽丹独自在协和广场上回忆过去的生活,观众也因此了解到了她所经历的过去。她是第二次世界大战集中营里幸存下来的犹太人,她有着不堪回首的往事,这些过往经历一直困扰着她的内心,阻碍着她迎接新的幸福生活。这大概就是鲁什找罗丽丹进行采访的原因,她在人群中是平凡的,也是特殊的,当她鼓起勇气进行街头采访时,既是在帮助别人表达内心,也是在救赎她自己。

采访结束后,鲁什又邀请采访对象们到放映室观看拍摄的影片,让他们欣赏影片中的自己,看他们自己接受采访时的状态,然后同他们一起围绕影片的内容进行讨论。大家在看完影片中自己的表现后,反应也是各不相同的,有的人认为银幕真实地表现了自己,也有的人却认为自己是在表演,银幕中的人物只是自己为了拍摄而表演出来的。影片的最后鲁什和莫兰两人穿过人类学博物馆的走廊,走上巴黎街头,两人告别,逐渐消失在人群中。这时的画外音依旧是"先生,你幸福吗?""夫人,你幸福吗?"的提问在重复出现,象征着实验虽然结束,但是导演对真实的探寻仍在继续。

在拍完《夏日纪事》几年后鲁什接受采访时重申,他确信电影具有"揭示我们所有人的虚构部分的能力,尽管很多人对此表示怀疑,但对我而言这正是一个人的最真实的部分"。此处,鲁什所说的"虚构部分"指的是演员为了表现出自己希望的模样,而刻意展示的不属于真实自己的一面,然而在他看来,这种"虚构"揭示了人们的想象、幻想的能力,也属于人物内心世界的一部分,可以帮助人物从受限制的自我中解放出来,因而也是真实的,甚至是隐藏得更深、更真实的部分。这种能力,被鲁什称为真实电影实践的试金石。

三、真实电影的创作理念

1. 直接拍摄真实生活，主张拍摄现实题材

真实电影通常主张拍摄现实题材，关注当下的人和事，尤其是关注每个"人"。真实电影是在当下真实生活的背景下，通过对人们的采访、追问等一系列形式，使其对自己所生活的境况进行思考，这不但是基于人类学的研究，更是通过触媒的形式达到的一次对于人内心世界的探寻。在镜头前真实电影呈现的是比现实生活更多一个层面的"真实"，使得人在更广泛的现实意义上做了更加具有真实性的"人"。而且，"影片中人物在镜头前的种种表现是他们的日常存在在特殊条件下的一种发展或延伸"。因此，它并不像虚构影片那样，将影片和现实世界进行了隔断。

2. 允许创作者"触媒"，但却排斥虚构

在巴尔诺看来，"真实电影"是具有"触媒者"的创作，即创作者或者说导演并不是完全存在于影片之外的，他们会介入、会催发、会通过一定手段对事件的进程进行激发，对整个事件的发生与发展起到了一定的催化作用。就如同《夏日纪事》中导演的介入与催发就是通过采访来达到的，在采访者的发问和影响下，被采访者会做出各种各样的反应，制作者也会出现在影片中，与被采访者讨论他们的反应，将"触媒者"的角色体现得非常明显。尽管有一些人会因为创作者的这种介入与干预而产生怀疑，进而对其创作方式进行批判，认为他们的作品存在虚构的情况，是一种在镜头前的"表演"。但鲁什和莫兰他们却不这么认为，鲁什称他在影片中当然会存在有意识的"表演"，但也只是为了给被采访对象一些良好的印象。"观众在看我，我必须给他们一个好印象"，这应该和平时生活中人们想要给他人良好的第一印象的正常反应是一样的，而这种表演只会持续一小会儿，然后非常迅速地他们就会开始考量自身的问题，并开始由表及里进入对内心的探索，而不是外在。他们不认为这种"触媒"有什么问题，甚至认为这不会影响纪录电影的真实性，反而认为在他们介入与催发下的人们表现出来的一面才是最为真实的。

3. 不事先编写剧本，不用职业演员

真实电影不会事先编写剧本，尽管鲁什前期的部分作品使用了剧本，但是当他开始真实电影的创作时，他选择的是一种现场干预的方式，为的就是看到人们最为真实的反应。他做的只是预设好要提出的问题，以及想要拍到的各色的人，这些人当然不是职业演员，他们只是普通人，工人、小职员、大学生、年轻夫妇等，在没有剧本、没有准备的情况下，他们才能给出最真实的反应，这些反应可能是百感交集，也可能是潸然泪下，又或者是若有所思，人性的敏感与脆弱、人生的美好与无奈，所有这些不易被察觉的细微变化和不可预设的回答，都被摄影机真实地记录了下来，这些反应是使用事前编写好的剧本无法获取的。

4. 精简的摄制组,包括导演、摄影师和录音师

真实电影通常在摄制组的构成上较为精简,通常就是由导演、摄影师和录音师组成,这样的组合除了能避免在采访以外给拍摄对象带来不必要的其他干扰,最重要的是能够配合16毫米摄影机进行较为灵活的移动拍摄,不论是在街头还是在室内都能够自如跟拍。真实电影的拍摄注重细节,注重抓取精彩的片段和瞬间,而且更加强调即兴创作,在熟悉的环境中采用触发的方式进行记录,而这些往往依赖于拍摄者在现场的直觉判断,所以有时候导演也会兼做摄影师以达到最佳的拍摄效果。

四、直接电影与真实电影

同样勃兴于20世纪中叶的直接电影与真实电影在技术背景上有着很多的共同之处,但是两者在纪实观念上却也有很多差异,其异同主要表现在以下方面。

(一)直接电影与真实电影的相似之处

1. 兴起的时间较为接近,时代背景相同

如果以两个流派的代表作《初选》(1960)、《夏日纪事》(1961)来比较,两部影片只相差一年,几乎可以看作是同步诞生了。只不过直接电影诞生于美国,而真实电影则诞生于法国。

2. 相同的技术背景

20世纪60年代,纪录电影因为技术革命迎来了两种创作理念的革新。它们都在很大程度上依赖于轻便摄影机的使用,都采用16毫米的摄影机和高感胶片,以便能够轻松到户外进行拍摄。能够随意移动的摄影机,解放的不仅是摄影师,还有摄影机的拍摄对象,在一定程度上也扩展了纪录电影的日常户外拍摄频次。同时还有录音技术的突破,在1960年前后,轻便的录音设备出现,使得纪录电影的同期录音得以实现,声音和画面一并成为真实还原生活本来面貌的重要表现形式。

3. 题材都聚焦于当代社会

拍摄社会题材的纪录片早在格里尔逊时期就已经开始了,格里尔逊主张的就是拍摄身边的事情,以现实社会的人和其生活环境为主题,但格里尔逊是想以这样的方式来反映社会问题,并以此来达到宣传和教化育人的目的,因此格里尔逊采用的是画面加解说词的形式。与格里尔逊的拍摄理念不同,直接电影和真实电影都不使用解说词,直接电影可能连字幕都不使用。但是它们的题材却同样聚焦于当代社会,而且很多是正在发生的事情,这种现在进行时的记录方式往往使用的是伴随式记录的形式。

4. 都把真实作为主要的美学命题

直接电影与真实电影都把真实作为自己流派创作的美学命题，只不过对于真实的理解不同，对于反映真实的方式的认识也各不相同。直接电影所主张的真实是在完全隐匿的、不干扰的状态下呈现的，因此创作者们甚至会利用剪辑的方式来处理对旁观记录产生影响的因素。他们认为只有这样的方式拍摄下来的影像，才能让观众完全置身于事件之中，并以自己的方式来参与解读影片的内容。然而，真实电影所理解的真实却并不如此，在影片中真实电影的创作者会使用摄影机来干涉，他们认为只有在坚持干预的情况下，才能挖掘到人们潜藏在内心的真实。基于对真实多向性的理解，让·鲁什在影片中试图探索如何最大化地表现真实，他坚信内心的真实才是他所追求的真实，但他又同时深信这种内心的真实并不足以表现全部生活，所以他在展现内心真实的同时，还将拍摄过程及策划过程展示了出来。事实上，让·鲁什想要传达给人们的真实观是："真实是永远无法达到的，然而发现它并且展示自己发现的过程才是最能接近真实的。"也许，正是因为两者对真实的理解不同，正是因为两者之间存在的分歧，才使得纪录电影的实践表现出了更多的可能性。

（二）直接电影与真实电影的不同之处

在同样技术背景下发展起来的这两种纪录电影方式，实际上完成了对纪录电影中真实的重新界定。真实电影和直接电影是两种在理念上确实存在重大歧见的纪录电影流派，两者的分歧主要在于是观察还是介入、是被动还是主动、是等待还是刺激。直接电影在拍摄方式上主张等待、观望与创作者的隐匿，而真实电影则以促使、诱发的方式进行创作，创作者更是直接参与到影片当中。

所以很多研究者将直接电影称之为"旁观者"，而将真实电影称为"煽动者"或是"触媒者"。就像美国人埃里克·巴尔诺指出的那样："'直接电影'的纪录电影工作者手持摄影机处于紧张状态，等待非常事件的发生；'真实电影'则试图促成非常事件的发生；'直接电影'的艺术家不希望出头露面，而'真实电影'的艺术家往往公开参与到影片中去。'直接电影'的艺术家扮演的是不介入的旁观者的角色，'真实电影'的艺术家都担任了挑战者的任务。"这种差别透露了美国人的精确、定量式的认知方式与法国人的浪漫、定性式的认知方式这两种思维方式。

因此，在实践上直接电影的全部作品都有着极其相似甚至是相同的拍摄方式与美学风格，就如同怀斯曼三十多年如一日坚持着他的拍摄理念，不曾改变。直接电影的创作者们在观点、理论和实践方法上形成了基本统一的内部立场，那就是把电影当作一种不抱先入为主成见的、没有导演干预的、对正在发生的事件过程进行客观记录的传播媒介,以告知公众事情的真实情况。然而真实电影却不然,让·鲁什的真实电影的理念,在实践上仍是新浪潮电影的一个自然延伸。新浪潮打着"摄影机——自来水笔"的口号,在实践中提倡一种有拍摄者个人印记的影像"书写"方式,以此来确立影片的创作者风格。因此,真实电影的作品风格往往是不拘一格的,不同的导演根据他们心中认定的呈现"真实"的方式对拍摄对象及拍摄实践进行促使、诱发、引导与介入,每位导演的主观意志不同,因此呈现的作品也就各不相同。像在《夏日纪事》中,让·鲁什会发挥导演的主观意志,并试图最大化地对被拍摄者产生干涉作用。因此,这些带有导演个人印记的作品与直接电影风格近似的作品之间就有着显而易见的差异。

第六节　西方新纪录电影

一、新纪录电影的诞生背景

新纪录电影诞生于 20 世纪 60 年代末,兴盛于 20 世纪 80 年代末。新纪录电影与其他电影理论学派截然不同,新纪录电影并没有明确的代表人物或代表作品作为其创作实践开始的标志,也没有明确的发起团体或倡导组织带领。在一段时期内纪录电影的创作理念不断更迭,出现了大量创作理念相近、表达方式与风格相似的作品,而这些作品共同的特征就是对之前纪录电影创作理念的革新与突破,因而这一时期出现的大量理念新颖的纪录电影创作实践就被一些研究者归类为"新纪录电影"。新纪录电影不仅是美国新兴纪录电影的代表,更深刻影响着世界纪录电影的发展,新纪录电影的出现也是纪录电影历史上最具有颠覆性的创作理念变革。

1993 年,美国电影理论家林达·威廉姆斯发表论文《没有记忆的镜子——真实、历史与新纪录电影》,文中威廉姆斯以美国导演埃罗尔·莫里斯的纪录电影《细细的蓝线》(又名《蓝色警戒线》)和法国导演克洛德·朗兹曼的影片《浩劫》(又名《证词:犹太人大屠杀》)为例,分析了这两部电影的叙事策略,威廉姆斯认为"对真实和虚构采取过于简单化的两分法,是我们在思考纪录电影的真实问题时遇到的根本困难。选择不是在两个完全分离的关于真实与虚构的体制之间进行,而是存在于为接近相对真实所采取的虚构策略中。"并主张把"虚构"的纪录电影创作倾向概括为新纪录电影的根本特征,而且还认为"纪录电影不是故事电影,也不应混同于故事电影。但是纪录电影可以而且应该采取一切虚构手段与策略以达到真实"。这里威廉姆斯以"新纪录电影"概括了在纪录电影界出现的创作新倾向。在这之前,不论是在理论界还是在实践领域,"非虚构"一直是指导纪录电影创作实践的根本原则,而纪录电影所追求的"真实"不论是通过旁观还是通过介入，都没有越过"非虚构"这一界线。真实和虚构一直是纪录电影创作讨论中最核心的关键词，然而新纪录电影的出现打破了这一泾渭分明的界线。很多学者认为新纪录电影的虚构并非是对记录对象及事件的虚构，而更多是一种虚拟，即用模拟的方式再现一些人物和场景，但这样的表现方式仍旧对传统纪录电影创作产生了很大的冲击。那么这样的一种电影创作倾向又是怎样形成的呢？我们可以从下面三个方面分析新纪录电影产生的背景。

(一) 电影技术的革新

"一切艺术形式和传播媒介都有自己的技术史。"从直接电影与真实电影的诞生可以看出电影技术的革新对纪录电影创作的重要影响。随着计算机技术和影视记录技术的日益蓬勃发展，CG(Computer Graphics，计算机图形学，利用计算机产生真实感图形的科学)技术以及 VR(Virtual Reality，虚拟现实)技术的广泛使用使虚拟"再造"现实成为可能。威廉姆斯在《没有记忆的镜子——真实、历史与新纪录电影》一文的开始，就道出了电子时代的影像给人带来的困惑：在利用计算机炮制画面的电子时代，摄影机是"可以撒谎的"，影像已经不再是从前被称作"映照着物体、人物和事件的视觉真实的有记忆的镜子"了。简单地说，新纪录电影之"新"，就在于它肯定了被以往的纪录电影(尤其是真实电影)否定的"虚构"手法，认为纪录片不是故事片，也不应混同于故事片，但是，"纪录电影可以而且应该采取一切虚构手段与策略以达到真实"。

事实上，许多有关当代纪录电影的真实主张的讨论，焦点都集中在了反省和挑战从前认为神圣不可侵犯地表现真实的技巧上，技术的作用在这里变得尤为重要。初期，人们对于新纪录电影通过"虚构"来营造真实的影像持有怀疑态度，也引起了多次激烈的争论，主要还是因为人们对影像的真实程度不确定。电子时代的影像可以被修改和创造，很多人对"眼见为实"产生怀疑，在故事片中人们可以接受的创作手段，到了纪录片中就变为了不信任，不信任"虚构"可以达到"真实"。作为一种表现社会现象的影像，很多人默认纪录片应该以"在场"的纪实性来对现实进行记录，人们认为能够与现实对应的影像才代表"真实"。因为纪实影像与现实物象的逼真"象似性"，使得纪录片具有了与现实生活彼此映照的"真实"魅力。诚然，这种纪录片的纪实手法，很好地还原了现实生活，并带来了一种"真实"的"幻想"，成就了纪录片的特质。可是，仅仅表现"眼见的现实"并不是纪录片的初衷，那只是人类现实生活中的极小的一部分。而在我们的生活中，还融合着人类文明记忆的历史史实，单纯地对现实记录是无法记录所有的纷繁复杂的生活景观的。所以，当人们发现新纪录电影可以利用技术让人们看到他们无法"在场"的过去时，不论真实程度如何，对观众而言这样的纪录电影无疑是对其认知界限的再度突破,纪录电影的题材可以不再局限于当下的记录,而是可以根据一些可靠的史料和证据,尽可能地还原过去,让人们看得更多更全面,新纪录电影也因此逐渐被人们认可和接受。

然而,在新纪录电影发展期间,技术进步的影响是必然的,但却并不是全部因素。尽管大多数时候纪录片的风格,尤其是创作方式取决于技术进步的程度,而非一种美学选择。但当技术发展到一定程度,人们能够运用设备完成更多的影像创作时,他们的选择就会变得更为宽泛,比如同期出现的直接电影与真实电影对16毫米摄影机的运用。而更晚出现的新纪录电影,无疑来自人们对纪录电影创作与美学风格的一种自觉新追求。比尔·尼克尔斯说道:"一定程度上说,每一种新的纪录片表现形式的产生都部分地源于影片制作者对于此前纪录片形式的不满。"从历史文化语境出发,新式纪录片是对社会的反映和表达,其适应第二次世界大战后新的媒介环境,积极吸纳其他艺术的成果,是对纪录片的表现形式和真实观念以及社会功能进行的一种自觉的探索。这种探索是以翻盘和对抗直接电影暧昧的含义和追求表现真实为旨归的。

(二)"后直接电影"

以美国的德鲁小组、梅索斯兄弟以及弗雷德里克·怀斯曼为代表的直接电影在20世纪60年代具有很强的生命力,其取代了格里尔逊时期以宣传、教化为主的纪录电影,提倡旁观式记录、同期录音、无字幕、无画外解说词、尽可能不介入的客观观察的创作方式。直接电影的创作者认为只有这样才能表现他们所想要呈现的现实"真实",创作者主张要"隐匿如墙上的苍蝇"一般观察。因此,直接电影流派的一些拥护者甚至声称:"直接电影就是人们窥视世界的一个窗口。"正因为有这样的观念指引,很多直接电影创作者越发追求对现实的客观复制,相信唯有不干预现实、以纯观察的方式才能确保作品的客观与真实,去除主观化,"竭力维护客体的客观性",才是他们理想的电影形式。

直接电影创作者们努力否认和隐藏创作者个人的观点,认为通过客观冷静的观察方法就能够获得其他纪录片制作所不能达到的真实。于是,直接电影表达的结构经常是含混而暧昧不清的。评论家威廉·布卢姆在谈到关于消除种族隔离的直接电影作品《童目睽睽》(*The Child Were Watching*,理查德·利科克,1961)时说:"利科克来到新奥尔良想目睹一下发生在那里的那种每每不改其丑恶的审判不公现象——所有有头脑的人都知道此事。但是当别人试图解释这些事情的意义以便进行冷静的说理时,他却由着性子只去展示最喧嚣混乱时表现出来的仇恨与恐惧,一点儿没给我们留下思考的空间和途径。"路易·马尔克莱勒对李考克后来的作品《电椅》评论说,他觉得这部影片"在发表他的评论时古怪地暧昧"。从本质上说,"直接电影最严重的缺点不是它的主观性本身,而是它固执的借口"。纪录片从来就是主观见之于客观的产物,没有主观的选择就不会有客观的记录,直接电影一味强调客观性而忽略了主观的能动作用,甚至还不惜用大量的剪辑来弥补拍摄过程中的"穿帮"来呈现他们理想中的"客观"现实。这样不但使作品在评判价值上产生了混淆,而且很多时候也会使作品陷入无意义记录的泥沼之中,为"客观"而"客观",引发了一系列创作者创作行为与自我意识之间的冲突。"缺乏冷静说理和创作者暧昧态度的直接电影在面对美国的重重危机时显得极为保守。"后来直接电影人全神贯注于摇滚音乐会和悠闲的拍摄对象,如利科克有关警察局长大会的《局长们》、怀斯曼有关海军训练新兵的营地的《基础训练》、梅索斯兄弟的《编戏的人》《遇见马龙·白兰度》《披头士》、彭尼贝克的《别往后看》《蒙特利流行歌曲》《继续摇滚》等,还有一些直接电影人则转向了商业舞台影片的拍摄。不可否认,尽管直接电影也时常提供一些意义深远而动人的艺术作品,但显然,这时的直接电影已经不能满足人们日渐增长的对纷繁的社会政治进行清楚直率的分析的需求,而逐渐走向式微。由此,一些投身政治的电影工作者深感需要超越直接电影,从而发展一种新的更具有论战性的纪录电影风格。直接电影的命运像其他电影革新运动经常发生的结局一样,其艺术的先锋性由于好莱坞电影对其摄制技巧的采纳而被冲淡了许多。

因此,一些纪录电影制作人开始探索新的纪录电影创作模式,他们为想要真正呈现的内容而创作,为他们理解的"真实"而创作,为他们想要表达的意义而创作,一种全新的语言与手段呼之欲出。他们突破直接电影的"客观"观察束缚,不断修正和更新创作方式,在这一过程中,一些表现突出的优秀影片开始逐渐被人们接受。尽管他们在创作领域掀起了不少的纷争,但是更多的人还是在这种新的创作观念中看到了希望。为了区分于直接电影,一些人将其冠名为新纪录电影,也有人称其为"后直接电影",还有人根据这种新的创作现象的文化特征称其为"后现代纪录电影"。从直接电影到新纪录电影转变的最终根源在于埃米尔·德·安东尼奥等纪录片人对20世纪60年代美国的政治文化气候做出的反映。

(三)"后现代思潮"语境

"后现代"是一个经常被单独拎出来讨论的命题,其出现的节点为20世纪50年代之后,其与大众媒介技术的蓬勃发展有着极其密切的联系,后者所催生的消费主义文化、新型意识形态不仅创造出了一种切合后现代人们认知中的"抵抗""戏仿""拼贴"等一般性特征的艺术浪潮——如波普艺术、拼接电影等新艺术形式,更实质性地将后现代理论中艰深晦涩的部分降维到了日常生活的层面,两者的相互结合奇妙地将"后现代"推置到了某种类似"潮流"的位置。

"电影史上的每个独具风格的革新都产生于特定的政治语境和社会语境之中。"这一点,新纪录电影也不例外,其虽然兴盛于20世纪80年代,但从20世纪60年代起就已经有了一些革新的萌芽,因而事实上它的变革深受20世纪60年代美国的社会政治文化语境的影响。20世纪60年代的美国出现了反文化运动,比如迷恋怪癖和追求荒诞的嬉皮文化。至此,美国社会转入了充满矛盾性和吊诡性的"后现代"历史阶段。科技和信息产业的膨胀泛滥构建出一个碎片化的后现代社会结构。正如德国的科勒所总结的:"后现代主义并不是一种特定的风格,而是旨在超越现代主义的一系列尝试。它同时从激进实验和指向通俗这两个极致来对抗现代主义的陈规,力图填平现代主义精英意识人为造成的鸿沟,以达到人类精神统一的彼岸。"由此衍生了以反主流、反对单一理性为中心,以反对二元对立、功能主义和实用主义为主的后现代主义的文化生活观念。

在艺术上,美国20世纪60年代的先锋派比前辈们更接近自由的主题。他们打破艺术常规,部分摒弃了现代主义抽象手法并引入具体的政治内容。他们关注文化与价值的问题,允许拼贴事物成为艺术的表现内容,模糊艺术形式之间的界限,同时采用拼贴或多种艺术手法。正如电影理论家保罗·亚瑟说的:"这些分享了其他文化现象的纪录电影可能达到了空前杂交的程度,它们对资料的使用和表达技巧、模式,不但借鉴了早期的纪录片风格,而且借鉴了美国的先锋电影,乃至借鉴了好莱坞。"保罗·亚瑟所提到的这些分享了其他文化现象的纪录电影实际上指的就是受后现代思潮影响而诞生的新纪录电影,种种非标准化操作的新纪录电影采取一切虚构手段与策略以达到真实,拼贴、多元化、碎片化、杂糅化、反讽等,这些沾染了后现代主义社会文化气息的手段,都成为它标志性的特征。

二、新纪录电影的创作理念

(一)新纪录电影的真实观

纪录片的发展史,实际上就是几代影人对真实的不断追求、认知不断拓展的结果。从弗拉哈迪到维尔托夫、格里尔逊,再到德鲁小组、让·鲁什,不同的理论流派都有属于自己的真实观,以及达到所谓真实的方式与手段。但是,纪录片没有绝对的真实,纪录片是由人创作的影片,我们不得不承认它依旧是主观见之于客观的产物,主体性不能磨灭,只是在一定程度上,这种主体性被隐藏在了摄影机与镜头画面的背后。直接电影最终因其与真实之间暧昧不清的关系而走向了矛盾的境地。很多时候真实是一种追求,是对于尽可能还原现实生活的一种期待,至于客观的程度有多大,实际上还是跟创作主题脱不了关系。所谓的真实,如果不上升到哲学的层面,那么就只能是一种创作观念,所以很多人强调,真实其实就是真实观、真实感,是人们通过画面表现出来的现实,它与现实可以无限接近,但却永远达不到绝对真实的彼岸。

新纪录电影是以批判直接电影与真实电影的风格而对创作进行的深思与探索,最引起人们关注的是新纪录电影的真实观,其直接引发了对纪录片真实的新一轮思考与讨论。新纪录电影的创作者们放弃了表面的、形式上的真实,比如直接电影的旁观式记录,而选择使用多种手段达到表达层面的真实。新纪录电影人认为:"应该采取一切虚构手段以达到真实,甚至是通过'虚构'手段来达到真实。"这一点对于以往纪录电影创作的技术、风格、真实观都存在一定程度的颠覆。在新纪录电影中,导演——影片的创作者作为整个事件的一分子始终存在于影片中,既不像直接电影的创作者充当的只是旁观者的角色,也不像真实电影中的导演只是起到触媒的作用。在新纪录电影中导演始终处于影片中心结构的位置,他们在影片中不仅充当实践的参与者、调查者的角色,而且在后期的剪辑中使用"操控性剪辑"。不存在对真实的客观观察,只存在对构建真实过程的参与,这是新纪录电影一以贯之坚持的观点,具体表现为导演"入侵式的采访"。如此说来,在新纪录电影创作者们的认知中,影像能够给我们创造最逼真的真实,但逼真永远不等于真实,只能无限地接近它。在现象学当中,任何一种被看到之物都是它呈现的某一个角度而非全部。纪录片本身就是依据"原始生活世界"的图像化记忆"再造"出来的"镜像生活世界",它是"存在"的表现形式,而不是"存在"自身。对于"事实核心"来说,各种言语、解读、表达,甚至纪实、虚构等,都是对"事实核心"的不同折射,这些折射来自不同侧面,彼此间或许相容,或许相斥,但它们却与"事实核心"是本质相同的,是彼此联系的,并且以此为出发点。新纪录电影实际上是在以自己的方式去逼近真实,而它采用的手法,最大的贡献在于能够使缺席的事物得以借助图像的构建再现,过去的事实同现在的事实一样都能够呈现在观众面前。

新纪录电影力倡采用多种手段去发现真实。这一主张对纪录片的题材、表现方法、时空处理等层面的拓展都起到了巨大的推动作用,这种相对先进的、多元的、开放的拿来主义创作观念所造就的影片得到了观众的青睐。纪录片不但可以记录事实,也可以参与事实,甚至催生真相的面世。

(二)新纪录电影的美学特征

对于新纪录电影美学特征的分析,我们借鉴国内比较权威的学者单万里《认识"新纪录电影"》一文以及孙红云《真实的游戏——论西方新纪录及其美学特征》一文中的观点来进行说明。

在国内纪录片研究学者当中,单万里在新纪录电影研究方面成就卓著,他将新纪录电影的特征概括为：

（1）新纪录电影积极主张虚构，为达成真实，允许对事件进行还原处理。

（2）否定传统定义的纪录电影。新纪录电影的主张可以认为是对真实电影的否定；如果真实电影展示的是"生活是怎么样的"，那么新纪录电影则将重点置于揭示"生活是如何成为这样的"。

（3）关注历史问题的纪录电影。新纪录电影拓宽了影像时空的深度与广度。历史与未来、宏观与微观都是新纪录电影的关注向度。

（4）新纪录电影拥有数量可观的受众群体。新纪录电影的品质令观众着迷，收获了大量忠实观众。

孙红云则从新纪录电影所具有的多元、杂糅、拼贴等特征入手，分析了新纪录电影空前杂交的美学特征，并归结为以下六个方面：

（1）个人化的叙事方式。这类影片的叙事方式是主观化、个人化的，带有亲历性和体验性特征。

（2）采访元素化。新纪录电影强调采访是一种策略性的调查，具有强有力的揭示效果。

（3）自我反射的引力。从美学观念上来看，自我反射的表达方式与新纪录电影的创作观念在精神上是契合的，形成了一种引力。

（4）剧情片的叙事策略。新纪录电影的核心特征可以概括为在叙事手段上兼容并包，不拘一格，认为剧情片的叙述策略、搬演配乐、特技等都可加以运用。

（5）间离效果。新纪录电影的自我反射手段以及拼贴式的结构皆可导向间离的美学效果，以此调动观众在观看过程中的主观意识，实现跳脱剧情、冷静思考的目的。

（6）强烈的反讽意味。新纪录电影在文体特征上可以是滑稽讽刺的，也可以具有荒诞、阴暗的意味与情感，并且使得观众以轻松、娱乐的态度接受。

整体上看，两位学者提出的关于新纪录电影的美学特征，实际上都在强调新纪录电影较以往的纪录电影在创作上更加兼容并包，对待叙事方式与一些虚拟再造性技术手段的态度是更为开放的。新纪录电影首先关注的是观众与影片中人物、事件的交流。在情感交流中拉近观众与事件，尤其是"缺席"的历史事件之间的距离，并且努力引导观众对历史经验进行多元化的、开放性的思考，而非接受某种叙事结果。20 世纪 80 年代以来，一批新纪录电影作品日益成熟，创作风格越发多元化，也涌现出了一大批在创作上具有特色的纪录电影导演。他们没有将自己归属于哪一个派别，也没有给自己的纪录电影定位为哪种创作风格或流派，但他们对纪录电影美学的思考和对创作的探索，却体现出了一个特定时代纪录电影创作者们的理性思辨与共同诉求。

三、主要导演与作品

(一)埃罗尔·莫里斯与《细细的蓝线》

埃罗尔·莫里斯(1948—),美国导演、编剧、制作人。1978年,执导个人首部纪录片《天堂之门》;1988年,执导的纪录片《细细的蓝线》获得美国影评人协会年度最佳纪录片奖。

《细细的蓝线》是埃罗尔·莫里斯较为主要的代表作品,该片讲述了一件蒙冤11年的错案。案件发生在1976年美国得克萨斯州达拉斯市,一名公路警察在拦截一辆深蓝色的轿车后,被汽车司机开枪打死,警方苦无破案线索。16岁少年惯犯大卫·哈里斯指证并无犯罪前科的路人伦德尔·亚当斯为嫌疑犯,以致伦德尔·亚当斯被判有罪而执行终身监禁。然而在11年后大卫·哈里斯因别的罪行被判死刑,他向本片摄影组坦陈伦德尔·亚当斯其实是无辜的。导演埃罗尔·莫里斯采用一种重现事实的半纪录片手法追踪一件杀警冤案,积极参与事件,最终成功地发掘出事件真相,让被冤枉的伦德尔·亚当斯在坐牢11年之后讨回清白。

埃罗尔·莫里斯在整部影片中表现出了强烈的表现主义风格,比如故事电影(剧情电影)般的叙事、一系列的慢动作、特别营造的音乐氛围,埃罗尔·莫里斯甚至通过扮演来再现案件相关的场面,这些都是以往纪录电影中不曾使用过的手段。在新纪录电影中,故事电影与纪录电影的分野不再像以前那么泾渭分明,特别是在记录真实与虚构的问题上,新纪录电影在创作中,部分融合了故事电影的创作手法,走出了以往纪录电影创作和研究领域一直限定的"底线"——纪录片不能"虚构"。新纪录电影的叙事策略从传统纪录片及直接电影的"规范"和"自律"走向游戏化。它的最大特征是兼容一切电影叙事手段,尤其是打破故事电影和纪录电影的壁垒,积极吸纳故事电影的叙事策略,如叙事追求戏剧化、有目的扮演、影片有适当的配乐、剪辑自由使用各种特技等。威廉姆斯认为《细细的蓝线》是对事件的干预以及建构真实的过程,但这也正是新纪录电影所追求的、可采取一切虚构手段与策略达到的真实。

(二)克劳德·朗兹曼与《浩劫》

克劳德·朗兹曼(1925—2018),法国纪录片导演、编剧、作家、哲学家。1970年,担任《伊莱丝,还是现实的生活》编剧。1972年,拍摄纪录片《为什么是以色列》。1986年,拍摄纪录片《浩劫》,该片获得第36届柏林国际电影节卡里加里电影奖。1987年,凭借纪录片《浩劫》获得第40届英国电影与电视艺术学院奖弗拉哈迪纪录片奖最佳导演奖。

克劳德·朗兹曼的代表作《浩劫》是一部口述式的历史纪录片。克劳德·朗兹曼花了11年寻访当年事件的发生地,对一些前纳粹成员(只暴露其声音)、集中营的幸存者、证人(奥斯维辛集中营附近的波兰农民、商贩、家庭主妇、退休铁路职工等)进行了大量的采访,将纳粹血腥残忍的暴行一一展现。导演采用了许多静态的长镜头和空镜头来描述和表现当时集中营的情形,没有任何画外音或其他煽情手法。该片拍摄了300多个小时的原始素材,没有采用任何历史资料片、照片或历史档案,只是对许多当事人、旁观者和附近居民进行采访,通过他们的叙述和回忆还原那段惨绝人寰的历史。《浩劫》整体基调较为灰暗,导演加入了不少引人思考的长镜头、空镜头以及近景和特写,体现出留白的美感,整部影片没有高潮。偏冷色调的镜头和大段的人物念白,易让人产生视觉疲劳,但平淡话语中蕴含的血淋淋的事实,极易让人产生心痛压抑的情绪。在克劳德·朗兹曼的一再追问下,真实的历史渐渐浮出水面,在影片中,克劳德·朗兹曼用镜头和语言重新构筑了真实,其选择纯粹客观的素材,通过自己的剪辑和编辑,实现了他主观观点的表达和艺术观点的再现。

在这部影片中,口述就是克劳德·朗兹曼再现历史真实的手段,尽管对于那段历史所有的观众都属于缺席状态,但克劳德·朗兹曼对一个个见证者进行采访,包括受害者、幸存者、纳粹的看守与军官,还有一些间接的见证者,他将这些人对同一段历史的回忆整合在一起,就这样"重建"了历史,以诉诸听觉的口述"再现"了过去。这种重建并不明显,长达9个多小时的影片并没有特别清晰的结构,更像是对无数影像素材的拼贴,但它确实通过内在的真实结构着影片,让观众从这些口述的证言中解读历史,并判断与思考历史。克劳德·朗兹曼说:"600万犹太人不是正常的死亡,这就是今天致力于探寻大屠杀真相和正义的作品必须把破碎的纪实作为首要原则的原因。"那些个体化的回忆把过去的记忆传递到现在,从牢房到灭绝地,通过他们的回忆,与600万人的死相关的事实、证据被小心翼翼地积累起来,直到对大屠杀细节的追忆。克劳德·朗兹曼承认影片的碎片性,但却希望观众能重视这些碎片,因为这些碎片拼起的不算完整的事实是足以震撼人心的残酷史实,他称这部影片是"一种体验"。

(三)迈克尔·摩尔与《科伦拜恩的保龄》

迈克尔·摩尔(1954—),美国导演。他的创作方向多为社会时事题材,拍摄的纪录片《科伦拜恩的保龄》获第75届奥斯卡金像奖最佳纪录长片奖,执导的纪录片《华氏911》获第57届戛纳国际电影节金棕榈奖。

对于美国大众来说,迈克尔·摩尔是一个熟悉又充满争议的人物。他具有多重身份:畅销书的作者、电视栏目制作人、故事电影制片人、纪录片导演、社会及政治批评家。

在这个活跃的社会活动者的多重身份中,纪录片导演的身份最为人熟知,为他赢得了世界范围的知名度,也成了他表达自己社会观、政治观的最佳方式。他的作品《罗杰和我》《科伦拜恩的保龄》《华氏911》已被国际纪录片协会收录为历史上百部优秀纪录片之列。从1989年迈克尔·摩尔执导第一部纪录片《罗杰和我》开始,其导演本人的形象就出现在他的每一部纪录电影当中,这种表现方式不但成为迈克尔·摩尔纪录电影的一个品牌特征,也是他所代表的当代美国新纪录运动的一个重要表征。

迈克尔·摩尔的纪录片也被称为"自省式纪录片",它是一种强调疏离效果与拍摄者的自我暴露的纪录片类型。在影片中导演会通过富有个人特色、个性突出的画外解说对影像进行说明和评论,来表明自己对所拍摄事件的看法与态度,而这也只是迈克尔·摩尔纪录片突破纪录片常规创作方式的一小部分特征。

在题材与内容的选择方面,迈克尔·摩尔的影片被人们称为"政治讽刺纪录片",这是因为在20世纪六七十年代美国复杂的政治环境下,很多创作者尝试使用拍摄纪录片的方式来抗议或争取民权,这一尝试最早是从埃米尔·德·安东尼奥的一系列影片开始的。这类影片不同于传统的政治纪录片,它们的特点是具有讽刺性,很多人把这类讽刺纪录片的产生与后现代政治文化的语境联系起来。但是比较来看,埃米尔·德·安东尼奥的政治讽刺纪录片与迈克尔·摩尔的政治讽刺影片有很多不同,前者主要是通过表现对象自身的表演以及对严肃事件进行戏谑化处理,但是导演不会加入任何解说和意见,主要是通过后期的剪辑来处理叙事,使影片中的拍摄对象如政治人物、公众人物等在影片中展现出与其常规行为极为不同的表现,并通过两个不同语境的画面进行互文来强化这种反差,进而产生强烈的反讽意味;而后者则更多表现出创作者个人的风格,主观介入的色彩更加浓郁。很多人认为迈克尔·摩尔的政治讽刺纪录片虽不是最有力的反讽,但是无疑是新纪录电影中讽刺性最强的。迈克尔·摩尔以导演的叙述、自我反射式的表演、夸张的剪辑达到近乎"直面斥责"的强讽刺。

在叙事手段与表现手法方面,在《科伦拜恩的保龄》一片中,迈克尔·摩尔除了使用一般纪录片最为常规的拍摄方式,进行常规的采访以外,还综合运用了多达15种之多的视听手段,如计算机资料、电视画面、舞台剧资料、报纸、广告、照片、计算机绘图、手绘图画、家庭录像资料、计算机游戏、现场控制录像、电话录音、现场演示、多媒体制作等,其中计算机绘图、手绘图画、计算机游戏、多媒体制作等突破常规纪录片创作的手段,恰好是新纪录电影创作探寻的创作方式,迈克尔·摩尔大胆地使用了这些手段,用来进行叙事表达。这些表现手法不仅为纪录片扩宽了创作空间,也拓展了纪录片能够表现的深度。

第四章　中国纪录片创作思潮

关于中国纪录片的起源与发展，涉及史论方面的研究，一般会有两个不同的起始点。第一类研究以纪录电影为研究主体，从纪录电影的起始时间（即中国电影的开端）算起，进而延续到后来的电视纪录片的诞生与发展，共同构成一个完整的中国纪录影像史体系。代表著作有：方方的《中国纪录片发展史》（2003）、高维进的《中国新闻纪录电影史》（2003）以及单万里的《中国纪录电影史》等。这些著作共同的特点就是将1905年确定为中国纪录片（纪录电影）的诞生之年。第二类研究则是以电视纪录片为研究主体，将中华人民共和国建立后，1958年中国电视事业的诞生看作是中国电视纪录片的历史起点。代表著作有：何苏六的《中国电视纪录片史论》（2005）、欧阳宏生的《纪录片概论》等。这两类关于中国纪录片发展史的研究虽然选取的起始时间不同，前者追溯到中国电影史的开端，后者则注重从中国电视史的起点开始进行研究，但是都是对中国纪录片整个创作发展史的系统性论著。纪录片起始于新闻片，或者说起始于新闻纪录电影这一点是学者们公认的。欧阳宏生在著作中提到新闻纪录电影是"史前史"，这主要是针对他所研究的20世纪50年代以后的电视纪录片而言的。他说："中国纪录片脱胎于新闻纪录电影。基于共同的理论、思想以及人员队伍的相承关系，新闻纪录电影的历史可以说是电视纪录片的'史前史'。"

第一节　从新闻片到纪录片

1895年12月28日，法国人卢米埃尔兄弟在巴黎卡普辛大街的咖啡馆地下室公开放映了他们拍摄的《工厂大门》《火车进站》等影片，这一天便成为世界电影的诞生日。而在电影诞生后的第二年，也就是1896年（有史料记载），电影便随之传入中国，第一站是在上海。据上海《申报》所刊，1896年（清光绪二十二年）8月11日，在上海徐园又一村茶楼，放映了"西洋影戏"《马房失火》等十四部短片。"影戏"是电影在中国最早的名称，以后徐园放映电影达数年之久，影片多出自法国。1902年1月，电影又传入北京，从1902到1906年，短短四年间，电影放映活动便活跃于北京城内外，前门大街大栅栏大观楼影戏园等处尤为受欢迎，其所放映影片多为法国片与美国片。从神奇的关于新鲜事物的影片,到人们争相观看的日常生活影片,电影在中国逐渐被接受,同时这种独特的艺术形式也引起了中国人参与创作的兴趣,1905年中国人自己创作电影的历史便由此开始。

一、中国纪录电影的开端

纪录片是电影的长子,也是电影的初始形态,很多国家的电影史都是从纪录电影起始的,中国也是如此。中国的纪录电影开始于1905年,这一年便是中国人自己摄制影片的开年。根据现有文献记载,中国第一部电影是关于京剧表演的纪录影片,影片是由当时北京丰台照相馆的老板任庆泰拍摄的。由于当时外国电影在北京非常受欢迎,任庆泰便萌发了自己拍摄电影的想法,同时考虑到京剧的观众较多,因此选择了当时著名的京剧演员谭鑫培作为拍摄对象。谭鑫培当时表演了京剧《定军山》当中的3个片段——《请缨》《舞刀》《交锋》,因此影片的片名就定为《定军山》。《定军山》是目前公认的由中国人自己拍摄的第一部电影,1905年也被认为是中国电影的诞生年份,这也是中国纪录电影的诞生年份。这3个片段主要是以记录的形式拍摄的,是对谭鑫培的表演的完整记录。因此,可以说第一部由中国人自己拍摄的影片是纪录片。此后,丰台照相馆又拍摄了多部京剧表演影片,如《长坂坡》《青石山》《艳阳楼》《收关胜》等。1905—1920年,中国人自主拍摄了影片30余部,其中大多数都是纪录影像。

尽管在相当长的一段时间内,由于拍摄器材笨重,拍摄支出费用昂贵,中国电影发展得较为缓慢,未出现具备必要技术条件和足够实力的独立机构。但是中国人能够在接触电影这一新鲜事物后,就积极地尝试进行拍摄,迈出中国人自制影片的重要一步,就已十分难能可贵,没有1905年的那次拍摄,中国电影的诞生也许还要等上几年。不论早期的电影发展情况如何,不论初期的电影在技术上存何种缺陷,都不影响中国纪录电影的茁壮成长。中国纪录电影是世界纪录电影的一个重要分支,中国纪录电影史是世界纪录电影史的有机组成部分。

20世纪20年代民族资本开始投资电影行业,直接促进了中国电影业的发展,新闻纪录电影也由此发展起来。另外,随着大批苏联新闻纪录电影工作者来华拍片,改变了西方列强统治中国新闻纪录电影的局面,间接激发了中国电影工作者对新闻纪录电影的关注。

二、早期的新闻纪录电影

1. 早期的新闻纪录电影实践

《武汉战争》(1911)与《上海战争》(1913)是中国人较早拍摄的两部新闻片,其中

《武汉战争》记录了关于辛亥革命时期武昌起义的一些情况。这两部纪录中国革命史实的影片都是由中国艺术家自发自主拍摄的,也开创了中国纪录片关注现实社会问题的先河,它们都把镜头对准了当时发生的重大事件,对中国纪录片的发展和纪录观念的形成产生了深远的影响,也是中国新闻纪录电影的奠基之作。在此之后,1917年商务印书馆引进了一些美国的电影器材,并开始在印刷所照相部尝试电影制片业务,起初拍摄的影片同样是新闻片,如《商务印书馆放工》,有人认为这部影片的选题受到了卢米埃尔兄弟的《工厂大门》的影响。1918年,商务印书馆设立影戏部,开始有计划地拍摄影片,正式成为由中国人自己开设的第一个初具产业规模的电影制片机构,尽管有研究者认为商务印书馆开办电影事业纯属偶然,但这却不影响其在中国早期电影史上的重要地位。

2. 20世纪20年代的新闻纪录电影

经过前一阶段的铺垫,到了20世纪20年代,中国电影事业开始进入初步的发展阶段。这一时期的电影既有故事片也有新闻片,而且出现了一些记录历史、反映重大事件的新闻纪录电影,这期间拍摄新闻纪录电影的代表是黎民伟的民新影片公司。民新影片公司的创始人兼摄影师黎民伟,在当时电影业普遍选择拍摄故事片而远离中国革命现状呈现的情况下,选择拍摄了大量具有革命内容的新闻纪录片,记录了孙中山的革命活动。1927年,黎民伟将自己拍摄的关于孙中山和北伐战争的新闻片汇编在一起,整合成一部时长90分钟的文献纪录片——《国民革命军海陆空大战记》,开创了中国文献纪录片的先河,可以说民新影片公司对20世纪20年代的中国新闻纪录片的发展做出了巨大的贡献。

在中国电影界,黎民伟是第一个明确提出"电影救国"口号的人,也是最早有意识、有计划地将正在进行的大革命全面记录在胶片上载入史册,为后人留下珍贵的形象档案和第一手历史资料的艺术家。他一生自觉地倾注大量精力和财力,为宣传民主革命精神、传播民主革命思想而努力,对创建中国早期的新闻纪录电影事业起了先导的作用,并为保存珍贵的电影文献资料做出了积极的贡献。黎民伟对于中国纪录片的影响十分深远,他的开拓精神与纪实精神是十分宝贵的。

20世纪20年代是世界纪录电影史发展的关键时期,诞生了世界第一部真正意义上的完整纪录片《北方的纳努克》,弗拉哈迪、维尔托夫、格里尔逊等一众大师纷纷登场。20世纪20年代对中国电影来说,同样是非常重要的时期。20年代,中国的新闻纪录电影虽然获得了一定的发展,但是新闻纪录电影在很大程度上是新闻与电影的结合,有赖于新闻与电影同时发展。

3. 抗战新闻纪录电影时期

20世纪30年代至40年代中期,拍摄有关抗日战争题材的新闻纪录电影是这一时期的主流,也是中国大多数电影工作者的觉悟与共识。1931—1937年,民营影片公司是拍摄抗战新闻纪录影片的主体,这一时期拍摄的影片有明星影片公司的《抗日血战》、联华影片公司的《暴日祸沪记》、亚细亚影片公司的《上海抗敌血战史》、暨南影片公司的《淞沪血》等。抗日新闻纪录影片之所以受到广泛的欢迎,除了内容引发人关注以外,技术的进步也是一个重要原因。与早前的默片相比,这一时期的影片有了声音的加持,声画并茂的纪录片在观感体验上也更加吸引人。

1932年,中国共产党地下文艺工作者在上海建立了电影小组,这一组织的成立正式标志着左翼电影运动的开启。左翼电影创作者们对于新闻纪录电影的摄制十分看重,并且还尝试用拍摄纪录片的方式来探索故事片的创造。"在这些用纪录片为故事片造势的片子中,真正在艺术上有较高成就的,当属程步高的《狂流》。"《狂流》是一部关于水灾与募捐的影片,后来被视为左翼电影运动的开山之作,还被誉为"中国电影新路线的开始"。这部影片在拍摄的过程中将再现的场景和真实记录的场景组接在一起,使其更加接近纪实特点。尽管这部影片兼具纪实性与戏剧性,处于故事片与纪录片的中间位置,但是片中出现的大量纪实镜头依旧是其最为显著的艺术特点,也成为后来许多纪录影片拍摄的重要参考。影片《狂流》的成功也为后期左翼电影纪实风格的创作奠定了基础。

4. 人民纪录电影的兴起

中国共产党领导下的人民电影事业也始于新闻纪录电影,且不论是在抗日战争时期还是在解放战争时期,新闻纪录电影都是人民电影制作的主流。人民纪录电影诞生于抗日战争期间,1938年初在陕甘宁边区成立的抗敌电影社是延安电影团的前身,同年8月袁牧之和吴印咸带着全部电影器材和胶片抵达延安,在八路军总政治部下成立了电影团,称之为"八路军总政治部电影团"(后改称联政电影团,人们习惯称其为"延安电影团"),因其成立,1938年正式成为人民电影事业的起点。延安电影团拍摄的第一部影片就是大型纪录片《延安与八路军》,可惜的是由于当时的延安不具备洗印、剪辑等后期制作设备,于是电影团决定由袁牧之与冼星海一起将底片带到苏联去冲印拷贝,但因为突然爆发的苏德战争而没能如期完成。此后,延安电影团又制作了多部新闻纪录电影,如《生产与战斗结合起来》(1942)、《延安各界庆祝辛亥革命三十周年大会》(1942)、《中国共产党第七次全国代表大会》(1945)等。

1945年8月15日抗日战争胜利之后,中国共产党领导的人民军队又打响了解放战争的枪声,人民纪录电影事业也随之发展到了新阶段,标志是1946年成立了延安电影制片厂和东北电影制片厂。延安电影制片厂在尝试故事片的制作后很快转入新闻纪录电影的拍摄,东北电影制片厂在成立之初就确定了以新闻纪录电影为主的制片方针,

1949年成立的北平电影制片厂和上海电影制片厂首先拍摄的也是新闻纪录电影。其中,延安电影制片厂成立于1946年8月,主要拍摄的新闻纪录电影有《保卫延安和保卫陕甘宁边区》。这部影片的素材一共14本,详细记录了从延安保卫战到我军主动撤离延安直至西北战场转入反攻的一系列重大事件,成为关于这段历史的重要文献。1946年10月1日,东北电影制片厂成立。1947年5月,东北电影制片厂的第一批成果——纪录片专辑《民主东北》出品,这是中国共产党领导下拍摄的第一部有声新闻纪录电影。1946年10月15日,晋察冀军区政治部电影队(简称华北电影队)在河北省涞源县张各庄成立。同样是1947年5月,华北电影队制作并完成了第一部新闻纪录电影《华北新闻》(又称《自卫战争新闻》)第一号。1949年4月20日,北平电影制片厂成立。根据当时中共中央宣传部的"先拍新闻纪录片,以后拍故事片"的指示,北平电影制片厂成立后迅速开始了新闻纪录电影的拍摄与制作,自成立到1949年10月1日中华人民共和国成立期间,北平电影制片厂共完成了5部短纪录片——《毛主席朱总司令莅平阅兵》《新政治协商会议筹备会成立》《七一在北平》《解放太原》和《淮海战报》,以及《简报》一至四号,这些新闻纪录片和新闻简报当时在全国放映,对树立中华人民共和国的形象,推广共产党的政策,团结并安定民心起到重要作用。另外,北平电影制片厂还拍摄了长纪录片《百万雄师下江南》,用影片记录了渡江战役的情况,这部影片也成为这一时期相对比较完整且思想性和艺术性都较为突出的作品。影片充满激情,叙事清楚,结构严谨,节奏明快,概括地描写了人民解放军的英雄形象。在表现战争场面时,影片注意气氛的渲染和烘托,而且将叙事和政论结合起来,显示了形象化政论的雄辩力量。评论界称赞此片是"一首千千万万人民英雄创造中国新的历史的叙事长诗",不仅是过去事实的铁证,而且是对未来事实的预言。这部影片是对美国艾奇逊"白皮书"的有力回答,极大地鼓舞了中国人民继续战斗直至收复每一寸国土的信心。这部影片在国内外都产生了很大影响,同时也说明中国纪录电影的创作发展到了一个新水平。该片获得了文化部1949—1955年优秀影片长纪录片一等奖,同时也获得了1950年捷克斯洛伐克第五届卡罗维发利国际电影节纪录片荣誉奖,可谓是这一时期不可多得的优秀纪录片作品。

1938—1949年是人民电影事业的开创期。在短短11年的时间里,中国共产党领导下的人民电影事业从无到有,从小到大,在抗日战争的烽火中和解放战争的洗礼中艰难而稳步地发展起来。1949年10月,随着中华人民共和国的成立,中央电影事业管理局作为国家的文化事业管理机构划归中央人民政府文化部领导,到1949年年底,文化部电影局下设3个国营制片厂、58个新闻摄影队,并在全国六大行政区建立了广泛的发行放映网,全国国营系统电影工作者达3 000余人。人民电影事业具备了更大的发展空间,人民纪录电影事业也随之进入了崭新的时代。

5. "十七年"的新闻纪录电影

"十七年"的新闻纪录电影特指1949年中华人民共和国成立后至1966年这一段时期大陆的电影。在中国电影史上这也是一个被反复研究的时期,"十七年"的新闻纪录电影以此前鲜见的英雄主义、乐观主义精神在中国电影史上写下了浓墨重彩的一页,也被称为"英雄时代"。这一时期的故事片《中华儿女》《赵一曼》《战火中的青春》《永不消逝的电波》《红色娘子军》《冰山上的来客》等,创造了该时期的电影经典与电影精神。在这"十七年"间,得到发展的不只有故事片,中国的新闻纪录电影事业也获得了蓬勃发展,这一时期共摄制了纪录片239部1 506本,短纪录片2 007部3 632本,新闻期刊片3 528本。这种发展不仅表现在中央级的专业新闻纪录电影机构及其遍布全国的摄影记者站的建立,还表现在影片数量迅速增长、题材样式风格出现多样化趋势以及探索新闻纪录电影的艺术性等方面。这个时期,新闻纪录电影的总体特征可以概括为"形象化的党报",核心是宣传和教育:宣传中国共产党及其政府的路线方针,教育广大人民群众贯彻执行党和政府的路线方针,为实现共产主义理想努力奋斗。这种创作主张是当时新闻纪录电影主管机构的一种历史抉择。

围绕党和政府在中华人民共和国成立初期的主要任务,新闻纪录电影工作者拍摄了一系列新闻纪录电影,这一时期其主要内容有:记录军事战线的胜利,如《红旗漫卷西风》《解放西藏大军行》《抗美援朝》《新中国的诞生》等;记录各行各业的成就与进展,如《伟大的土地改革》《踏上生路》《第一辆汽车》等;记录领导人和重大政治活动,如《1952年国庆节》《周总理访问西非》等;记录民族团结,反映少数民族生活的影片,如《欢乐的新疆》《边疆战士》《前进中的内蒙古》《西南高原上的春天》等;记录对外交往的影片,如《中苏友好同盟互助条约》《罗马尼亚部队歌舞团在中国》《匈牙利国家人民文工团访问中国》等。

6. 从"新影"成立到"双百"方针

为适应中华人民共和国成立后新闻纪录电影的发展,政务院131次会议于1952年4月4日讨论了文化部呈报的《1952年电影制片厂工作计划》,批准了文化部提出的建立新闻纪录片机构的请求:"拟加强新闻纪录片、教育片与小故事片的摄制,以满足广大工农兵的迫切需要,计划建立教育片与新闻纪录片的专门机构及其编辑部。""准备从全国干部中尽量抽调一部分力量转到新闻纪录片岗位上来。"1953年7月7日,中央新闻纪录电影制片厂(以下简称"新影")正式成立。1953年12月,新影召开第一次创作会议,总结1949年以来的创作工作。会议认为,过去3年的新闻纪录电影及时地反映了现实生活的重大事件,起到了鼓舞人民斗志的作用。1953年12月24日,新影创作会议召开期间,政务院199次会议通过了文化部电影局的《关于加强电影制片工作的决定》

(以下简称《决定》)。《决定》指出:"电影在以爱国主义和社会主义精神教育人民的事业上,在满足广大群众的文化要求上已日益显出其重要性。""新闻纪录片应更及时地报道我国人民在国家社会主义工业化和社会主义改造事业中的成就和保卫世界和平事业中的贡献,并有计划地拍摄祖国的美丽河山、名胜、古迹、重要物产和文物。"1954年1月12日的《人民日报》刊载了这个《决定》,并同时发表社论指出:"新闻纪录片是'形象化的政论',是报纸的兄弟,它应该迅速及时地向人民报道现实中各种事件和现象,表现各种运动和斗争中的先进人物。"《人民日报》社论对新闻纪录电影特征的概括,可以表述为"形象化的党报",具体说就是"形象化的人民日报"或"电影人民日报"。1956年5月2日,毛泽东在最高国务会议上代表党中央提出了"百花齐放、百家争鸣"的方针(简称"双百"方针)。

1956年夏,新闻纪录电影工作者在讨论如何理解以及贯彻"双百"方针时,针对新闻纪录电影的特性尤其是真实性问题发表了不同意见:①新影1953年召开的创作会议上关于真实性的论点不确切,在一定程度上束缚了创作人员的手脚。②纪录电影的创作方法不仅是选择,还应发挥作者的艺术想象、艺术构思和艺术加工能力,采访虽适合于时事报道片,但并不适合于纪录片,不能以此拍摄方法取代所有拍摄方法,不应忽略因条件不同和要求不同而运用不同的拍摄方法。③作为"形象化的政论"的新闻纪录电影必须遵循真人真事的原则,但新闻纪录电影并不全是政论,对不同题材的影片要进行具体分析和区别对待。"形象化的政论"虽然很重要,但不能概括新闻纪录电影的全部内涵。④纪录电影不仅是"报纸的兄弟"也是"艺术的姐妹"。可见"双百"方针确实在一定程度上促进了新闻纪录电影工作者对于艺术的热情探索。1953—1957年,新闻纪录电影在影片题材方面有了进一步的拓展,如《梁山伯与祝英台》《游园惊梦》《杏花春雨江南》《桂林山水》等。

三、从新闻纪录片到纪录片

1958年5月1日,中国第一座电视台正式开播,当时称为北京电视台(中央电视台前身)。后来上海电视台、哈尔滨电视台(今黑龙江电视台前身)又相继开播。电视台创办初期,电视上播放的纪录片依旧以新闻纪录片为主,北京电视台开播的第一天就有新闻纪录片,而在平时播出的节目中新闻纪录片也是主干。当时的新闻纪录片就如同早期的新闻纪录电影,也是新闻片和电视纪录片的复合概念。关于新闻纪录片也有一些分类,称时间较短的影片为新闻片,而称时间较长的影片为纪录片,但事实上两者之间的界限并不明确,并且在题材上区分并不明显。总体来说,电视新闻纪录片与新闻纪录电影区别并不大,最主要的区别在于播出的媒介形式不同,一个是通过电视播出,一个是通过电影院线放映。在影片规格方面,新闻纪录电影多用35毫米胶片进行拍摄,而电视新闻纪录片则多用16毫米胶片拍摄。

1966—1976年,中华人民共和国成立以来"十七年"间生产的国产影片和进口影片被封存,当时发行的国产影片大多数是以《新闻简报》为代表的新闻纪录片。这10年期间新影和八一总共摄制长、短纪录片509部,数量非常有限,这些非常有限的新闻纪录片伴随着人们度过了那段时期。高峰在《中国纪录电影》一书中写道:"从小到大,许多在电影院里看到的纪录电影至今记忆犹新,例如《红旗渠》《周恩来总理永垂不朽》《莫让年华付流水》《潜海姑娘》等,都是中央新闻纪录电影制片厂出品的。"这里面就有在1966—1976年拍摄的纪录电影。

在严酷的环境中,相当一部分有社会责任感的纪录片工作者,仍然在极其有限的空间中顽强地做着探索,从而创作出这一时期较优秀的作品。例如:中央新闻电影制片厂拍摄的《南京长江大桥》《成昆铁路》《红旗渠》《韶山银河》《海河战歌》《黄河万里行》等;北京台和其他地方台拍摄的《下课以后》《深山养路工》《放鹿》《三口大锅闹革命》《泰山压顶不弯腰》《种花生的哲学》《壮志压倒万重山》《战乌江》《太行山下新愚公》《向青石山要水》《越南人民决战决胜》《中国武术》《幼儿园的一天》《马王堆汉墓》等。这些纪录片的选题大多是作者深入采访、长期积累有感而发的,在形式上尽力做到有所变化,注重情节和细节的描写,大胆运用两极镜头,增强感染力,并且多少传达出那个时代少见的温情的优点是明显的。20世纪70年代后外交的成功,也给纪录片带来了生机。国外一些纪录片大师来到中国拍片,也把先进的、多样化的纪录片理念带入了中国。如伊文思的亲切交流,给中国的纪录片工作者以极大启示。伊文思不仅带来了纪录片拍摄的最新技术,也带来了对中国人来说切实可行的、全新的创作观念,他的作品,一改中国人习惯对人物群像的远距离的、平面的展示,而给我们留下了个别的、贴近的、立体的、有个性的、有真情自然流露和细节刻画的、可触可摸的、有血有肉的人物形象。《敬爱的周总理永垂不朽》的拍摄变成了显示民心、凝聚反抗力量的一种手段。这使纪录片又恢复了政治性,承担起了政治任务,只是这次满足的是非主流、非强势的普通民众的要求。

1978年12月,中国共产党第十一届中央委员会第三次全体会议(简称十一届三中全会)顺利召开,成为实行改革开放和开辟中国特色社会主义道路的起点。在这之后,中国的纪录片工作者开始拍出大量主题广泛、思想深刻且艺术性强的高质量纪录片作品,这些作品被看作新时期的中国纪录片作品。新时期中国纪录片领域发生的一个显著变化是,新闻片与纪录片的分离和纪录片观念的演进。电视新闻的兴起迫使新闻电影淡出银幕。对于长期以来习惯于将新闻片与纪录片混为一体的电影工作者以及电视工作者来说,新闻片与纪录片的分离和纪录片观念的转变经历了漫长的过程,直到20世纪90年代初才基本实现与国际流行的纪录片观念的对接。新时期中国纪录片领域发生的另一个显著变化是,电影纪录片(纪录电影)的逐渐衰落和电视纪录片的迅速崛起。西方发达国家的电视新闻在20世纪五六十年代就已经完成了早期发展阶段,而在中国这个阶段直到新时期才开始到来,新闻电影与纪录电影的分离,以及新闻消息与新闻报道的分离,都有赖于电视新闻的发展。反过来看,从新闻纪录电影到电视新闻纪录片再到纪录片,中国的纪录片真正走向了纯粹的纪录片创作。长期以来纪录电影给人的印象是没有什么艺术性可言,但事实上纪录片与其他人文艺术并无本质区别,纪录片也需要艺术性,需要建立在创作者对生活的认识的前提下,对生活进行具有审美意义的表达。真实地反映现实生活,表现生活中的哲理,表现生活中的美,而不仅仅是作为单一的新闻报道而存在。与新闻片分离是纪录片创作意识开始觉醒的标志,也是纪录片向着艺术探索的前提。

第二节 格里尔逊式创作思潮

前文主要以历史年代为脉络,纵向梳理了从20世纪初到20世纪80年代期间的纪录片发展历程,从纪录电影的诞生到特定时期的新闻纪录电影,再从电视新闻纪录片到百花齐放的电视纪录片。都说纪录片是一个国家的相册,在这70多年里纪录片在我国近代曲折的历史中积极地探求发展,也留下了不少具有文献价值的优秀作品。

关于中国纪录片创作思潮的梳理,本书采取综合研究的方式,即对20世纪初到50年代末期间的纪录电影进行梳理,并对电视纪录片的发展脉络进行归纳。首先,因为中华人民共和国建立前纪录电影的创作主体比较复杂,所以本书主要以一些具有代表性的新闻纪录电影作品作为节点对几个重要的创作阶段进行综述。其次,对于20世纪50年代末—21世纪初这段时间的纪录片的研究则主要是参考何苏六和欧阳宏生的四阶段式分法来对这一时期的纪录片创作思潮进行划分,尽管两者在时间划分上有细微的差异,但是在总的时间脉络与社会背景分析方面是基本趋同的。最后,本书将在前面研究的基础上,将近十年纪录片创作的新趋势、新理念进行归总,比如新主旋律纪录片的回归、新媒体纪录片创作的年轻化,以及纪录电影回归院线、微型纪录片的创作等。

一、"形象化的政论"

在我国,有相当长的一段时间,纪录片是被视作"形象化的政论"而进行创作的。在我国影视史上,"形象化的政论"属于一个影响深远的关键词,其所代表的观念体系萌生于延安电影团时期,在新影第一次创作会议后的 1954 年初正式提出,于 1963 年新影建厂十周年纪念会后定型。观念乃社会的产物,"形象化的政论"乃"十七年"间列宁关于新闻片的思想与毛泽东社会主义文艺思想相结合的产物。同时,观念也在建构媒介与社会,作为一种创作理念,"形象化的政论"不仅规范与指引着中国新闻纪录电影的生产,也在一定程度上规范和指引着后来的电视新闻和电视专题片的生产,最终附着于影像产品之上,建构观众对世界的认知与情感,发挥宣传与舆论引导作用。

20 世纪 50 年代初期,苏联的纪录片导演纷纷将自己的纪录片作品以及纪录片的创作观念向外输出,其中对我国纪录片创作观念影响深远的一句话是列宁在 1921 年提到的一句话:"广泛报道消息的新闻片是形象化的政论。"这句话直接影响了我国早期的纪录片创作,在新时期之前,"形象化的政论"一直是新影纪录片的创作模式。1954 年 1 月 12 日,《人民日报》正式刊发了 1953 年 12 月 24 日政务院第 199 次政务会议通过的《关于加强电影制片工作的决定》和《关于建立电影放映网与电影工业的决定》的全文,对两个决定的背景、内涵进行了综合论述,并配发社论《进一步发展人民电影事业》。政务院的两项决定及《人民日报》社论对一些关系到电影业发展及新闻纪录电影生产的重要问题做出了明确阐述,可视作新闻纪录电影创作理念的初次正式表述。

《人民日报》社论指出:"我们的电影是向人民进行爱国主义教育和社会主义教育的工具,同时又是提高人民文化水平的重要手段。"因此,我们的电影应该发挥它的特有效能和巨大力量来动员和组织人民为完成我国的伟大历史任务而奋斗。然后又阐述了新闻纪录电影的属性、功能及制作原则。社论及《关于加强电影制片工作的决定》明确,新闻纪录片是"形象化的政论",是"报纸的兄弟",可以发挥特有的政治作用,应通过迅速及时地报道社会主义建设中的成就、先进人物,反映祖国的历史文化与大好河山,向人民进行爱国主义和社会主义教育,提高人民文化水平。

正因为如此,这一时期(1958—1977)纪录片最突出的特点就是受社会政治因素影响较为深刻,且风格较为单一。当时的纪录片大多肩负着政治使命和国家利益,代表着国家的声音,大多以仰角的姿态观瞻社会主义建设。如今回顾这一时期的纪录片,处在当时的社会背景下,这些影片起到了宣传作用。

二、国家政治主题

这一时期(1958—1977)纪录片的题材主要以政治宣传为主,绝大多数纪录片都是以灌输的姿态出现在观众面前,其中多数影片都围绕国家政治主题,因此这一时期也被称为纪录片创作的政治化时期。其中主要的题材有政治及外事活动报道、建设成就展示、工作经验介绍、英雄人物宣传等,题材相对较为集中。作为直观化的宣传、教育工具和"形象化政论",纪录片成为宣传党的政策方针、推广工农生产经验、介绍工农情况、展现先进事迹的一个便捷途径。比如1958年7月由北京电视台播出的电视纪录片《英雄的信阳人民》,主要内容就是反映河南省信阳地区人民抗旱灾坚持生产夺取丰收的事迹。

在我国纪录片创作的起步阶段,以纪录片宣传党的方针政策的影片很多,其中也不乏一些佳作,如《当人们熟睡的时候》《收租院》《长江行》《周恩来访问亚非14国》等,其中题材最典型、最具时代性、影响力也最大的就是《收租院》,这部影片被誉为"一部难能可贵的艺术化教材"。1965年年底,用16毫米黑白片拍摄的45分钟纪录片《收租院》拍摄完成。这部影片以四川大邑县地主庄园陈列馆内的"收租院"泥塑群像为拍摄对象,将泥塑作品与一些发生过的事件结合起来,再现了旧中国农村压迫与反压迫的史实。在纪录片的画面与解说词的配合下,在音乐的烘托下,一座座凝固的塑像仿佛变成了一个个有血有肉的活人,通过镜头平稳流畅的拍摄、解说词对情绪的渲染,如"租债比山高,压断穷人腰,地主手里算盘响,佃户头上杀人刀……",影片不但具有强烈的艺术表现力,同时也具有很强的思想性。这部作品虽在抒发"无产阶级之情",但作者却细致入微,避免了情感的假大空。他一改以往纪录片的报道型模式,尝试创作了一种以"情感"为中心的散文体纪录片,解说和音乐的尺度拿捏得恰到好处,很好地激起了当时环境下人们的情感。《收租院》作为政治化时期中国纪录片的上乘之作,拓展了纪录片的影响力。作品的艺术价值和社会意义等各种因素,使得《收租院》成了早期电视纪录片创作的高峰。它造成的社会影响,也使得宣传部门、纪录片从业者,以及普通老百姓充分认识到了纪录片的价值和力量。

尽管这一时期有像《收租院》一样评价较高的作品,但是整体来看在创作初期,我国的纪录片因强烈的宣传意识、浓郁的政论色彩,在风格上较为单一,且在形式上也相对比较固定,有很多框限,甚至一度陷入模式化创作当中,而在当时最为流行的创作模式就是"格里尔逊式"。

三、格里尔逊式创作

格里尔逊认为纪录片应该用于宣传服务,纪录片制作者首先是政治家、宣传家,其次才是艺术家,在他看来纪录片对人们的宣传教化功能要远远高于其他,这一观念直接影响了后来许多国家的电视纪录片。尽管在20世纪50年代末60年代初,在世界范围内大行其道的纪录片理论是来自美国的直接电影与来自法国的真实电影理论,但我国纪录片创作者接触到的为数不多的且印象深刻的国外纪录片与纪录片创作观念主要是第二次世界大战时期的那些政论化的战争宣传片,还有格里尔逊的"画面+解说词"模式,当然还有苏联把纪录片描述为"形象化政论"的观念。由于我国早期的纪录片创作强调政治宣传功能,在某种程度上与格里尔逊所提倡的纪录片的宣传教化功能是较为接近的,因此受格里尔逊的"画面+解说词"模式的影响也较为深刻。创作者们用电视纪录片表达自己的观点,将它作为宣传、教育的工具,通过纪录片来记录社会主义建设过程中的人、事、物,以起到表彰先进、鞭打落后的宣传教育作用。

第三节 宏大主题与民族精神

1978年以后,中国的纪录片在拍摄上逐渐摆脱了前一时期浓郁的政治化特征,摆脱了以宣传教化为目的的话语特征,开始转向关注民生、关注民情。从1978年至20世纪80年代末这10多年的时间里,纪录片开始具有浓烈的人文色彩,开始注重记录社会中的人民群体。尽管出现在电视纪录片中的一个个人还不是独立的个体,而更像是集体的人性化的符号,但是已经和前一个时期的虚幻的英雄全然不同。即使是对民族精神象征的山河的观照,也同样赋予了人文化的精神色彩。因此这一时期被很多研究者称为中国纪录片的"人文化时期"。

一、群体化话语

1978年12月8日至22日,党的十一届三中全会召开,批判了"两个凡是"的错误方针,果断停止使用"以阶级斗争为纲"的口号,并做出了实行改革开放的决策。"解放思想,实事求是",成为新的主流观念。在改革开放初期,各方思想激烈碰撞,彼时中国人民的主体意识开始觉醒,也极力要求破除思想上的禁锢。相对于此前与政治接轨,注重体现纪录片的教化和宣传功能,此阶段的纪录影像创作无论从主题选材还是从拍摄风格而言,都倾向于多样化呈现,最重要的表征则是"政治化主题逐渐让位于社会中的群体化话语"。

对于中国的纪录片创作者而言,群体话语输出的最佳方式就是借助某些能够产生群体共鸣的主题,比如借助民族图腾符号表达对中华文化或中华民族精神的弘扬,或是借助祖国的山川大河、自然风光,尤其是那些孕育中华文明的符号来表达一个时期群体的发声。在这个百废待兴的特殊时期,相对于前一时期的纪录片中浓厚的国家意识和阶级意识,在这一阶段"人"的意识开始觉醒,尽管这时候的"人"不是作为独立的个体被记录,但是却成为群体中的一部分,是社会共同精神的组成部分,因而这一时期的纪录片基本表现的是一种群体的共同行为,所表达的更是一种群体的共同话语。

二、选择宏大主题

1978年5月1日,北京电视台正式更名为"中央电视台",全国性的广播电视网络已经初步建成,借助微波传输网络电视得以在全国流行开来,电视节目越来越丰富,播出时长和时间越来越规范化,这一切都为电视真正走向大众传播奠定了坚实的基础。电视的大众媒介特质,也使纪录片的影响力随之扩大。恰逢改革开放前后的中国社会急需要一股共同的精神力量来凝聚人心,让人们恢复自信、让国家恢复生机。在这样一个特殊的时期,纪录片成为与观众交流、凝聚人心的最优选择。因此,纪录片工作者及时且较为准确地把握住了最能够凝聚人心的"民族精神"来作为主题进行创作,创作了许多与民族主题相关的影片。

"祖国"和"民族"成为这一时期中国电视纪录片的主题表征。相对于"国家"和"阶级"来说,"祖国"与"民族"增添了许多人文的因素。这一时期涌现出来的一部又一部围绕中华民族文化主题的大型系列纪录片,题材宏大,主题深厚。它们或以孕育中华民族千百年文明的长江、黄河等自然母体为对象,或以承载中华民族千百年历史的长城、运河、丝路、古道等人文载体为依托,对中华民族的历史文化、社会变迁做了纵向深度和横向广度的整体观照。选择宏大的历史主题、宏大的人物主题、宏大的自然主题等,是这一时期主要的创作特征。创作者以此为方向,创作出了诸如《话说长江》《话说运河》《丝绸之路》等佳作,通过这些纪录片表现爱国精神、弘扬民族文化,并呈现出明显反映群体面貌的特质。

三、承载民族精神

"民族文化是孕育民族精神的母体与源泉,是生发民族精神的土壤与依托,唯有博大精深的民族文化,才能培养和孕育崇高恢宏的民族精神。""民族精神是从民族文化聚光中喷薄而出的最耀眼的光束,它集中了民族文化的要义和精髓。"从这一时期的纪录片的片名来看,如《丝绸之路》《话说长江》《话说运河》《唐蕃古道》《黄河》《望长城》《河殇》等,多选择孕育中华民族文化的长江、黄河等自然母体,或是本身就承载着中华民族几千年历史的文化符号如丝路、长城、运河、古道等,创作者们事实上是希望以对这些对象的记录来承载中华民族的精神。《话说长江》和《话说运河》的总编导戴维宇说:"如果说,我们在涉足于长江的时候,注意力还集中于祖国山河的风貌,那么,我们在选择运河这一题材时,则总希望通过电视节目去追溯我们民族的悠久历史,旨在表现中国人民创造东方文明的艰苦历程,去话说运河身上所凝聚的中华民族的智慧和散发出的人情味和乡土气。"《望长城》的总编导刘效礼在开拍此片前的定调会上郑重地提出了第一条要求:"长城要拍,但更重要的是要拍长城两边的人。长城本体,只不过是一堵奇长的墙,象征着中国人的脊梁。因此,要舍得把笔墨泼在长城两边的人的身上。简言之,借长城说中国人。"事实上借助民族图腾符号表达中华文化,对于中华民族的历史文化、民族符号承载的精神基因给予深度关照,是这个时期作为一个共同体的中国人表达出的关于一个群体,乃至是一个时代的共同呼声。

四、大型系列化创作

人文化时期的纪录片主要是以宏大题材为主,因此大型系列化就成为这一时期纪录片的一大创作特征。1958—1978年这20年间,电视纪录片一直以单本片创作为主,直到《丝绸之路》的出现。1979年6月,由中日联合摄制的我国电视史上第一部大型电视系列片《丝绸之路》彻底改变了中国纪录片创作的形式,相对以往的单本片必须有固定的时间和空间的限制,内容上也必须高度浓缩,电视系列片可以表现更加广阔的主题,也可以在时长上有所延伸。

系列片具有固定主题、固定播出时间、固定长度的特点。固定主题,即一个大型系列片无论它有多长,其主题是一致的,不同风格、不同内容的片子存在着某个共同的主题,这个主题犹如串珠之红线,将每个小纪录片串联在一起。固定播出时间,即每一集都有固定的播出时间,以便于观众收看,培养相对稳定的收视群体。固定长度,即每一集都有标准的时间长度,不论什么内容,只要纳入了该系列片,其长度都必须一致。这样就形成了一定的规律性。在一定程度上,大型系列化的纪录片制作在形式上彰显了电视纪录片的属性,将其与纪录电影区别开来,充分发挥了电视纪录片创作的优势。同期,除了主流的大型系列纪录片创作之外,微型纪录片也开始出现,如中央电视台的《神州风采》等。这些微型纪录片通常只有几分钟,篇幅短小,节奏明快,与大型系列纪录片一长一短,极大地丰富了纪录片的片种类型。

五、主要代表作品

1.《丝绸之路》

1979年8月25日,《丝绸之路》举行开拍典礼,这是我国第一部大型电视系列纪录片,也是我国电视纪录片充分发挥电视属性的一次成功的尝试。拍摄合作的双方是中国中央电视台与日本广播协会(NHK),这应该算是中国电视界的第一次真正意义上的国际合作拍摄。该片由NHK的11名编导、8位摄影师以及中央电视台的11名编导和其他创作人员共同完成。中日双方创作人员共分为3个组,力求对曾经盛极一时的丝绸之路文化遗址、民族、宗教习俗等进行全方位的记录。该片创作历时21个月,共拍摄影片素材 45 万英尺。

《丝绸之路》时间跨度大,地域纵横几万里,题材广阔,内容庞杂,因此采取了化整为零、分段编辑、连载系列播出的方法,这种系列性正好发挥了电视媒介优于电影媒介的特殊优势。根据特定的主题,该片以中日两国编摄人员的联合采访活动为线索,沿着丝绸古道铺展开去,给人以由东向西探古访今的连续感。每集系列片既自成一体,有相对独立完整的思想内容,又承上启下,与整个系列协调一致。此外,摄制组以弘扬民族文化、回溯历史、面向未来的创作观点,沿着连接东西方文化的丝绸古道一路采访,把雄伟、荒凉、严峻、粗犷、轻快的摄影表现集于一身,使各种景别的画面语言有机地交织在一起,赋予作品出手不凡的气势,给人以文化积淀的厚重感。这不仅是一种感官上的愉悦,还体现着对中华民族精神上的鼓舞。

2.《话说长江》

《话说长江》是由中央电视台与日本私营的佐田企划社联合摄制的大型系列纪录片,该片于 1983 年 8 月至 10 月在中央电视台播出,片长达 25 集,每集 20 分钟。这部纪录片当年在中央电视台一经播出便收获了好评一片,反响巨大,还曾创下 40% 的收视率奇迹,这样的成绩也使《话说长江》成为这一时期继《丝绸之路》之后大型系列片的又一力作。很多人认为《话说长江》在中国纪录片史上是具有里程碑意义的,因为它不仅记录了浩瀚的内容,而且还多次探索新颖的演播形式,并以此征服了观众,这些对于纪录片后来的发展都是具有深远意义的。

首先是内容,《话说长江》摄制组历时两年,纵横数千里,在长江流域 180 万平方千米的土地上,摄取了 200 多小时的素材,并在此基础上精挑细选,编辑成几十小时的成品。该片从长江的源头开始,顺流而下,逐段介绍千姿百态的长江和沿江各流域的山水风光、风俗人情、历史文化和其古往今来的变迁,每集介绍一个地区或城市。就是这样一部充满了地域色彩、民族特色和文化意蕴的鸿篇巨制,让刚刚走出历史灾难的民族,在历史机遇中表现出了喷薄的爱国之情。

然后是形式,《话说长江》在创作上探索了很多新鲜的形式,每一种对于后来的纪录片创作都具有非同寻常的意义。第一,影片在结构上模仿了小说的"章回体"形式,环环相扣,此起彼伏。第二,影片首次在大型系列纪录片中采用固定的主持人,面对观众进行讲解,这一点在一定程度上突破了以往格里尔逊式的"画面+解说词"模式的单一声画表现方式,解说词往往会显得影片说教意味浓厚,但是启用主持人则会让影片看起来更加贴近观众,主持人虹云与陈铎在整个纪录片中起到了引导观众关注影片,与观众进行拟人际交流的作用,也能更好地增强观众的参与意识。除此之外,为了获得更好的收视效果,纪录片篇幅规范化,即每集 20 分钟,另外还有定期定时播出的播出时间规范化的形式,让观众收看更加便捷,从而收获了良好的社会效益。

在《话说长江》播出获得成功之后,中央电视台大受鼓舞,于是趁热打铁,很快又开始进行了《话说运河》的拍摄。

3.《话说运河》

《话说运河》通常会被看作是《话说长江》的姊妹篇,作为大型系列纪录片,《话说运河》是我国不靠外资而自己筹备、依靠自身力量创作并播出的第一部大型电视系列片。该片一共35集,每集25分钟,体量上超过了《话说长江》。影片定时播出,播出时间持续9个月,在播出期间一直保持了同类节目中较高的收视率,也是这一时期纪录片的经典代表作品。

《话说运河》基本上延续了《话说长江》的创作方法,但相比之下,这部影片的创作有了更多的主动性和观念的自觉性。创作的主动性在于"话说"形式在先,拍摄内容在后,镜头完全可以根据创作者的需要来拍摄。主持人也能够预先进入,变成真正的采访者。编导们力图把话说的效果发挥尽致,他们有意识地调动各种手段鼓动观众加入。其特点主要体现在:一是开放的创作方式,编导随时听取观众的意见、建议,不断调整节目方案;二是采纳观众的建议,举办运河知识京杭两地对抗赛;三是主持人不再照本宣科地背诵台词,而是尽可能与观众沟通,在采访中,甚至把话筒交给观众,让观众有说话的权利,这就大大激发了他们参与和关注的热情,使观众俨然成为创作集体中的一部分。但整体上说,这部影片更多还是被看作是《话说长江》的一种延续性创作,其他并无过多被关注的地方。

4.《望长城》

大型系列纪录片《望长城》开拍于1989年,但是却在1991年11月才正式播出。该片由中国中央电视台与日本东京广播公司(TBS)联合摄制,是继《丝绸之路》《话说长江》后的又一部中日合拍纪录片。该片不仅通过跟踪拍摄展现了中华民族的文化象征——长城,在介绍长城的军事功能、民风民俗、民族融合和生态的同时,更是突出地将拍摄重点放在了介绍长城两侧人民的生活上,着力表现长城内外这一特定环境下生存的人和他们真实的生活情景,突出了对"人"的关注。从创作主题和创作篇幅来看,这一纪录片主要还是延续了20世纪80年代的纪录片创作风格,但是在纪实方面却更加偏重于记录普通人的生活,这样的纪实理念实际上是下一个阶段,也就是20世纪90年代纪录片拍摄的主要创作观念。因此,在某种程度上,《望长城》可以被看作是过渡作品,也是衔接之作。很多人认为《望长城》对于中国新纪实主义纪录片创作的出现,以及新纪实风格的出现,具有里程碑式的意义。

《望长城》的成功,确立了纪实性拍摄、访谈、现场录音、长镜头等一套新的纪实方法,为纪实风格在全国范围内的确立开辟了道路。

第四节　纪实主义与平民化创作

中国纪录片经历了 20 世纪 80 年代新时期的第一个创作高潮,一部又一部宏大的电视系列片的拍摄,使电视纪录片开始被越来越多的观众熟知,并逐渐成为一个大众化电视节目类型。作为 20 世纪的最后一个十年,"转型"与"变革"似乎是 20 世纪 90 年代的关键词。90 年代尤其是 1993 年以后,"大众"文化迅速扩张和繁荣,受众的意识得到了前所未有的重视。纪录片工作者开始试图从个体观念出发来记录现实生活的真实,当时中国纪录片创作的一个最大特征就是对个体存在的呈现。纪录片的镜头开始记录普通人,处于社会边缘的人群尤为受到关注,这一时期,被一些研究者称为纪录片的"平民化创作时期"。

一、个人化话语

20 世纪 90 年代,随着《纪录片编辑室》《生活空间》一类栏目的开播,纪录片开始进入了个人化话语阶段。这一时期纪录片逐渐回归本体,一改前一阶段以集体话语来进行表达的方式,开始以独立的"人"为主题进行拍摄。这一时期纪录片创作者们将视角放低,把思考和关注点放在个人身上,放在个人与社会的关系、个人与环境的关系上,他们认为只有这样做才能反映这个时代的真实,才是真正的纪实。在《望长城》的影响下,国内纪录片创作领域开始了"新纪录片运动",其创作理念是"真实再现",标榜纪实主义,关注过程,将镜头对准平民大众。除此之外,"在美学上,进入 90 年代后,即把审美当作非理性活动,当作一种对生存意义的终极领悟。这种美学思潮认为,人这一主体成为审美个体,美成为充分个性化的对象意义的世界。作为生命主体的人从外部到内心的客观真实面貌成为美学探究的对象。"

当"个人"成为一个时期的创作主角,成为一个时期被关注的焦点,那么在实际的创作中,无论是创作者,还是被记录者,无不呈现出个体化的特征。"作为纪录者,他开始由原来的一种习惯性的群体模式中分离出来,开始个体化的创作方式,这使得这一时期的纪录片创作呈现个体化的话语方式。"从集体话语到个人化话语,中国的电视纪录片最鲜明的改变就是纪录片的题材的变化。如果说 20 世纪 80 年代是宏大题材的主场,那么进入 90 年代后纪录片就成了个人化表达的场域,从宏大群体转向私密个体,在相对有限的空间及活动范围内创作者们通过静止拍摄或跟踪拍摄来完成对某个人、某个家庭或是一些边缘人群的拍摄。在这样的环境下拍摄,无论是导演还是摄像,都在寻找自己关注的点,并通过对这些拍摄对象生活过程的记录来呈现他们想要表达的主题,实质上他们的创作也只能是一种个人化的话语方式,事实上很多独立纪录片导演也正是通过这种方式来不断地进行自我表达的。

二、"人"的主题

20世纪90年代的纪录片的创作主题大体上可以分为两类,一类来自电视台的创作队伍,这些创作者往往隶属于电视纪录片栏目,如上海电视台的《纪录片编辑室》和中央电视台的《生活空间》;另一类则来自20世纪八九十年代开始兴起的以个人形式独立制片的新纪录片创作者,这些具有先锋性的创作者被称为"独立制片人"。但不论是栏目制作还是独立制作,这一时期的纪录片在题材的选择与主题的表现上却有着共同性,那就是都在关注"人"。

如1993年2月开播的上海电视台的《纪录片编辑室》,作为全国第一档以纪录片为主题的栏目,电视台的制作者们选择了以基层老百姓的视角来关注改革开放大背景之下的上海和上海人,反映普通老百姓的生活、命运以及内心情感。在此期间,栏目推出了《毛毛告状》《德兴坊》《半个世纪的乡恋》《我想有个家》《下岗以后》等反映城市中普通人情感与命运的故事。《纪录片编辑室》曾经有一个宣传语——"聚焦时代大变革,记录人生小故事",它关注"人",更关注在时代大背景下各种各样的"人"。

同样在1993年,中央电视台实行改革,推出了《东方时空》,其中有一个子栏目叫作《生活空间》,这档栏目经过几次改革,终于在1996年年底,将目标定为"关注人,关注社会,为未来留下一部由小人物构成的历史"。《生活空间》中播放的影片基本上分为4类:"一类是讲述小人物故事的,如《上班》;一类反映的是社会上的一些热点焦点问题,如《泰福祥布店》;一类则通过一些事件、状态反映出人物的内心及人性,如《姐姐》;还有一类是故事性比较强的生活事件,如《考试》。"

除了电视台制作的有关"人"的纪录片以外,以吴文光为代表的一批独立制片人,他们同样关注人,甚至更关注处于社会边缘的人,他们用镜头记录下了一些游走于主流社会边缘的少数人群的真实生活。戴锦华曾经提到:"它的确是中国新纪录片的开始,不再是大事件,不再是了不起的大人物,而是一群都市的边缘人和他们所谓的衣食住行。"这里的"它"说的就是吴文光拍摄的第一部纯粹个人制作的电视纪录片《流浪北京》,在影片中吴文光记录了5位流浪艺术家的生活,冷静地旁观他们的人生,将他们最真实的样子和最真实的生活呈现了出来。吴文光的成功带动了一批想要通过镜头记录生活的年轻导演,他们以个人的方式记录他人的生活,这些人尽管普通,但却都是这个社会的缩影。除了吴文光,这一时期的独立制作人还有段锦川,他拍摄的《八廓南街16号》也是以记录人的方式让人们看到了西藏的另一面。

此外,这一时期有关"人"的主题的影片还有《彼岸》《沙与海》《最后的山神》《三节草》《老头》《深山船家》等,这些都是这一时期较为突出的、能够代表这一时期纪录片创作特征的经典作品。

三、关注边缘人群

围绕"人"的主题进行纪实创作,是20世纪90年代国产纪录片的共同特征。同样在表现"人"的主题时,这一时期以独立制片人为代表的创作者们更关注的是生活于社会边缘的少数人群,即那些处于主流社会边缘或底层的人。这一时期的纪录片把触角伸向普通主流大众的不多,相反,所选取的题材和人物,大多脱离现实社会的中心。创作者更多地将镜头聚焦于底层个体人物,这也使得他们并没有全面、真正地折射或反映出这一时期中国社会主体的形象,这应该是这一时期创作在主题范围选择上存在的突出问题。但是从另一个层面看,能够对处于社会底层和边缘的人群的生存状态进行反思,尽管在选择主题范围上主观性较强,但这并不影响这类选题所能够呈现的深度,更重要的是他们创造出了一般宏大选题和拍摄生活在主流社会中心的人们所表现不了的意义。题材变小了,但是意义却更加深刻。因此,怎样衡量这一时期的纪录片作品,需看是站在怎样的角度去评价。

四、纪实主义创作思潮

很多人认为新纪录运动开始于《望长城》,但也有人认为是开始于吴文光的《流浪北京》。他们认为《望长城》多少还保留着20世纪80年代的一些创作特征,尽管这部系列片相比于同时期的作品已经达到了返璞归真的境界,淡化解说词,重视同期声,重视对过程的记录和展现,保持原生态与现场感,但却依旧因为其革新得不够彻底,也只能被看作两个阶段的过渡之作。而人们之所以倾向于《流浪北京》,应该是因为其不论是创作主体、拍摄对象,还是拍摄风格都是一次彻头彻尾的改革、一次划时代的革命。新纪录运动全方位地破旧立新,高举纪实主义大旗,推动着中国电视纪录片又一次走向了巅峰。纪实主义关注过程,要求记录一切处于现在进行时的未知状态,因为这才是最生动的真实,于是他们启用同期声,逐渐淡化解说的主导作用,大量运用长镜头来代替后期以主观为导向的剪辑,以求能够尽量完整地、连续地记录下一段生活的真实过程,为观众提供一个相对开放且能够置身其中的事实场域。这一点倒是与20世纪60年代的直接电影存在一些相似之处,但相似却并不完全相同。

五、主要代表作品

1.《流浪北京》

《流浪北京》被称为独立制作纪录片的开山之作,导演为吴文光,1956年10月生于云南昆明,1982年从云南大学中文系毕业,1985年在电视台担任过3年记者,1988年开始以独立制片人身份进行拍摄。他也是中国第一代独立制作的纪录片工作者,主要的纪录片作品有《流浪北京》《四海为家》《江湖》等。有人说吴文光的过人之处就在于他对时代发展脉搏的准确感应,《流浪北京》就是在他对时代的感应中诞生的,吴文光准确地看到了中国20世纪八九十年代的社会分野,在80年代,人们激情澎湃,为理想而奋斗,正如他在影片中记录的那5位自由艺术家。

该片记录了20世纪80年代末5位漂流在北京的自由艺术家的生活与梦想。来自云南的热爱写作的张慈、来自四川的自由摄影家高波、来自黑龙江的自由画家张大力、来自云南的画家张夏平,以及来自辽宁的戏剧导演牟森,他们都是处于主流社会边缘的人,是一批20世纪80年代末不甘于体制内生存的艺术家。整部片子被剪辑成了6个独立的小部分,在每个部分中他们都会对着镜头述说着自己的梦想与现实。第一部分的主题是"为什么来北京"、第二部分的主题是"住在北京"、第三部分的主题是"出国之路"、第四部分的主题是"留在北京的流浪者"、第五部分的主题是"张夏平的疯狂"、第六部分的主题是"《大神布朗》登台"。这些板块既独立又相互联系,属于典型的板块式结构。除此之外,影片在拍摄时也有一些针对拍摄对象的特殊处理,比如压抑的色调、具有压迫感的机位、拍摄人物时偏离画面的超常规构图等,这些都是为了进一步揭示他们被现实压迫的生存状态,同时也彰显了他们的与众不同,这样一来使得这些艺术家就更加地边缘化,仿佛"没根的浮萍"不知会漂向何处。影片的最后,通过字幕得知到了20世纪90年代初,纪录片中的五位拍摄对象,有四位相继出国结束了"北漂"的生活,只剩下一人还依旧坚持着。当生存与现实碰撞,大部分人选择了面对现实而告别曾经的梦想。吴文光从张慈准备结婚出国一事想到一个群体——自由艺术家的共同命运,进而把它和整个时代的社会变迁联系起来。吴文光说:"这部片子完成之后,整个八十年代这一页已经被翻过。对于一类中国青年来说,也许是一种浪漫的梦想主义时代的结束,进入的九十年代会完全是另一种面目。即便是《流浪北京》里的人物,他们操行的艺术人生也可能会变成人生艺术。"可以看出,与20世纪80年代的纪录片相比较,以《流浪北京》为代表的90年代纪录片之所以与众不同,是因为它们更注重的是一种个人化的叙述方式,而这种个人化话语的盛行以及纪实理念的转变进一步催生了20世纪90年代纪录片创作的多样化与个性化。

2.《沙与海》

1989年1月9日,中央电视台《地方台50分钟》(后改为《地方台30分钟》)栏目开办,这档栏目是专门展播各个地方电视台优秀纪录片的平台。栏目中曾播放过很多国产经典纪录片,如《沙与海》《回家》《龙脊》《最后的山神》等,这些作品后来都成为20世纪90年代期间台制纪录片的优秀代表。其中宁夏电视台与辽宁电视台合作拍摄的影片《沙与海》因其平民化的拍摄视角,以及对普通人生活与情感的记录而受到广泛关注,播出之后好评如潮,还荣获了"亚广联"纪录片奖。《沙与海》作为新时期我国第一部走出国门、在国际上获得大奖的电视纪录片作品,其艺术成就是值得肯定的。

《沙与海》一片主要以对比的方式记录了家住在宁夏的牧民刘泽远一家和家住在辽宁黄海井蛙岛的渔民刘丕成两家完全不同的生活,在不同的生活环境下,面对同样恶劣的自然环境,这两家人显现出了共同的特质,就是顽强的生存意志与强大的适应能力。因为是对比的叙述方式,所以创作者用了大量的平行蒙太奇来进行叙述,刘泽远和刘丕成两家人的生活是没有交集的两条线索,它们各自独立,却又都同时指向一个共同的主题,这个主题就是主人公们积极的生活态度。除此之外,片中还有很多为人称赞的经典片段被很多纪录片创作者与学者一再分析研究,比如刘泽远带着儿子打沙枣的片段、采访两家女儿的片段、小女孩滑沙的片段等,每一个片段看似只是对生活的记录与生活细节的探寻,但是却体现出创作者独具匠心的隐形表达能力。在散文一般的影像记录中,一直未忘影片的主题思想,最终使每一个镜头都有所指,共同指向了创作者所要最终表达的主题,这种主题的深刻与影像的和谐令人惊叹。就如同影片结尾的解说词所述:"无论是沙漠的刘泽远还是海岛的刘丕成,他们在建立家业的道路上都经历了说不尽的曲曲折折,无论他们是穷还是富,他们同样做出了努力,同时他们还为后代不停地规划和设计。然而,他们也同样为他们的后代能否把这份来之不易的家业继承下去而大伤脑筋。有一点他们深信不疑,人生一辈子,在哪活都不是一件容易的事情。"

长期以来,我国纪录片沿着宏大叙事的模式,国家、民族、社会话语遮掩了对个人命运与精神世界的关注,使纪录片成为一种高高在上的东西,与普通人的日常生活和情感世界无缘。20世纪80年代末期以来,随着社会生活的巨大变化,人们开始关注普通人的生活状态与生活质量,反映在纪录片的创作上,体现为把镜头聚焦于平民百姓的日常生活,在对他们的情感揭示中表达浓厚的人文关怀。"人"的主题被纪录片作为一个重要的表现对象而得以强化,这直接引发了20世纪90年代平民化与人类学纪录片的兴盛。《沙与海》就是在这一背景之下出现的关注普通人生活与情感的纪录片。这部影片没有过度的煽情,也没有宏大的意义,但是却通过细致、冷静、旁观的记录,让影片变得更加真实且感人,从生活到生命,从生命到命运,由小及大,每一处都有共鸣,每一幕都让人受到触动。

3.《三节草》

自20世纪90年代纪实主义兴起，越来越多的纪录片创作者开始了他们的个人化创作，而这一时期的一个突出特点就是倾向于记录远离主流社会的边缘文化与边缘群体，《三节草》就是这样一部影片。该片讲述了一个汉族女子肖淑明传奇般的人生故事。她出生于四川成都一个国民党军官家庭，16岁嫁给了摩梭人喇宝成，成了末代土司夫人。从此从富庶秀美的城市到了当时荒蛮的泸沽湖居住，一住就是54年，再没有出去过。几十年的沧桑岁月，外界世界在巨变，但是她依旧留在了那个古老的、神秘的泸沽湖。影片的故事架构主要是围绕肖淑明老人要把外孙女拉珠送回成都工作的事情展开的。

全片有两条并行而又相互交叉的故事线索，一条是肖淑明老人对自己过往人生经历的简述，一条则是老人努力想将外孙女送回大城市。肖淑明传奇般的人生经历，以及她的开朗乐观、大胆泼辣、干练果断以及面对镜头侃侃而谈的那份自在与从容，为作品增添了无穷魅力。由于肖淑明善于表达，片中对过去事件的描绘和再现变得驾轻就熟。除了语言词汇形象丰富，她还经常妙语连珠，让人不得不惊叹这位老人性格的开朗外向与学识的广博。在送外孙女外出工作的事情上，老人不顾女儿的反对，坚决要把外孙女拉珠送走。她告诉女婿眼光要长远，度量要大，可见富有生活阅历的老人要比长期生活在泸沽湖的她的儿女们更有远见，这也许就是她想要把外孙女送到成都的原因，或许在外孙女拉珠身上她看到了自己逝去的年华。影片的最后，拉珠走出了泸沽湖，而肖淑明老人也就外孙女的事通过自述说明了自己的想法与态度，两条线索至此交汇。"人如三节草，不知哪节好。"这是她对自己并不完全自主的人生的总结，道出了她独特的人生体验与感悟。

然而，单纯有好的选题也不一定就能完全成就这一部作品，只有内容与形式能够实现有机统一，在高度和谐的情况下，才能最终成就一部优秀的作品。《三节草》在叙事结构、表现手法上十分注重纪实主义的创作风格，通篇不用一句解说词，一切均以实拍实录的方式来表现，从而最大限度地再现被拍摄对象，让他们在镜头前从容真实地展现其生活的真实状态。

4.《龙脊》

纪录片《龙脊》拍摄于1994年，由中央电视台与桂林电视台合作拍摄，影片记录了广西山区一个叫龙脊的地方一群孩子求学的故事。这部纪录片曾在1995年四川国际电视节上获得了"金熊猫——妇女儿童题材特别奖"。龙脊是一个自然环境恶劣、与外界隔绝的地方，大山隔断了生活在这里的人与外界的联系，但就是在这样的环境下却有着一群热爱学习的孩子,这些孩子没有因贫穷而放弃对知识的渴望。尽管学校条件艰苦,设施简陋,但孩子们依旧为了能够学习知识而坚持去学校读书,家长们也为了供孩子读书而节衣缩食。

影片主要以潘能高一家为主线来对整个村庄进行纪实拍摄,同时又围绕潘能高的关系线,记录了生活在村庄里的另外一些人物,有潘能高的同学潘纪恩、潘能高的好朋友潘军权,还有他的老师黄翠凤等,龙脊人的精神在这几个人身上得到了全面反映。其中潘纪恩和潘能高的爷爷最让人印象深刻,这两个人都是极具代表性的人物,一个是典型的懂事贴心、热切渴望求知的孩子,另一个是自身没有接受教育,但却渴望孩子能够受到良好的教育,走出大山改变命运的家长。此外,影片在拍摄上为了突出主题,还较多地使用了长镜头、同期声、空镜头等手法。长镜头用于客观记录与叙事,创作者尽量在完整的时空中记录一段完整的过程,让影片纪实性更强。同期声是电视纪录片赖以存在的重要支撑,给观众以再现时空的真实感。空镜头则强调意境,用于写意和引出环境。

《龙脊》的主题立意便建构在对这群孩子精神品格的刻画上面,并力图通过对他们生活与学习的细腻记录,阐释对普通人的关切,对中国社会最基本的细胞组织的思索,展现人与家园之间的血肉联系。正如编导陈晓卿所说,《龙脊》表达了这样的主题:张扬一种坚韧不拔的生存意志和赞美一种面对贫困却发奋向上的抗争精神。《龙脊》的选材和主题处理既是对特定情境中人的生命状态的真实阐释,也是创作者个性追求的独特写照。影片坚持用写实主义的表现手法描绘着龙脊这样一个偏远地区的边缘人群的生活状态与精神状态。

第五节 社会化创作初探

20世纪90年代末,电视纪录片创作因其创作的僵化模式逐渐走向低谷,题材过于边缘化,纪实风格被演绎到了极致。过度使用的长镜头使手法略显单一,创作者的极度自我化、题材的趋同化,都使得平民化时期的纪录片创作开始呈现低迷和萎缩之势。此外在市场条件不成熟的背景下,纪录片的生存状况堪忧,电视台纪录片面临着市场化改革;同样,独立化、个人化的纪录片创作同样很难适应新时期市场化运作机制与影视的社会化发展趋势,独立纪录片作品越发趋于小众化,常因为资金投入等问题致使作品在规模、题材与质量上无法进一步提升与拓展。1996年中国电视纪录片学术奖的参评作品中,关于弃婴题材的作品竟有10多部之多。僵化模式使纪录片丧失了思考的原动力,纪实主义美学原则被扭曲,陷于困顿状态的纪录片创作者亟须反省与思考。在经历了一段时间的低谷之后,自然主义为大部分创作者所否定,一直被看作客观纪录对立面的主观表现重新被思考。反思纪实主义美学原则,探寻新的纪录风格,是这一时期纪录片创作讨论的一大重要话题。人们从客观纪录与主观表现的历史性更迭中得到某种启发,新的创作理念、创作模式不断涌现,使整个纪录片创作领域呈现出一种兼容并蓄的多元化发展趋势。

一、市场化话语

从中国纪录片发展的阶段可以看出,纪录片发展的过程同时也是话语权更迭的过程。进入21世纪,话语主体再次发生变化,从"个人"转向"市场"。对于媒介来说,把话语权交给市场是一种机制的转变,是从上一时期就已经出现的一场深层次的变革。1992年10月召开的党的十四大明确了我国经济体制改革的目标是建立社会主义市场经济体制。1993年11月,中共十四届三中全会审议通过《中共中央关于建立社会主义市场经济体制若干问题的决定》,将党的十四大提出的经济体制改革目标和原则具体化,明确了建立社会主义市场经济体制的基本任务和要求,这一决定成为20世纪90年代推进经济体制改革的行动纲领。从中可以看出,"市场""市场化"于20世纪90年代就已经在其他领域逐步改革,但纪录片行业的"市场化"却是在进入21世纪以后,甚至更晚些时期才得以实现。

刚开始纪录片的"市场化"改革甚至有些被迫的意味,出现了很多反对的声音,这与电影、电视相对较为顺利的市场化过渡完全不同。究其原因:其一是因为纪录片自身的独特性,长期具有的"纪实性""严肃性""高雅"的文化作品的标签,使其最初看起来与"市场化""娱乐化""商品化""产品化"的创作方式与艺术追求相悖。其二是许多纪录片人还没有从"个人"话语的表达时期走出来,过于痴迷于理想状态的纪录片,将纪录片创作看作一种小众的个人化行为与艺术。其三则是因为纪录片的投入与产出均未达到市场的下限,许多纪录片依旧保持一种小众的、独立的姿态,既是一种对艺术的坚持,同时也反映了其无法与其他大制作影视作品相抗衡,资金投入不足,收视效果不理想。20世纪90年代的中国纪录片的确离市场还有很大一段距离,而21世纪初刚进入市场的国产纪录片也可能只是迫于市场化、商业化的浪潮冲击不得不寻找一条生存之道。许多纪录片栏目制作人因此喊出了"在坚持非虚构的美学底线前提下""突破纪录片和专题片的界限、纪录片和社会报道的界限、纪录片和故事片的界限、纪录片和文艺片的界限"。这也导致刚刚进入市场化探寻阶段的纪录片一度身份模糊,市场化这条路走得很艰难,还好后期在政策的扶持下国产纪录片逐渐探索出了生存之路,在媒体技术与众多终端平台的加持下,逐渐成为影视作品的"文化"代表,从"小众"到"大众"再到"分众",逐渐被人们关注并认可。

在市场化话语时期，创作者们首先要考虑的问题就是"生存"，即如何让纪录片在市场化的媒介环境下更好地生存下去。1995年以后，随着电视产业化进程的推进，电视剧及其他娱乐类节目开始崛起，但纪录片却面临着被迫停办的窘况，纪录片不得不面对市场化给栏目生存带来的挑战。市场化催生了电视媒体的栏目制片人制，也催生了模式化的制作机制。为了适应市场化生存的需求，这一时期的纪录片，尤其是栏目纪录片，大多呈现出系列化、标准化、风格统一化的特点。这种制作模式如同流水线，在创作风格、模式、叙事方式、语态、结构等方面都相对统一化，遵循一套现有的制作标准，从"精英"产品逐渐转变为大众文化产品。

在市场化话语时期，更要考虑观众，尤其是大多数观众的喜好。"人"在这一时期仍旧是纪录片创作的关注重点，只不过这一时期的"人"，不论是被拍摄对象，还是观众群体，都悄然发生了变化，呈现出鲜明的大众化、市场化话语特征。先说被拍摄对象的改变，这一时期的纪录片在主题人物的选择上已经不再只倾向于关注边缘群体、弱势群体，而是将关注点转移到当下社会生活的主流人群，这些人的社会化程度很高，也更能代表真正的现实社会，拍摄对象回归"主流"是为第一层转变。再说观众群体，这一时期的纪录片已经不再是"三高"（高收入、高学历、高阶层）人群的专属。当纪录片开始关注现实的主流社会，其收视人群也在发生转变，民众的真实需求促使纪录片走向大众化、社会化，市场导向要求大多数主流的纪录片要更加通俗，能够满足更为广泛的受众的需要是为第二层转变。新媒体纪录片的产量逐渐提升，题材也呈现横向拓展、纵向挖掘的趋势，充分满足了新媒体用户分众化的内容需求，新媒体纪录片的出现更是进一步提升了观众的地位，"互动"成为互联网时代纪录片的重要课题，纪录片的观众不再是无关紧要的旁观者，而成为纪录片市场化时期十分重要的话语主体。

二、社会化与多元化创作

进入21世纪，随着改革开放的深入与社会主义市场经济的发展，遍及各行各业的变革也波及了电视领域。正是市场的因素，使得中国纪录片开始面对现实中正在市场化的传媒环境，从中谋求与探索生存和发展之道。这一时期的中国电视纪录片，开始了全面的社会化进程。何苏六曾经在其著作中提到，这一时期的社会化是相对于前一时期普遍出现在中国电视纪录片界的个人、小群体、行业而言的一种更为宽泛的外延和意识，有着多元化的意味。就这一时期纪录片的社会化，何苏六从6个方面进行了总结："第一，这一时期很多纪录片创作者开始从小圈子里走出来，用一种社会化的意识看待纪录片，重新走进和融入社会；第二，这一时期，纪录片人开始重新承担起记录社会发展变迁的历史责任；第三，纪录片的影响力开始社会化，纪录片创作者会考虑到市场和受众的因素,纪录片成为大众媒介产品;第四,纪录片的制作方式开始社会化,市场化催生了多样化的纪录片制作模式;第五,纪录片制作人员开始社会化,纪录片创作开始走向民间;第六,传播渠道和范围开始社会化,纪录片传播开始有了商业意识和规范化意识。"

这一时期的纪录片创作主题已经逐渐从边缘化题材转向了反映社会的主流题材,摆脱了前一阶段在作品选题上的极端与单调,逐渐从狭隘的纪实观念回归到纷繁复杂的现实社会生活中。纪录片可以表现的主题逐渐宽泛,体现为一种多元化的主题创作特征。尤其是在新媒体崛起之后,纪录片生产、传播又增加了一个重要平台,其海量存储、内容丰富、强互动的特性,让纪录片迎来了新的发展机遇。近些年,很多新媒体平台开始从播放平台转向了制作平台,走差异化路线,平台自制纪录片成为在市场化、商品化背景下纪录片与商业联合的又一新路径,纪录片实现了真正的社会化、大众化、多元化传播。

总体来看,在社会化纪录片时期,在市场因素的推动下,纪录片的大众化、商业化、市场化趋势已不可挡,随之而来的必然是新一轮的"百家争鸣""百花齐放"。从21世纪初到今天,纪录片已不再是电视栏目的专属,遍及电视、影院和各个新媒体平台,有些已经走出国门成为跨文化交流的重要渠道。在国家政策的扶持下,纪录片产业不断发展,创作数量与质量不断提升,纪录片真正迎来了发展的机遇期,不仅有了一批忠实的观众与粉丝,还在国际传播中起到了重要的作用。

三、主要代表作品

1.《故宫》

2005年由中央电视台和故宫博物院联合摄制的12集大型纪录片《故宫》在中央电视台综合频道播出,这一年恰逢故宫博物院建院80周年,这部纪录片一经播出就获得了非常多的关注并引发了行业与观众的一致好评,是进入社会化时期国产纪录片中为数不多的经典之作,更是在第八届四川电视节上获得"金熊猫"人文及社会类最佳长纪录片奖。

该片运用文字史料与影响资料的多重结合和静止拍摄的方式来表现故宫厚重的历史感,并以中华人民共和国成立之初就拨款修复故宫为主线讲述了近代故宫的发展历程。从叙事结构上看,12集的内容主要采用了板块式的结构,按照人物、时间、地域、主题等元素将《故宫》这部纪录片分为了《肇建紫禁城》《盛世的屋脊》《礼仪天下》《指点江山》《家国之间》《故宫藏瓷》《故宫书画》《故宫藏玉》《宫廷西洋风》《从皇宫到博物院》《国宝大流迁》《永远的故宫》12个大板块,每一集都有一个叙事重点,从建筑艺术到帝国兴衰,从馆藏文物到外交方略,从新颖又多元的角度为观众展现了故宫经历的风云变幻,以细腻的视角述说着故宫的故事。

然而,《故宫》被人们关注的原因除了其在内容上的精耕细作以外,还有在纪录片拍摄技术上的突破与创新,它的很多创作理念在国内纪录片创作领域当时都属于十分超前与创新的,这也是其能够突破重围被观众认可的重要原因。正如故宫大修的原则一样,它一方面"尊重历史,恢复原貌",另一方面又在创造历史,重构故宫。《故宫》在一定程度上代表了纪实美学的新的发展趋势,这种趋势与数字技术的发展和创作上的推陈出新密不可分。影片将真实拍摄与动画合成内容相结合,将3D制作和实景拍摄相结合,如万人运石、神木出山和登基大典都是历史书籍上有明确记载和描述的,在这些动画场景的设计上,力求真实复原。创作者以虚实相生的手段再现故宫历史,让观众在观影时仿佛跨越了古今,给观众带来了前所未有的视听体验。

第六节　新主旋律创作思潮

一、讲好中国故事

当今世界,许多国家都十分注重加强自身的文化软实力建设,以文化传播来提升本国的国际影响力,在这样的国际环境下越来越多的优秀文化产品走出国门,向世界传播着本国文化。党的十九大报告提出:"推进国际传播能力建设,讲好中国故事,展现真实、立体、全面的中国,提高国家文化软实力。"习近平总书记在全国宣传思想工作会议上指出:"要精心做好对外宣传工作,创新对外宣传方式,着力打造融通中外的新概念新范畴新表述,讲好中国故事,传播好中国声音。"在这样的国家战略背景之下,有"国家相册"之称的纪录片便理所当然承载了传播国家形象、打造文化软实力的重要使命。

纪录片要"讲好中国故事"就应该将中国精神、中国价值、中国风范巧妙地融合到"中国故事"中。近些年,《舌尖上的中国》《我在故宫修文物》《厉害了,我的国》等一些优秀的国产纪录片崛起,不仅在国内引起强烈的反响与好评,一些作品更是走出国门,受到国外主流播出机构的欢迎。不难发现这些作品其共同之处就在于将代表中国的文化符号,如历史、文物、建筑、美食等融入了世界性的话语体系之中。这些作品普遍关注现实生活,以现代观众易于接受的方式讲述中国故事、中国文化、中国人,向世界展示了一个真实可感的中国形象,用世界的话语讲好中国故事。这些优秀的纪录片作品都体现了近年国产纪录片的一个突出创作趋势——主旋律创作。2019年是中华人民共和国成立70周年,当年有30余部纪录片作为献礼片在国庆期间播出,而致力于国际传播的纪录片也在持续增多,题材愈加多元化,叙事方式也贴近国际化,传播理念进一步升级,纪录片真正成为"讲好中国故事,传播好中国声音"的重要角色,成为一张让国人为之自豪的国家文化名片。

二、新主旋律题材

新时期的主旋律创作与早期的纪录片政治化创作不同,不是纯粹从政治话语立场进行创作,也不只是用来宣传教化,而是在创作上淡化了传统政论色彩,强化故事表达,叙述娓娓道来,尤其大量历史文献、影视资料的首次披露强化了看点,释放了纪录片作为"形像化的政论"的传播优势,丰富了影片的历史文献价值。这些纪录片以更为广阔的文化视野来提高国家文化软实力,也进一步提升了国家的国际影响力。新时期的纪录片在整体的创作和传播上都更加趋于主流化,不论是通过主流媒体还是新媒体播放,纪录片都在向主流文化靠拢。

新时期国家主流媒体、纪录片网站等仍然是积极进取的中国形象的主要塑造者,作品通过卫星、网络以及合作拍片等方式,在国际媒体上传播,获得了广泛关注。电视、新媒体、电影院线通过合制、自制、传播纪录片,积极主动地向主流文化靠拢,对接国家战略,记录大时代,关照社会现实,引领价值导向,再次唱响主旋律的制作热潮。如《大国崛起》《舌尖上的中国》《超级中国》《美丽中国》《运行中国》《和全世界做生意》《你所不知道的中国》《我们这五年》等作品,在国际社会上引起强烈反响。这些作品在讲述大国崛起时,更注重外国受众的感受和接受心理,不再一味宣教,而是用真实影像讲述中国故事。如《大国崛起》用三维动画展现历史与现实之间的连接;《舌尖上的中国》用中国美食及背后的故事,讲述中国人的生存智慧;《我们这五年》用创业、脱贫、扶贫等普通个体人物的奋斗故事、用感人至深的生活细节,展现新时代中国人的精神风貌,展现新世纪中国的崭新面貌,展现中国全面建成小康社会的奋进步伐,以及打造人类命运共同体的世界胸怀。在一个个奋斗者的行为里,复兴崛起、自信逐梦的中国形象得以立体、真实、客观呈现。可见,新时期的纪录片在题材选择上较以往更为注重"讲好中国故事",同时在国际传播领域更加注重关于"人类命运共同体"思想的建构,主旋律气息越发明显,社会功能也被进一步释放,从记录时代变革、社会发展到对外传播、塑造国家形象,纪录片一直在贡献着自己的价值和影响力,对内影响着国人,唤起集体的共同记忆,对外则试图打造一套用于国际传播的中国符号、话语及美学范式。

三、与国际创作接轨

当下,中国纪录片的国际传播能力建设正实现从"宣传中国"向"传播中国"的观念转型,国家也从政策资金扶持、鼓励合拍、平台搭建、机制建设、加大优秀纪录片外语译制力度、培养国际化人才等方面助推更多中国题材纪录片"走出去"。事实上,近几年国际上对于中国纪录片的需求也在逐年增加,但因为语境的不同,中国纪录片在创作视角与文化传播方面存在着一定的"文化折扣",所以我国的大多数纪录片在题材和内容选择、叙事方式、表现手法等方面与国际主流市场的真正需求还有着一定的距离,在以"他塑"为主导的国际市场当中,中国纪录片的国际跨文化传播能力还有进步空间。

探索频道(Discovery Channel)亚洲区副总裁魏可然总结中国纪录片的创作方式与国际创作的区别时曾提到:"中国纪录片通常具有较强的思想性、较弱的故事性及缓慢的叙事节奏,这样就大大影响了纪录片的观赏性,虽然在拍摄角度及表现手法上独具特色,但无法迅速对观众产生吸引力,因而难以走进国际市场。"中国许多国产纪录片除在题材、内容、叙事手法上与国际主流文化还没有实现良好对接外,在具体拍摄与编辑制作环节上也往往与海外观众的审美口味有一定偏差。此外,中国纪录片在拍摄及制作时采用的技术手法达不到国际现行标准也是其对外传播的一大障碍。

因此,中国的纪录片在创作方面亟须与国际创作接轨,这也是新时期对中国纪录片创作和对外传播的要求。

在创作方面,在题材选择上要尽量多元化与国际化,即使是拍摄中国题材,也要让中国元素、中国故事通过国际化的语言被传播出去。同时,我们也要在国际传播中明确这样一种观念,即某些适合国内传播的纪录片选题并不一定适合国际传播。中国纪录片在走向国际的过程中,需要把自身的国际传播诉求和借鉴国际市场上受欢迎的纪录片的选题类型与风格有机地结合起来。比如纪录片《五大道》就采用了国际上比较流行的叙事结构与叙事策略,降低了"文化折扣",在国际上的接受程度就比较好。

在叙事表达方面,国际上的纪录片创作比较注重运用故事化的叙事手法,但中国的纪录片的表达更注重宏大叙事与诗意的意象建构,相对于西方国家纪录片的直白与形象,中国的纪录片在叙事方面则显得更为含蓄与抽象。如果想和国际纪录片创作接轨,那么国产纪录片首先需要细腻地构思如何去讲一个触动人心的故事,向世界展示一个真实可感的中国形象,用世界话语讲述中国故事。

在创作手段方面,目前国际上的纪录片都较为注重新技术的应用对于纪录片影像观看体验的提升。中国纪录片也要抓住新技术对产业发展和内容变革的驱动影响,以先进的视听拍摄制作技术和传播技术为支撑,以高质量视听产品打造为根本,运用新手段、新观念重新激发和释放出纪录片文本的独特魅力,传播好中国声音,阐释好中国特色。另外,合作拍摄也是与国际创作接轨的重要方式,中国的纪录片制作机构可以通过与海外一流的纪录片制作机构合作,进一步了解并借鉴国际团队的制作理念与传播方式,使中国纪录片能够真正走向国际。

第五章 纪录片创作——类型与题材

第一节 类型与分类标准

关于"类型",《现代汉语词典》中的解释是"具有共同特征的事物所形成的种类"。对于"类型"的定义关键在于共同特征,而最终的结果则是形成类别。因此就纪录片而言,强调影像纪实本性,包括纪实创作与纪实主义美学,强调影像的艺术特征与文化特征,这些都是纪录片的基本特征。而在这样的共性下,又因为创作手法、表达方式等划分依据与判断标准的不同,纪录片又形成了不同的类别。纪录片以表现手法划分有纪实型、写意型、政论型;以表现形式和篇幅的长短划分有特别纪录片、调查性纪录片、微型纪录片、大型电视纪录片;以艺术风格划分有诗意式、解说式、观察式、参与式、表现式;以生存方式划分有媒体纪录片、独立纪录片;以文化属性划分有主流纪录片、精英纪录片、大众纪录片。以上类型划分,基本上囊括了除按题材划分外的国内外纪录片类型大部分划分方式。

比尔·尼克尔斯在其《纪录片导论》一书中对纪录片类型的划分是长时间以来国内外学者引述最多的。他以列表的方式,分别阐述了纪录片借鉴的几种重要的非虚构样式以及奠定纪录片主体的6种模式。

第一种是说明模式,即直接使用画外音和观众交流,他认为《北方的纳努克》《夜邮》《帝企鹅日记》《开垦平原的犁》《大号的我》《我们为何而战》等影片皆属于此类。说明性纪录片往往最鲜明的一个特征就是,与传统电影强调画面为主导不同,说明模式更强调以解说为主导,通过告知的方式来陈述事实。因此这类纪录片非常依赖于利用口述解说词的方式进行告知、宣传与鼓动,似乎影片中那些被组织起来的影像都是为了"解说"而服务的。在说明模式的纪录电影中,剪辑无须像在诗意模式中那样建立节奏和形式感,它的主要作用是让影片对于论点(或者观点)的阐释保持连贯。

第二种是诗意模式,即着重于表现具有视觉性的韵律和模式,以及电影通篇采用的形式。如伊文思的《桥》《雨》等影片即属于此类。采用诗意模式的纪录片与现代主义先锋派艺术拥有一片共同的领域。诗意模式舍弃了电影的连续性剪辑传统和先后场景之间明晰的时空感觉,转而探索综合时间节奏和空间布置的关联与形态。影片中的影像素材犹如语言符号,经过制作者的挑选和组织,用于呈现与表达主题,建构想要的时空关系和影像风格。如伊文思的《雨》,其纪实性的呈现主要在于他将现实世界作为拍摄对象进行影像素材采集,但最后影片所呈现的"雨",早已超脱了现实"雨"发生的线性时间与空间关系,给人们创造了一场降临在阿姆斯特丹的意象之雨。

第三种是观察模式,即观看社会演员处理自己的生活,仿佛摄影机不在场一般,这里的社会演员我们可以理解成真实生活当中的人或者在镜头前演绎自己日常生活的人。如《初选》《推销员》《高中》《最后的华尔兹》等,我们可以看出这一类别影片实际对应的就是直接电影。为了观察现场同步发生着的一切,观察模式的纪录片的制作者放弃了诗意模式和说明模式的纪录片可能采用的所有用于操纵的手段,所追求的是一种没有任何中介的、旁观的"看",隐匿如"墙上的苍蝇"。拍摄者退到了观察者的位置,这就要求观众以更加积极的态度去参与,对人物言行的意义做出判断。

第四种是参与模式,这一类别对应的是真实电影的创作理念,即拍摄者同社会演员相互作用,参与到摄影机前发生的故事中,访谈是最好的例证。如《夏日纪事》《五月广场母亲》《浩劫》《战争迷雾》等,事实上很多口述纪录片亦可以归入此类。在参与模式中,拍摄者会更加强调和拍摄主体的互动而不是默默观察。采访、提问成为参与的主要途径,鼓励观众作为参与者进入影片中,同时也鼓励创作者作为参与者进入影片中,这样就能在制作者与影片主体之间真实、生动的互动中,获得更多通过观察了解不到的内容。

第五种是反身模式,呼吁关注纪录片剪辑、野外调查和访谈的传统。如《持摄影机的人》。相比于其他模式,采用反身模式的影片数量比较少。比尔·尼克尔斯认为《持摄影机的人》关注的是电影拍摄过程本身以及拍摄者如何在电影角度的历史世界中构建出独特的视角。在所有纪录片的表现模式中,反身模式的自我意识最强,自省程度也最高。维尔托夫在《持摄影机的人》中向观众展现了我们如何建构自己对于世界的认识。布努埃尔在《无粮的土地》中讽刺了我们根据知识做出的推断。

第六种是述行模式,比尔·尼克尔斯认为述行模式强调的是拍摄者参与到拍摄主题之中的富有表现力的特征,要让观众感到生动。如《寻找克丽斯塔》《诅咒》《一种伤害》等。述行即"表述行为",事实上述行模式更像是参与模式与反身模式的集合变体。比尔·尼克尔斯认为述行模式是要通过实际行动与具体化的知识,帮助人们理解当今社会中更为普遍的各种进程,即致力于提供了解一般社会进程的方式,而其主观层面带有部分反省意味。

本书更倾向于按照题材和内容对纪录片来进行分类,主要是因为不论是从文化角度、功能角度还是从媒介角度,在一定程度上划分出来的类型都存在明显的交叉。而一般情况下,纪录片在拍摄题材与内容上的交叉则相对较少,所以根据题材和内容呈现来分类,相对更容易辨认对应的类型。

另外,从题材来进行分类,也是纪录片趋于类型化创作的趋势所向。纪录片的分类不仅关乎学术研究,更关乎当前纪录片的产业发展。纪录片题材的受欢迎程度是与社会多元化的价值诉求相契合的。近几年,纪录片的媒介产品属性逐渐被强化,受众的需求也得到了充分的尊重。创作题材类型能够以市场为导向、以观众的需求为目标,本质上是将对市场的考虑前置于创作阶段,与媒体行业的受众意识相契合,类型的背后是对观众的价值与审美多元化的深入解读与研判。

更重要的是从题材和内容进行分类,更容易让创作者和观众接受,也更方便指导创作实践。创作者在明晰题材类型的情况下,只需要再确定所拍纪录片采用的主要表达方式是更贴近纪实还是更重视写意,即可基本确定所创作影片的基调。

第二节　纪录片常见题材

题材,指的是作品中具体描绘的,体现主题思想的一定社会、历史的事件和现象,其来源于生活,是作者对生活素材经过选择、集中、提炼、加工而成的。本书主要介绍近几年常见的题材,据此将纪录片题材分为四种类型。第一类为社会人文题材;第二类为历史文化题材;第三类为自然科技题材;第四类则统称为其他类型题材。前三种题材类型是纪录片主流题材的三大支柱,目前我们看到的纪录片基本上都属于前三类,而其他不属于前三类的纪录片题材,我们将其统一归为其他类型题材。

一、社会人文题材

社会人文,即社会人文科学,它是社会科学和人文科学的总称。社会科学的任务是研究并阐述各种社会现象及其发展规律,而人文科学与社会科学的研究领域十分接近,二者的研究对象都与人类的教养、文化、智慧、德行有关。区别在于人文科学直接研究人的需求、意志、情感和愿望,强调人的主观心理、文化生活等个性方面;社会科学则更强调人的社会性、关系性、组织性、协作性等共性方面。

社会人文题材的影片,我们可以理解为那些以普通人和当下社会现实为记录对象,且从人文的角度去反映人与社会、人与人关系的影片。这类纪录片特别注意对社会各阶层人群生存状况的记录和反映,具有当代生活的鲜活性和对电视受众的接近性,因此在电视屏幕上是颇受观众喜爱的。观众看到自己的生活被真切表现在荧屏上,在其心中引起的震撼和思索往往是深刻的。一般来说,社会人文题材通常有以下特征,如注重时代内容、关注主流群体、关注民生民情、注重纪实性等。

社会人文题材的纪录片其记录的范围十分广泛,所含题材可以进一步进行细化。目前各类媒体平台上创作较多的该类题材有:

"城市题材",即以阐述城市变迁、展现城市环境风貌、塑造城市形象为主的纪录片题材。城市的发展也是人类文明发展的缩影,城市精神是一座城市的灵魂,记录一个城市从表面到内在显示出的地域性精神,也是对现代社会人文的重要记录。2019 年,央视纪录频道推出的纪录片《城市 24 小时》将典型场景作为记录空间,通过不同时间节点上真实和鲜活的生活图景,展示了每座城市的气质和个性。

"人物题材",社会人文类别下的人物题材更多是以平民化视角对社会生活中的普通人进行记录,与人物传记片有一定的区别。人是纪录片永恒的主题,在这类题材中,记录的大都是生活在我们身边的普通人,记录其生活经历与感受。2021 年 7 月 15 日播出的《柴米油盐之上》就把镜头对准了平凡人物,忠实记录了一个个追求美好生活的普通中国人的故事,其中包括云南山区的村支部书记、走出山村的女卡车司机、伤病缠身的杂技演员、由砍柴少年白手起家的民营企业家……讲述了平凡人逐梦的故事。

"社会现实题材",以当代人的生活状态或社会发展进程为主要拍摄对象,通过纪实的风格来反映当代人的思想情感或记录中国社会发展的情况。我国早在 20 世纪 90 年代就出现了一大批优秀的社会现实题材纪录片,如《远在北京的家》《德兴坊》《阴阳》等。近几年,关于社会现实题材的纪录片更是越来越受关注,逐渐成为社会人文题材创作的聚焦之点。2018 年,由陈晓卿负责制片的中国版《纪实 72 小时》,将目光转向现实社会,展现了一群普通人的日常生活,也让观众透过屏幕看到了人生百态。

"美食题材",它是社会人文题材中较为特殊的一类,用影像记录美食,讲求通过屏幕传递色、香、味的体验。早期的美食题材纪录片多以介绍中国各地美食为主,讲述中国美食的工艺传承,还有一些纪录片则以盘点中国菜系和烹饪特色为主,如《中国饮食》。2012 年,由陈晓卿担任总导演的纪录片《舌尖上的中国》在荧屏上走红,创造了央视纪录片的收视奇迹,也成为现象级的美食纪录片。《舌尖上的中国》第一季一共有 7 集,分成"自然的馈赠""主食的故事""转化的灵感""时间的味道""厨房的秘密""五味的调和""我们的田野" 7 个部分,介绍了不同地域的中国美食文化。它被人们称作为一部"隔着荧屏都能闻到香气"的纪录片,名为介绍美食,实则勾勒众生。与其说它抓住了全国观众舌尖上的味蕾,不如说是蕴含在节目之中的人文情怀深深地触动了每一个中国人的情感心弦。从此之后,美食题材纪录片除了展示中华美食之外,又多了一层新的意义,就是人文表达,一种质朴的珍惜态度贯穿其间,热爱生活,尊重劳动,尊重自然,尊重传统,这才是这类纪录片所想传递与表达的主旨。

二、历史文化题材

历史文化题材纪录片的兴起同文化寻根热潮密切相连。"历史"是一个总称,涉及过去的事件以及关于这些事件的信息解读,也就是要通过某种形式对人类社会过去的事件和活动有系统地记录、研究和诠释。"文化"则是指人类在社会历史事件中所创造的物质财富和精神财富的总和,尤其指相对于经济、政治而言的精神活动及其产物。因此,所谓历史文化题材纪录片,就是利用影像形态对历史遗迹、文物器皿、文化景观进行记录与表达,并以此来折射当代人对民族历史和文化的深刻认识。长期以来,我国的纪录片创作在宏大题材上尤为擅长,而历史文化题材纪录片正属此类。20世纪70年代末到90年代初,历史文化题材纪录片一直保持着旺盛的生命力,精品不断。可以说历史文化题材纪录片在中国纪录片发展的历史上有着非常重要的地位与作用,整体来看这类纪录片一般具有以下几个特点:"大文化"的视野取材、鲜明的主体意识、解说词的主体表达。同样,历史文化题材也可以再进一步进行细化,如考古题材、历史人物与事件题材、地域文化题材等。

考古题材是用影像的方式记录古代人类遗迹遗物的发掘与研究,从而达到重视衰败的文明、展现历史真实面貌的目的,让受众充分领略五千年的中国文化与中华文明,领略中华文明的价值内核,在跨越时空隧道的中国意境中,揭示出纪录片用影像再现中华民族历史脉动的巨大史学价值。

历史人物与事件题材则是通过讲故事的方式,用影像对过往历史中发生的各类事件或历史人物进行记录,属于历史文化题材中的主要题材。《河西走廊》就是一部制作精良的历史人物与事件题材影片,也是第一部以河西走廊为主题的纪录片,主要通过讲述历史故事的方式,将丝绸之路从汉代至今的发展历程真实地呈现给观众。

地域文化题材主要是通过电视纪录片进行地域文化的传播。地域文化是一个地区的社会人文精神的具体体现,不同的地域有其各自特定的历史文化之根源。通常该类纪录片彰显和弘扬了独特的地方风物和文化,在地域文化传播中主要呈现出以下4个特点,即传承性、哲理性、渗透性以及审美性。电视纪录片作为一种强大的地域文化表达载体,通过自身独有的艺术手段来表现经典的文化精神,并将其更广泛地传播出去,让受众在观看的同时,得到心灵的启迪与洗礼,也会更自觉地保护和传承这些地域文化。

此外,关于地域文化题材纪录片的创作,除了展示一方水土一方人,展示地域文化的发展与繁荣以外,还可以有其他的展现内容。民间手艺便是其中一种,民间手艺属于一个地域传承的精神印记。民间手艺是伴随着农耕文明、自然经济延续下来的,是民族文明史的一部分。地域民间手艺,体现了一个地域的手艺、一方水土的生活细节、一方人的精神追求,是看得见、摸得着的物化形式。"匠心匠艺"都是浓郁"乡土气息"的展示,延续着中国独特且丰富的地域文化品质。因此,以影像的方式进行留存和传播这些精神财富,也是历史文化题材纪录片重要的意义所在。

历史文化题材纪录片的创作理念经历了3个阶段。

第一个阶段是以《丝绸之路》为代表的题材宏大且注重解说的创作理念,主要是通过解说词为观众讲述丝绸之路的起源,以及沿途各地方的历史、文化、景观、人们的生活状况等,通过对历史遗迹和遗物的展现挖掘,以及对历史事件的叙述,进而对历史中的人与人的活动进行追忆与反思,从而体现出一种人文关怀。

第二个阶段则是以《故宫》为代表的新纪录电影创作理念,利用数码特技实现对历史场景的"重现"和"还原",使纪录片可以突破时空障碍,将拍摄现实的影像与对历史"不在场"事件、场景、人物的展示结合起来。此外,应用现代影像技术将历史遗物由静变动,也是该片最大的亮点。2006年纪录电影《圆明园》上映,影片以三维镜头重现了举世闻名的皇家园林圆明园被毁坏前的面貌,片中数码特技累计运用超过半小时,并且第一次在科教电影中创造了用实景和三维动画合成的影像。

第三个阶段则是以央视出品的纪录片《我在故宫修文物》为代表的新时期历史文化纪录片创作理念。2016年这部仅有3集、播出时间极短的纪录片成为又一现象级影片。该片记录了故宫中稀世文物的修复过程和修复者们在日复一日工作中的心路历程。片中对文物的介绍也让人们从另一个角度了解历史,了解历史文化与历史遗物。在中国几千年历史发展中,流传下来的是无数种价值不可估量的古文物,它们记载着历史的发展,更是文明的精髓,每件文物都承载着一段历史,都是中华文化的印证。《我在故宫修文物》之所以在新媒体平台上备受欢迎,是因为这部影片一改以往历史文化纪录片的叙事视角与话语方式,采用了以年轻人的视角讲述故宫内古老的文物和它们的故事,通过镜头合理巧妙的运用,让原本平淡无奇的叙事变得多姿多彩。另外,影片在细节的处理上也是格外仔细,用了大量细腻且缓慢的镜头来刻画文物精致的局部细节,而短小精悍的篇幅也使其具备了在互联网传播的特质,成为符合新一代观众审美的优质影片。

三、自然科技题材

自然科技题材纪录片指的是将自然环境和生物、科学技术本身等作为关注对象,记录自然环境、生物、科技与人类之间关系的纪录片。自然也是纪录片永恒的主题,从早期呈现动物的精彩故事发展到环保主题,尤其是气候变暖、环境污染等主题,一些大型纪录片不仅呈现的是自然的视觉盛宴,同时对人类也是一记警钟。2019年,由BBC与中国腾讯视频、央视纪录频道、德国电视二台、法国电视台联合出品的《七个世界,一个星球》在全世界引起共鸣,显示了全球化语境下人类面临的关于自然与环境的共同问题。

动物是纪录片制作人最早拍摄的对象之一,《自然的秘密》是一部早期的英国系列纪录短片,在1922—1933年间播出,被看作是自然纪录片的先驱。迪士尼曾于1948年制作《真实世界历险》系列纪录片,在其推出的同时,在世界范围内致力于生态保护的环境运动也开始开展。20世纪50年代的电视纪录片《地球的生命》系列,在英国环境保护组织的支持下,深入中小学教育市场,这些纪录片强调人类行为对自然平衡的影响。随着人们环境意识的增强,此类主题变得越来越普遍,进而出现了在世界范围内广受欢迎的蓝筹纪录片。所谓蓝筹纪录片,就是主要拍摄自然和大型动物,影片中没有人类或人类影响的痕迹,侧重繁殖与捕猎的戏剧性故事。2001年BBC的《蓝色星球》带领人们探索了全球的海洋世界。美轮美奂的视觉盛宴、令人惊叹的自然景色、让人称奇的动物奇观,加上戏剧化的故事与富有魅力的人文解说,共同构成了蓝筹大片的突出特质。如今蓝筹纪录片已经不再是BBC的专属,而成为国际纪录片市场争夺的焦点。这是因为自然题材天然能够跨越意识形态与地域文化,成为国际纪录片市场竞相争夺的创作题材类型。

以往我国的自然科技题材纪录片更偏重于对自然风光的表现,而对动植物的拍摄较少。这主要是因为拍摄植物的投入会相对更大,周期也更长,危险性也会更大,因此拍摄难度相对来说就更大一些。直到2019年的纪录片《影响世界的中国植物》的出现,才改写了中国自然纪录片的历史,该片第一次规模化地讲述了中国植物的发展及其影响世界的历程。影片所呈现的影像奇观,在以往国产自然纪录片中实属先例,但它在整体的动植物纪录片创作里,仍旧属于个别案例。另外,国内曾很长一段时间忽视了对科技探索类题材的开拓。如今,自然科技题材纪录片在中国正在引起越来越多人的关注,不少新近制作的影片成为各媒体平台的热门影片,备受欢迎,这也间接说明了人们对于自身所生存的环境的关注在逐渐提升,而自然科技题材纪录片的生命力是无限的。正如法国著名雕塑家罗丹所说:"自然总是美的。"两千多年前孔子也曾说过:"智者乐水,仁者乐山。"苏联著名教育家苏霍姆林斯基同样说过类似的话:"对周围世界的美感,能陶冶情操,使他们变得高尚文雅,富有同情心,憎恶丑行。"自然美能唤起人们对于生活的热爱之情,使人们在自然美中看到自身的本质力量,从而获得自信。此外,对自然科技的记录还能够增长受众在风土人情、自然、地理、历史、文化、生物、物理等多方面的知识,开阔受众的视野,对于传播科学文化知识有着重要的作用。

四、其他类型题材

前文所述社会人文题材、历史文化题材、自然科技题材是纪录片创作题材的三大支柱，也是目前我们能够看到的主流纪录片的创作题材，而其他不属于这三类的纪录片题材，我们将其统一归为其他类型题材。这些题材主要包括"军事题材""财经题材""探险题材""医疗题材""法制题材""体育题材""灾难题材""宠物题材"等。从近几年纪录片作品来看，"医疗题材"的比重有所上升，如《生门》《人间世》《手术两百年》《急诊室的故事》《中国医生》等。这些纪录片通过跟拍一个个有矛盾也有温情的医患故事，深入挖掘一个个真实而充满人道主义精神的医疗救治故事，向观众多视角呈现了医生这一职业在国民生命进程中所扮演的重要角色，让观众看到了病人是如何被救治，以及救治过程中医生与病人、病人与亲友间的各种情感交集。既赞颂了生命的力量与尊严，传递了社会正能量，又还原了真实的医患关系，直击中国医疗现状，带领观众感悟生之百态。

第三节　选题与前期调研

选题、前期调研是纪录片前期创作必须要进行的工作。"凡事预则立，不预则废。"创作最初的工作往往是决定性的步骤，在创作初期的构思阶段，不单要选择拍摄对象，更是创作者立意的过程。纪录片创作，是一个将创作者对客观事物的感悟与思考进行艺术化表达的过程。在这个过程中，艺术构思是最重要的，它往往决定了创作的成败。创作者通过精神和情感投入，调动艺术想象去激发创作灵感，然后与客观对象之间物我不分地融合统一，这样才能实现创作的过程。因此，有些时候纪录片创作者们可能在选题构思、策划文案上花费的精力甚至比后面实操阶段花费的精力还多。

一、纪录片选题

对于从事纪录片创作的人来说，寻找到合适的选题是关键。在创作的初期，摆在面前的第一个问题就是"拍什么"。"拍什么"就涉及纪录片的选题，纪录片的选题有大有小，从历史文明、全球经济、自然灾害到一个人物的命运际遇、一些生活片段、某个热门话题。从历史的角度和世界范围来看，纪录片的选题确实是十分广泛的，甚至可以说世间万物都可以作为纪录片的选题。

从国内的情况来看，纪录片的选题一般的来源有：

首先，来自上级布置的任务和共同策划。2020年12月14日国家广播电视总局办公厅公布了2021—2025年"十四五"纪录片重点选题规划,这些重点选题大都根据国家对于"记录新时代"的纪录片创作传播工程的安排,并围绕2021—2025年党和国家重要时间节点、重大活动安排选定。如中国广播电视总台的《共同的家园》《摆脱贫苦》《人民的小康》等。中国很多的电视台都实施栏目组制,节目的创作都由栏目组的多个编导合作完成,上级主管部门每年都会下达一定数量和内容的纪录片制作指标,甚至会指定一些选题。这类纪录片一般题材都比较常规,因此在选题上相对容易确定。

其次,来自创作者对社会热点的关注。纪录片的选题应该是人们共同关注的问题,在选择拍摄对象的同时,更要关注其社会价值与时代意义。从选题社会价值的层面来看,这一理念来自格里尔逊认为纪录片有社会教化的功能,他将纪录片视为"讲坛"、看成是"锤子",这是对纪录片的社会教育功能的深刻认识。纪录片的社会教育功能首先就要求纪录片能够将现实生活题材作为表现对象,关注人们所共同关注的问题,具有普遍的社会意义,让纪录片创作体现出对当下社会现实的关注,拓展纪录片的影响力。因此,有学者认为,纪录片选题的评价标准之一,就是看选题是否具有社会普遍性。受到普遍关注的选题可以在某种程度上帮助政府了解百姓的困扰和疾苦,也可以帮助普通市民解决面临的各种问题。如何通过电视纪录片的创作表达普通百姓的心声,这样的选题既考验了创作者对拍摄对象的认知程度和把握能力,也考验了创作者适应社会、调节自身的能力。如果创作者能够在其中找到平衡点,并通过影像做出自己的表达,这样的作品就会产生较大的社会反响。

从时代意义的层面看,时代性应该是纪录片选题的重要考量标准。创作者需在确定选题时关注社会热点,热点就是广大群众关注的,或者欢迎的新闻或信息,或某时期引人注目的问题。时代性同样要求选题要适合当下观众的审美趣味并能够与观众产生共鸣。每一时期都有值得关注的议题,这些议题在当下就是具有时代性的。

最后,来自创作者对生活的发现和感触。纪录片的创作者必须具备对生活的敏感性与发现的能力。事实上,很多时候人们的日常生活都是趋于平淡且看似平静的,很多事情都以我们习以为常的样子出现,但却不代表生活中没有精彩的瞬间。我们生活的世界变化多端,每日每时都会有不同的人在经历不同的故事,在平静与平淡的表面下是待人发掘的戏剧性与不为人知的微妙。这些都需要创作者用自己的眼睛和心灵去感受、去发现、去挖掘、去思考、去审视,然后以影像来呈现。大多数时候,纪录片的选题会与创作者个人的性情、爱好有密切的关系,创作者挖掘生活,然后集中于自己的创作所好,在热衷的领域里给观众呈现一部部精彩的作品。如导演孙增田就对少数民族题材情有独钟,少数民族的生活一直是他创作的重要题材,因为关注所以关心,才有了像《最后的山神》《神鹿啊,神鹿》这些优秀的作品。还有纪录片《老头》的导演杨荔钠,也是因为对大墙下晒太阳的老人们浓厚的兴趣而产生了创作的冲动。

将镜头对准人,记录人物的性格和命运轨迹,是很多人文纪录片的共同之处。比如纪录片《大三儿》,记录了一个普通人的普通愿望。该片导演佟晟嘉说:"在我们的交往中,我认为大三儿是一个无比正常的人。现在的世界从不缺少站在垃圾堆上骂街的,而那些美好的东西却经常被忽略,我和我的团队是'美好'的发现者。这也是我做阐述的必要,我们的作品是有温度的,那种温度源自真实的感动,这样我们才会发现生活中的那些美好的东西,然后呈现在作品中。"

杰弗里·史密斯创作的纪录片《英国医生》,就是关于脑外科医生亨利·马什的故事,记录了他在面对医疗伦理、职业道德时的矛盾与挣扎。因真实地记录了亨利·马什的献身精神、同情心以及光辉的人性,该片获得了2010年艾美奖最佳纪录片奖,并获得了2008年美国银城纪录片电影节最具国际特色纪录片奖的提名。导演史密斯说道:"对我来说,探索世界就是为了让那些有故事的人物和观众之间产生联系,同时它也从属于人性和人类历史的一部分。"

一般而言,独立纪录片创作者在选题时更重视自身的审美及兴趣指向,他们在选择主题时受主观因素的影响较大。纪录片的创作是创作者思想和情感的外化,那么在创作的过程中,创作者的主观介入就在所难免。创作者审视题材的过程,实际上就是创作者将选定题材内化、提炼与升华的过程。同样的题材在不同的创作者手中,会产生不同的纪录片样式和风格,也会产生不同境界的审美层次。因为创作者自身的思想境界不同,他们对题材的把握有深有浅。因此,在纪录片创作的前期阶段,从选题开始,就需要编导量力而行,明确自己深入的领域和方法,从而为成功拍摄出一部优秀的纪录片做好最初的准备。媒体制片、机构制片与独立纪录片创作相比,在选题上则会受制于资本市场产业运营的商业规律,更看重选题的视听效果及市场价值。随着数字时代的来临,面临互联网思维的大转型,胶片技术转换为数码技术、产品导向转化为用户导向、单一的文化娱乐生产方式转换为复杂的整合营销模式,影视行业正在构建跨界融合的产业链条。作为影视艺术的重要形态,纪录片的选题策划面临着市场化、社会化与系列化的考虑。从市场化的层面来看,目前在各平台播出的较受欢迎的纪录片作品,往往在选题上具有4个鲜明的特征,一是题材内容转化为影像的可视性较强;二是题材本身受关注的程度较高;三是题材能够通过讲故事的方式进行叙事;四是题材往往含有一些新颖独特的内容或角度,能够给人们以新的见解、新的启示。当然,随着数字媒介的边界不断地拓展和延伸,纪录片传播形态日益多元化,受众的审美习惯也随之相应发生转变。今天的纪录片在选题上,必须同时考虑市场卖点的挖掘与价值意义的深化这两个维度,才能在最大程度上吸引受众,才能实现社会价值与市场价值的最大化。

二、纪录片前期调研

选题虽然是纪录片创作的第一步,但只确定了选题是不能够直接进行拍摄的,还需要把选题落实成文案,形成最终的策划与拍摄方案以供创作参考。在撰写策划文案之前,还有很重要的一个步骤就是调研,事实上,选题只能够表示创作者的初步创作意向,但在具体的内容和实施上还存在很大的不确定性,要消除这些不确定性,使纪录片创作顺利进入实操的阶段,就需要通过调研来解决。

一般来说,调研是处在选题与策划中间的环节,但也有部分创作者在选题未定,只有意向的时候就选择进行调研,进而在调研的过程中再确定选题,而确定选题后还会再进一步调研。这样一来调研与选题就成了同步进行的步骤,能够互相促进,通常经验较为丰富的创作者会选择这种方式。

拥有扎实的调研基础与高度的情感投入,才会形成真实的创作,如果没有前期的调研工作为拍摄指引方向,将会给拍摄带来巨大的资源与金钱上的浪费。因此,前期调研是确保纪录片成功的首要原则。

弗拉哈迪在拍摄《北方的纳努克》之前,他就已经为他的第三次和第四次北极探险之旅拍摄了大约七千尺长的毛片。尽管这些素材最后付之一炬,但正是这长达 8 年与因纽特人的接触,才让弗拉哈迪从用影像记录一个群体转为用影像记录一个家庭。弗拉哈迪拍摄素材的那几年其实可以看作是他对因纽特人的实地调研,正是因为有了如此长时间的接触,他才在创作中逐渐找到了方向。相比以往他对人浅层次的展示,《北方的纳努克》把拍摄对象锁定为纳努克一家人,并以记录他们真实的生活为契机,挖掘他们身上独具的精神品质,以及那种生活方式本身蕴含的质朴的美。也正是因为有这样深刻的了解与认知,才让《北方的纳努克》成为弗拉哈迪最成功、最受关注的作品。他后期的《亚兰岛人》《摩阿拿》虽然也延续了《北方的纳努克》的叙事逻辑与呈现方式,但却没能达到《北方的纳努克》一样的影响力,或许也与他后期在与拍摄对象的共处上远没有与纳努克一家人那般细致且深入有关。

调研是纪录片前期创作的重要步骤,也是不可缺少的环节。广义的前期调研可以包括对一切创作资料的准备活动及搜集行为,而狭义的前期调研则是指具体针对创作选题而进行的相关背景资料的搜集,其中包括文字、图片、数据、影片等背景资料,另外就是在拍摄实地进行的对拍摄大环境、场景、事件及人物的细致且深入的调查。另外,在创作者开始调研行动之前,还需要明确调研的目的,在明确的目的指导下,才能进行更加有针对性的调查。调研目的主要体现在 3 个方面。

首先,通过前期调研来验证选题的合理性。在纪录片创作的选题构思阶段,创作者对现实的关注往往是为了传达自己的某方面情感,艺术想象本身就是一种伴随着强烈感情激动的"臆想"活动。但艺术想象的内容在纪录片的构思过程中,落实到具体的创作环节还需要借助具体的形象来呈现。并不是所有的构思内容都能进入最后的创作环节,主要是因为部分构思经过验证会发现存在很多不合理的地方。

前面也提到了,如果从选题直接进入创作,中间不经过任何的调研的话,等发现问题时就晚了。因此前期调研的第一个目的就是验证选题的合理性,事实上也是验证创作者前期的艺术构思的合理性,即验证能否将艺术的想象转化为现实的形象来呈现。

其次,通过前期调研来考察选题的可操作性。创作者通过前期调研来确定选题涉及内容的可操作性也是非常必要的。在确定了选题的合理性之后,还要具体核实拍摄的可操作性。具体包括实地考察拍摄内容、拍摄地点、拍摄人物的可操作性以及影像的呈现效果,还有拍摄对象的配合程度等。在纪录片创作课程中,作为指导教师,笔者都会对学生强调调研的重要性,但往往很多学生会忽略这一步或者是前两步,而直接从选题迈向策划,再从策划到实拍,这样不仅容易导致策划内容出现不切实际或不易操作的情况,更会导致拍摄中出现各种各样的问题。比如有一次学生没有经过调研就确定了拍摄某小学课堂情况的选题,待策划完毕后开始实拍时才发现,该小学禁止外人入内,尤其是不允许外人进入课堂进行活动。最后经过多方协调也只是在学校的教室外拍摄了一些基本的素材,远没有达到创作的预期。因此,在之后的课堂上,笔者会一再跟学生强调拍摄的可操作性问题,尤其是刚开始接触纪录片创作的人,这一过程是不能够省略的。

最后,在前期调研中考察并确定所要拍摄的内容。这一步是为接下来的策划奠定基础,通过前面对拍摄内容及对象的合理性及可操作性的考察,最终确定拍摄的主要内容,并写入策划当中。

在明确前期调研要达成的目的后,就可以开始行动了。本书主要从调研的一般步骤、确定调研的内容、前期调研的方法3个方面来说明前期调研。

(一)调研的一般步骤

调研是从选题到策划的中间环节,这个中间环节一般会经历资料搜集、实地考察、预访、拍摄样片4个步骤,具体内容如下。

1. 对选题相关资料进行搜集

资料搜集是纪录片前期调研的第一步,主要是对与选题相关的资料进行搜集。针对不同选题,搜集对象都包括了解拍摄地点的相关资料。在开始拍摄前,创作者要对所拍摄的地点有所了解,这里的地点可以是自然环境,也可以是人文环境。通过搜集各类资料,进而整理出关于拍摄地点的具体情况和需注意的事项。针对自然环境,创作者要了解拍摄地点的地貌特征、生长物种、气候条件、生态状况、周边设施、交通等情况。对于影视创作而言,对拍摄地点气候条件的了解尤为重要,尤其要对预计拍摄期间当地的气候特征有所了解,例如大风季节、雨季、冰雪天气等,要有必要的准备。另外,针对拍摄地点的人文环境也要有所了解。人文环境一般包括室内和室外两种拍摄环境,重要的文物古迹、少数民族地区、偏远乡村、繁华都市等都可以看作室外人文环境,而室内环境则可泛指一切用于拍摄的室内空间。如果是重要的文物古迹、少数民族地区,就需要创作团队先通过各种途径了解到拍摄地点的历史渊源、历史人物、历史事迹,还有少数民族地区的民俗风情、当地的方言、节庆、象征符号、民俗禁忌等。拍摄乡村或都市时还需要了解这一地区的发展情况、人口居住情况、主要经济来源、地域文化等。

2. 对拍摄地的实地考察

实地考察是纪录片前期调研的第二步。通过实地考察,创作者可以进一步了解拍摄地的真实情况、真实环境、真实面貌,还能接触到当地的人。只有这样,创作者才能真正发掘到合适的拍摄内容、合适的拍摄对象以及更多可用于拍摄的细节等。以细节为例,调研当中对细节的实地观察,可以被称为"微观调研"。因为这类调研不再只关注如人物、事件、场景这类必须要展示的"硬性材料",还能挖掘大量的细节信息。这些细节能够让纪录片看起来更丰满,既避免了平铺直叙的流水感,又避开了一味强调宏大叙事的空洞感。这些细节就如同叙事架构中的血肉肌理,可以传递出独特的信息,还可以将人们的注意力吸引到其未曾注意到的领域。差异化竞争必将是未来影视创作的主要趋势,不管是创作风格还是选题内容,观众都希望看到独特的角度。

3. 对拍摄对象进行预访

预访是纪录片前期调研的第三步,对重点拍摄对象及其周围的人进行个别访谈,以掌握有关情况。在调研过程中,采访未来的拍摄对象及相关人士,是必不可少的调研方式,任何试图跳过预访阶段直接进入拍摄阶段的想法都无异于痴人说梦。采访是了解一个人的过去、现在与未来最直接而经济的途径,同时也是探寻人的主观立场与心路历程最有效的方式。根据纪录片主题的需要和调研时间的限制,调研者只能对大多数的采访对象进行有限采访,但可对中枢人物、亲历者或见证者等进行深入采访。

一般来讲,创作者进行前期预访的目的体现在3个方面。其一,通过预访的方式消除创作者与被访者之间的距离。通过面对面的沟通与交流,双方可以增进彼此关系,还能增加彼此熟悉的程度,某些创作者还可以通过预访与被拍摄者建立情感联系。其二,通过预访确定最终的拍摄对象。在调研中,创作者可以通过预访确定前期选定的拍摄对象是不是最合适的人选。另外,还可以通过预访发掘其他可拍摄对象。其三,也是最重要的一点，就是通过这种预先采访的方式，了解被访者的各种经历。这时候调研者要充当好抛砖引玉的角色，提出合适的问题，要学会倾听。在交流方面，尽可能多采用开放性的问题来引导对方主动交流，进一步了解被访者的实际情况和需求，还可以和被访者就拍摄选题进行基本的探讨，使其了解选题背后的故事和意义。

4. 拍摄样片

拍摄样片也是纪录片前期调研的一部分，以往由于在纪录片创作方面的市场意识淡薄，很多创作者会忽略这一步。20世纪八九十年代我国的纪录片创作大多数是以电视栏目的形式播出，还有一部分追求个人表达的独立纪录片，这些都与真正的市场有很大的距离。然而，随着数字时代的来临，纪录片在内容和制作技术上日臻成熟，这些都为纪录片走向市场奠定了基础。走向市场后的纪录片开始有了商业意识，融资和营销就是其最鲜明的特征。当下纪录片的选题与用户的需求息息相关，而用户的导向又直接决定了选题的融资价值。如果没有前期的影像就没有办法很好地向投资方表达纪录片选题的内容与价值，所以，如果能够使用调研中拍摄的部分样片进行说明，是向投资方明确影片投资价值的最佳途径，用影像提案阐述是最能说服投资方支持创作者想法的方式。另外，就是要注意在前期样片的拍摄上，要注重目标受众的审美习惯，因为选题只有明确了受众才具备投资价值。

（二）确定调研的内容

1. 调研纪录片拍摄的环境

调研纪录片拍摄的环境，在业内被称为"踩点儿"，也有一些导演将其称为"田野调查"。事实上调研纪录片拍摄的环境，主要是出于3个方面的考量。其一，寻找好看的背景作为影片取景地，力图使影片的画面看起来更美观、更协调——其实就是寻找美术背景。从造型的角度来考虑如何凸显影片的主题，这需要在前期调研时对拍摄场地的环境进行多方位的考察，进而对摄影机摆放的位置、可能运动的路线、取景的角度、光线的安排等做全盘的构思。其二，对现场环境音的考量，其中也包括对环境噪声的考察。音响是现代纪录片一个重要的表现手段，所以对纪录片拍摄现场环境的调研，也应该考虑到声音呈现的问题。其三，就是对现场的实际拍摄条件的勘察，主要包括环境光线、气候状况、地理环境、周边设施等方面。

2. 调研纪录片拍摄的人物

现如今纪录片十分注重展现事件的故事性，"纪录片也要讲故事"是人们对纪录片叙事在认识层面的提升。人们天生喜欢故事，乐于接受故事，充满了故事性的叙事更容易被观众接受。绝大部分故事都是关于人的故事。杰克·哈特在《故事技巧——叙事性非虚构文学写作指南》一书中提到:"叙事需要三大支柱:人物、动作和场景。排在第一位的是人物,因为人物能够推动动作和场景的发展。"人物永远是纪录片关注的焦点,大多数纪录片都离不开人。20 世纪 90 年代开始我国的纪录片创作逐渐摆脱以往"形象化政论"的风格,选择将视角对准社会当中平凡的个体,将视角下沉,开始关注人、表现人,进一步体现了纪录片的社会价值所在。从日本导演小川绅介的《三里冢——第二道防线的人们》中为了自己的权益而拼死抗争的农民,到纪录电影《推销员》中梅索斯兄弟将镜头对准了那些为了生计而奔波的推销员,再到梁碧波的《三节草》中命运坎坷、精明干练的女主人公肖淑明阿婆,还有《柴米油盐之上》中一个又一个勤劳朴实的普通人……正是因为这些片子中那些真实存在、形象鲜明的人物深深地吸引着我们,让我们更愿意走进他们的世界,更好地感受和了解他们和我们所共同生存于其中的世界。因此在前期调研中,确定可进入拍摄的对象是一项非常重要的工作内容。在确定对某一题材感兴趣之后,调研过程中创作者要不断地问自己,想选择什么样的人来作为主要拍摄人物。如何从众多的被调研对象中选择适合进入拍摄的最佳人物?除了前期相关的间接调查研究之外,纪录片创作者还必须在调研过程中和调研对象直接接触,直接交流,从而寻找到问题的答案。一般来讲,在调研过程中,纪录片创作者可以参考以下几点来确定拍摄对象。第一,可以先确定人物是否适合进行影视化表现。比如,他是否善谈?他是不是容易紧张、拘谨的人?如果是,那么纪录片创作者能保证人物在以后的拍摄中可以放松下来吗?如果答案是否定的,那么纪录片创作者一定要小心考虑是否选择其他人物。第二,初步了解人物,建立关系,让人物随时和自己联系,尤其是在有重要事情发生的时候,这样便于纪录片创作者调整自己的设想,以便于后期的拍摄。第三,了解人物的生活环境。创作者借此来进一步了解人物,熟悉后期拍摄可能会用到的空间,以从空间的层面来思考故事的建构。另外,在选择人物上,纪录片创作者还要做一件非常重要的事情,即对自己选择的人物进行反思,冷静地考量自己选择的人物是否合适。这些都是前期调研时创作者们应该做的工作。

3. 调研纪录片可呈现的主题

调研纪录片可呈现的主题,实际就是在选题的基础上进一步探寻纪录片的主题以及可以展开叙述的故事。在调研之前,创作者初步拟定的选题还只是对纪录片拍摄内容的构想。一旦进入前期调研环节,当纪录片创作者真切地接触到要拍摄的对象时,亲身体验到其所要拍摄的环境,接触到所要拍摄的人,了解到人们经历的各种事件,这些真切的体会才是刺激创作者确定纪录片主题的关键。具体到纪录片创作的语境中,不同的人、不同的事能够呈现出不同的主题,而各类话题所反映的主题又有不尽相同的内涵。具体到纪录片的创作,主题是指创作者所观照的现实,它解决的是拍什么的问题;

而思想内涵则是指创作者通过选择的主题所要表达的思想观念,它解决的是为什么拍的问题。创作者在调研过程中确定纪录片的主题,既是客观观察的结果,也是主观能动的选择。比尔·尼克尔斯在《纪录片导论》中做了精辟的论述:"纪录片是具体事件与抽象概念的结合,前者是将我们置于特定时空的单个镜头和场景,后者是由这些具体元素组织而成的整体建构的有机体。二者的结合构成了纪录电影,并因此赋予它说服力和吸引力。"《纪录片也要讲故事》的作者希拉·柯伦·伯纳德写下了这样的话:"主题是一部影片的生命之血。"导演段锦川的纪录片《八廓南街十六号》,把主题锁定在了表现公共空间中权力的运作和权力的无所不在上。梁碧波导演拍摄纪录片《三节草》,是想通过女主人公肖淑明阿婆的人生故事和她想尽办法让孙女去成都的故事,表现"人如三节草,不知哪节好"的"人"的命运无常的主题。在纪录片的前期调研阶段,创作者在主题方面要做哪些工作呢?中央电视台新影制作中心主任彭晓军从3个方面回答了这个问题。第一,对主题的选择和确立。纪录片取材于现实,现实是无限丰富的,所以对于纪录片创作者来说,他必须进行选择。这种选择可以源自创作者的个人兴趣,也可以是对素材能否形成视觉化故事的分析,还可以是对素材是否具有审美情感的考量。第二,对思想观念的开掘和提炼。在前期调研中,创作者经常要问自己这些问题:选择这个主题,我想表达怎样的思想和观念?我拍摄这个主题的意义何在?这些问题的答案的核心是纪录片创作者的价值观。从这个角度来说,若想创作出优秀的纪录片,在主题上有所突破并提炼得好、开掘得深,创作者就必须不断提高自己的修养,深化自己对这个世界的认识,不断进行思考。第三,遵循寻找和提炼主题的基本原则。纪录片创作者千差万别,面临的情况也各不相同。但由于纪录片自身的特点,创作者在进行这一工作时必须遵循一条基本原则:创作者要以表现和观照的现实为素材来阐发自己的主题,而不是用自己的思想观念来规范现实。此外彭晓军还提到,在纪录片前期调研中,创作者在寻找和提炼主题时需要注意如下3点:首先,要警惕说教的倾向。在前期调研的具体操作中,纪录片创作者必须对自己所要表达的主题、所要表达的思想观念抱有一种辩证的、开放的态度。在优秀的纪录片作品中,创作者通过自己所观照的现实来生动地、故事化地表现自己的思想观念,而不是强硬地断言,不是去说教。其次,在主题上要保持弹性。在前期调研期间如果事件的发展超乎了创作者原定设想和预判,这时创作者原来想表现的主题就需要做符合实际的调整。这种保持弹性的状态,能让创作者拥有更开阔的眼界和心胸,更好地观照自己所表现的现实。最后,在主题的选择上不要贪大。在前期调研阶段,对于主题的选择,不要贪大;对于要表达的思想观念,不要贪多。对于刚开始创作纪录片的人来说,这一点要特别注意。

（三）前期调研的方法

1. 查找资料

前期调研可搜集的材料类型有文字材料、图片资料、视频资料等。

文字材料是内容最为丰富的，一般包括文字出版物，如各类书与报纸、杂志，还有档案资料、研究文献等。文字资料是保存事件记录的间接材料，虽然视觉性不强，但贵在全面完整；而且一般文字资料可涉及年代较为久远的记录，特别是一些珍贵的文献资料和专家研究成果，对于纪录片前期资料的积累尤为重要。查阅前人关于纪录片选题领域的研究并进行梳理，可以使创作者对拍摄对象有清晰且系统的认知，尤其是在创作历史题材或科学题材纪录片时，了解专业知识也是增强纪录片专业性，避免出现常识性错误的关键。很多历史纪录片都是将历史资料作为重要依据来指导创作的。如果要重现一些历史场景，就需要非常丰富的历史文献资料作为参考，必须严格按照历史真实原貌进行"再现"。要掌握相关的背景资料，一般可以通过以下几个途径获取：首先可以去当地图书馆、档案馆查阅地方志及相关资料；另外可以与拍摄地的宣传部门建立联系，诚恳而细致地解释自己的拍摄意图，希望对方传真给你有关拍摄选题的当地资料；再有就是向十分了解当地情况的专家咨询，如果专家很难找到，哪怕找当地人或者去过那个地方的朋友聊聊，都将有意想不到的帮助。这些资料最终可以通过整理、分类而成为文字资料，以待策划和实际创作之用。

《舌尖上的中国》执行总导演任长箴就曾经提到，她在拍摄《舌尖上的中国》第一季时，带着调研组，翻阅了1995—2011年所有出版过的《国家地理》《华夏地理》《炎黄地理》杂志，从上千本杂志中寻找基础线索。很多人以为《舌尖上的中国》是美食纪录片，其实它是关于中国国家地理的人文纪录片，各地方的地理人文，导演必须全部了解和掌握。任长箴还提到，网上的资料查起来快，但是不如书里的资料含金量高，所以还是要看书。正因为纸面的调研他们做得比较充分，在外出调研之前，《舌尖上的中国》第一季的分集拍摄大纲就已经图文并茂地呈现出来了。

图片资料最常见的就是照片，另外还有各类画册及一些数据图表等。相比较文字资料，图片资料的可视性更强。不论是前期为了了解拍摄对象，还是后期使用到纪录片当中，其都要比一般文字材料来得直接与形象。很多照片因为历史久远，更能够给人一种真实感和视觉冲击力，甚至还能够震撼观者的心灵。

纪录片《国家相册》是新华社推出的一档微纪录片栏目，主要是面向新媒体受众讲述影像背后鲜为人知的历史故事。这部微纪录片讲述的是国家大历史，但从来不是大而化之的粗线条勾勒，而是力求找到时代变迁与个人命运的结合点，讲"大时代里的小故事"。它的基本模式是:找到一个比较完整、曲折、有一定时间跨度的故事作为"主故事",讲出它的来龙去脉,成为影片的主干;再找到两个"二级故事",以简约的文字快速讲完;同时,也是最重要的,配以一批精彩照片、关键数据,有时也会做一些阐释图表。

陈小波是《国家相册》栏目的主要选片人和讲述人。她在接受《中国新闻出版广电报》记者采访时表示,她选择照片的标准有4个。第一,这张照片一定要布满时代的痕迹,信息量要非常丰富,背景也要是那个时代独有的。第二,要是诗意化表达,"如果一张照片的好与时代没有关系,我们不会选择;如果这张照片特别重要,但没有达到拍摄的要求,我们也不会选择"。第三,情感力量,一张好的照片会令人头皮发麻、鼻子发酸、禁不住流泪。第四,陌生感,"当大家看到照片后,会发出'原来那个时代是这样的'感慨"。

视频资料指的就是动态的影像资料,包括新闻视频、历史资料片(影像文献)、各类纪实影像、相关影视作品等。相比于静态的图像,视频资料主要以动态的形式呈现,是所有资料中最为生动且形象的类别。大多数视频资料都兼具图像的可视性与文本的可读性。一些纪实类影像,如新闻视频、历史文献片、各类纪录片大多数可以作为影像资料直接运用到纪录片当中,以提升纪录片内容的可视性与直观性。此外,前期调研中搜集的视频资料还包括前人拍摄的相关影视作品成果。一名合格的电视纪录片导演其大脑思维的过程与成果,必须是依靠形象和镜头来呈现的。从第一天确定选题开始,形象思维和镜头思维就要贯穿始终,导演要建立对这个选题的形象概念,最初的做法就是观摩前人创作的关于这个题材或者类似题材的影片,使自己对所要拍摄的事物有实际的感性认识。观摩前人的影像作品,一方面,可以了解别人认识这个选题的角度,以及是如何建构这种认识的,从而在获得启示的同时,也不会再重复前人的创作进行无意义的拍摄;另一方面,观摩别人捕捉到的真实的影像,能够给我们带来美学上的创意启迪,使我们在鉴别别人富于原创的拍摄镜语的同时,也可以对他们未曾突出表现的部分给予关注,甚至还可能因为他人作品中表现出的一种独特的自然景观而改变我们选题的走向。

2. 实地观察

实地观察就是在前面资料搜集的基础上,根据资料所提供的线索,前往拍摄实地进行现场调查与深入观察。大多数情况下,进行实地观察的创作者要抱着核实选题的合理性与可操作性的目的进行调查。

一般来说,实地观察是调研选题可行性最有效的方式,当创作者置身于拍摄现场时,各种来自现场的环境细节和人文细节就会直接呈现在眼前。陶涛在《纪录片创作教程》一书中将具体的观察又分为全景式观察及定向分析式观察两类。全景式观察侧重于对人或事物建立宏观全貌式的社会学、美学的认识,而不拘泥于个体命运或故事细节的表述。全景式观察能展现宏观调研中获取的社会认识,并依托现象式的社会公共空间,挖掘出某种集体无意识的人群气质、物质生活面貌和社会运行的显性及隐形规则。注重全景式观察的纪录片创作者往往掌握了完整的美学体系,拥有独特的价值观,其创作兴趣集中于宏大社会历史命题。比如呈现一个地区人们长久以来的生活状态、人际关系、精神气质或者民族、族群、城市、社区的历史渊源、运行规则、社会演变等。而与全景式观察的调研方式不同,定向分析式观察是针对特定的主题方向,关注有意义的场景、现象、行为、语言和细节,最终在调研者的大脑中,将关注的信息上升至发现真实并揭示意义的高度。定向分析式观察旨在从琐碎的生活细节中找到事物之间的某种隐藏关系。定向分析式观察能够在短时间里有效地使调研者加深对选题的认识,判断事物可能的发展方向,提高调研的针对性和效率。

3. 参与感受

参与感受是体验式调研的主要方式,指的是创作者不仅要到纪录片选题计划的拍摄地进行实地观察,还需要更进一步地以体验的方式融入当地,融入社群之中。一般来说,创作者要本着深入现实生活本质的目的,参与到当地一系列的社会生活和风俗活动当中,设身处地感受被拍摄地的独特之处,感受被拍摄者所处地域的社会生活方式,并深入体验被拍摄者的情感与思维。因此创作者在体验式调研的过程中,就不再是一个旁观者的角色,旁观者一般是以冷静观察的方式来分析生活的表象,而参与者更多是通过切身的体会来了解生活的本质。调研者在参与实践的过程中,并不是实践活动内部的主导者,也不是置身事外的旁观者,而是伴随实践活动,进行有限度的参与的观察者。参与程度的上限是不介入或干预实践活动,下限是至少要有相应的实践经验,以求能够真正了解被拍摄者的心态与文化背景。

2007年导演周浩在拍摄纪录片《龙哥》时,以一个闯入者的身份,进入主人公阿龙的生活当中,成为他生活中的"他者"。导演凭借一种主流身份进入社会边缘人群中,无形中给阿龙的生活带来了一种冲击。虽然导演与他之间的身份差别从始至终无从消解,却也正是这种身份的差别,这种身份的参与,为影片拍摄过程中导演与被拍摄者之间的互相利用提供了一种有机养分。

100年前在美国也有人使用过同样的方式与被拍摄者进行接触。当我们在谈到弗拉哈迪的创作特点时,总是会提及他与被拍摄者长期共处这一点。正因为有了对因纽特人深入的观察,他才能更准确地把握其生活形态,并使被拍摄者在镜头前高度自然。充分了解被拍摄者是一项细致而又耗时的工作,弗拉哈迪乐此不疲。

被称为"身体主义纪录片行者"的日本纪录片导演小川绅介在拍摄《三里塚系列》

时带着他的"小川制片"摄制组来到了三里塚,并采取了与当地农民同吃同睡同劳动以及并肩战斗的方式进行拍摄,在这个地方他们一住就是 8 年。在这 8 年间,小川绅介不仅和摄制组通过拍摄行为,加入三里塚的反抗运动(抵抗修建机场)中去,而且还用摄影机持续不断地捕捉农民的生活、思想以及他们勇敢而热情的精神状态。

4. 预先采访

预先采访可简称为预访,也可以直接称为调研采访。预访是纪录片前期调研过程中不可缺少的环节。一般来讲,预访的对象主要就是接下来要在纪录片中选用的拍摄对象以及其他与拍摄相关的人士。相比建立在文字资料基础上的了解,通过采访这种面对面沟通的形式能够让创作者对被采访对象有相对更为直接、更为深入,也更为有效的了解。如果说文字材料所建立的是对被采访对象了解的第一步,那么预访就是进一步了解被采访对象的最佳方式。因为想要了解一个人的内心情感,探寻其所思所想,莫过于直接交流。在某种程度上,创作者与被拍摄者的每一次交流都是独特的,因为不同的创作者在与采访对象进行交流时抱有的目的不同,提问的方式也不同,因而在不同的语境下每一次的对话都是随机发生的。因为每一位创作者都有自己的个人喜好、成长经历和价值观,所以他们选择的问题也一定各不相同。在这样的情况下,创作者就有通过预访获得鲜活、生动、直接的一手材料的概率。也只有这样,纪录片的世界才会多姿多彩。通过预访,创作者所获得的可能是前人和文献都没有记载的材料,这些材料也为创作的独特性奠定了基础。

与新闻节目强调采访技巧的原则不一样,纪录片调研中决定采访最终效果的因素不是技巧而是时间,不是规则而是情感的投入。

调研者要实现与被采访对象之间自由的交流,就必须与对方互相信任。如果采访对象不配合,那么一切努力都会付诸东流。在调研者与被采访对象开始接触的阶段,在双方还不熟悉的时候,负责调研的人要尽可能从被采访对象感兴趣的话题开始谈论,还有就是要尽快找到双方之间真正的连接点,找到共同话题。

因此,在调研前期也可以先根据所掌握的被采访对象的相关情况,大致拟定一个采访的方向,还可以预先设计一下想要采访的话题,甚至是提前拟定好一些备选问题。当被采访对象对调研者有了一定的了解后,放下心理戒备时,调研者才有可能将话题引入正题。另外还要注意的是,前期调研时对某个人的采访次数不宜过多,时间也不宜太长。因为调研以了解为目的,并不是正式的采访,所以一般一到两次就可以了。另外,还要强调的是在采访过程中,调研者可以配备录音或录像设备,录音主要是用来记录整个采访的过程及内容,还有就是记录一些声音,因为前期访谈的录音极有可能成为未来影片中很好的声音元素。录像设备则是为拍摄样片做准备,以备后期参考或向投资方明确影片投资价值,用影像阐述提案。

第四节 撰写策划文案

纪录片的策划文案即创作者对于拍摄与营销思路的文字呈现,也是创作者对于整个拍摄行动的一次清晰的规划。纪录片的策划文案还是导演对纪录片选题产生的个性化的思考。当将一个个思维灵感与拍摄创意累积在一起,并结合大量搜集到的文献与影像资料,对选题进行由点到面的纵横分析时,一份指引导演未来创作方向与流程的策划文案在脑力激荡之下,就能从众多材料中浮现出来,它带给导演指导拍摄的贡献,往往比临场"依靠生活自身的故事进展来结构"的拍摄要可靠得多。

一般的纪录片创作都要经历从选题到调研再到策划文案撰写这样的前期创作准备阶段,尤其是电视台、影视机构或想要借助商业资金支持的导演,都需要提供一个详细的策划文案来说明选题背景及拍摄思路,另外还有创作亮点、市场卖点、资金预算、拍摄周期等实际情况。只有极少数独立创作者会省略这个环节,因为前期省略了详尽的规划,很可能就会导致后面操作环节出现各种各样的问题。

一、策划文案的撰写要求

近年来,随着中国纪录片国际化程度的提高,越来越多的中国纪录片人开始参与纪录片的预售和竞标——提案活动。提案活动,实际上就是提案人根据可能的投资主体量身打造出来的策划文案,其和片花一起演示,以此来争取投资。目前,国外的阿姆斯特丹国际纪录片电影节、加拿大Hot Docs电影节、釜山电影节,国内的中国(广州)国际纪录片大会、上海电视节以及北京CNEX纪录片基金等都有专门的纪录片预售环节。以阿姆斯特丹国际纪录片电影节为例,一般采取这样的方式进行提案活动:首先在世界范围征集到上千个提案,然后从中遴选出20个左右参与公共提案大会;在公共提案大会上,每个入围者有15分钟的提案时间——7分钟用来陈述(其中可以播放一个3分钟以内的片花来强化评委的视觉印象)、8分钟用来答问。台下评委(多为来自西方主流电视台的相关部门负责人)根据提案人的现场表现,决定是否对该项目进行投资。

在中国(广州)国际纪录片大会上,资深电视人帕特森·费恩斯曾多次主持培训中国纪录片人如何推销自己的预售方案,他提出:

(1)推销方案越简练越好;要有吸引人的题目,所有的情况介绍在一张纸上。如果有人对该方案有兴趣,自然会再找到你询问详细情况。

(2)开门见山,不要兜圈子。直接告诉人们你拍的是什么、有哪些独到之处,再交代背景,如为什么要以此为选题。

(3)像讲故事一样介绍你的片子,让人们对影片有一个想象,即使是自然科技题材的片子,也要有一个"主人公"把片子前后串联起来,创造出情节。

(4)告诉人们你之前做过什么、获过什么奖项。

(5)公布自己的预算。准确的预算很重要,人们往往容易把预算做得过低。

(6)表明你所要求的合作条件。在正式交易开始之前,了解听你讲话的人,并排练自我推销。

纪录片的策划文案就是要通过文字对计划拍摄的内容进行陈述,目的是让人能够通过文字进行视觉想象与情感感知,进而了解各部分想要清晰表达的内容。与此同时,策划文案也是创作团队的一份重要的工作参考、行动指南。所以不论是给他人看,还是给参与创作的自己人看,完成一份清晰、准确的策划方案,都是纪录片创作取得成功的起点。在这个前提下,对于纪录片策划文案的撰写就要有一些基本要求,主要是4个方面:第一,要求纪录片策划文案要使用简洁的语言,用通俗易懂的语言来阐述选题的背景及意义。第二,要求在撰写创作提纲时使用的术语要专业,还要考虑可操作性。第三,要求纪录片策划文案的撰写在结构逻辑上要严密,能够清晰地阐述导演的制作思路与制作手段。第四,要求纪录片文案在撰写时多从"他者"视角进行审视,只有这样创作者才能跳出主观视角的局限性,有时候创作者也可以邀请被拍摄对象共同编写策划文案。

二、策划的具体内容

通过前面国际电影节对纪录片提案的要求以及帕特森·费恩斯的建议,大致可以了解纪录片策划文案需要包含的内容。比如,在介绍影片时要对纪录片的策划背景及内容进行基本的阐述,为的是说明选题的核心内容、选题的背景,明确拍摄的缘由与目的。然后,创作者要简单介绍一下创作团队的情况、以往的作品以及获奖作品等。最后还要在策划文案中体现如制作思路、形式风格、市场卖点、创作规格、项目预算等方面的内容。具体的策划文案的撰写通常也会视不同选题、不同要求有详有略。有时为解决拍摄中可能出现的意外情况,还应附设应变方案。

(一)选题的背景及意义

选题的背景及意义是关于选题的简介,重点阐述确定选题的原因。该部分的核心内容就是具体讲述在什么样的背景下,有哪些人做了哪些事情,而所做的这些事情具有怎样的意义和影响,是否为社会焦点问题等。

在策划文案中交代选题所发生的背景,可以从纵向和横向两个方面来阐述,纵向背景往往是以时间为线,对人物、事件、地理环境等的历史背景进行梳理。而横向背景则是在更接近选题发生的时间段内,在更广阔的空间所搜集的相关背景,如新闻背景、社会背景、政治经济背景、人文背景等。

中央戏剧学院电影电视系教授陶涛在《纪录片创作教程》一书中提到,在对纪录片选题意义的阐述上可以引入"高概念"这一专业术语,他认为高概念影片具有鲜明、清晰、突出、浅显、易识别、易传播的特征,其讲故事方式、表现手法等都较为符合目前市场与投资者的需求,这一点同样也适用于纪录片创作。他提到:"对于纪录片来说,提出富有原创独特制作理念的高概念主题同样至关重要。"正如纪录片《舌尖上的中国》的高概念可以总结为:"以陌生、精致而奇观的视角,前所未有地展示中国美食的采集与制作过程,以揭示隐藏在普通百姓日常生活里的中国味道、人情世故及处世哲学。""纪录片追求选题的差异化,但对成功的纪录片选题进行差异化处理,也会让选题具有更好的商业属性。"另外,他还从3个方面阐述了如何确定高概念选题以及如何撰写包含高概念选题的策划文案:其一,选题类似哪些成功的纪录片作品?核心内容是什么?主要人物是谁?发生了什么事?具有怎样的社会或历史意义?公众关注它的热度如何?其二,从选题来源中提炼出前人的思想成果、选题的起始概念、与探索方向相关的内容、可能的解释或者批判的目标。其三,选题拍摄的终极目标是什么?可能产生怎样的社会反响?该选题可能会给制作机构或个人带来怎样的社会效益与经济效益?

根据以上建议,可以采用以下文字作为开场提示:"本片是一部类似某某影片风格的纪录片作品,主要讲述了发生在某地的故事。本片试图通过关注……(某人/某事),最终探索……,以证明……,希望观众能由此了解……"

(二)主要拍摄的人物及事件介绍

人物及事件是纪录片的主要拍摄对象,因此在策划文案中撰写关于人物及事件的介绍,这些都是最为基础的内容。如何介绍纪录片拍摄的人物和事件,一般需要根据具体情况而确定。一般来说,关于人物或事件的介绍,要兼具宏观和微观视角。宏观视角呈现人物和事件在时代大背景下所体现出的意义。每个拍摄对象都是一个时代的缩影,在宏观视角下对人物或事件进行介绍要立足于广博的人文关怀的意义,比如关注人物的命运和经历,尤其是人物的独特之处,而不是一味地只是从功能上平面地介绍或描述人物,人物的生存体验、矛盾冲突、生存历程、生存趋势,这些都能够赋予人物更为深刻的社会维度与更为广博的历史向度,进而为纪录片作品构建出人文思考的厚度。例如《喜马拉雅天梯》的提案,就重点解释了影片将从主人公专业登山学校的学员与珠穆朗玛峰脚下的牧民双重身份出发,结构人物生活的双重叙事线索,以参与式记录观察的方式,展现西藏登山学校的学员们在校学习以及毕业后服务攀登珠穆朗玛峰项目的完整过程。纪录片真实还原了西藏牧民的生活质感与精神世界,以及国际化与商业化的登山运动带给他们的冲击与成长。

在微观视角下对人物或事件进行介绍,则是把关注的重点放在介绍一些特别的生活细节、人物在某个阶段对某件事情细微的情感变化之上。以微观视角透视选题中人物或事件的细节是策划文案的亮点,也是加分项,它能给人以真实的感觉,使人了解之后印象更为深刻,往往能引起人们的共鸣。

(三)制作的思路与亮点

制作的思路主要是导演通过策划文案阐述影片拍摄制作的大致流程、所使用的拍摄手段,以及主要采用的拍摄方式等。创作者在综合考量拍摄过程后所形成的大体逻辑框架,能够明确呈现整个创作的操作情况以及对完成作品的要求。前面提到的《喜马拉雅天梯》的提案,在进行内容介绍之后,拍摄团队还特意强调,为了呈现珠穆朗玛峰的视觉奇观,摄制组将采用延时摄影、飞行器等方式与设备来拍摄登山运动,而邀请藏族摄影师则是影片纪实拍摄的重要保障。在撰写这一部分内容时,除了阐述基本的制作思路,介绍的重点将放在突出亮点之上。纪录片创作上的亮点往往是吸引投资者的关键。纪录片作为一种纪实性影片,记录"真实"发生的人物或事件是前提也是要求,在不同导演的镜头下,记录同样的人物,相似的题材却能够呈现完全不同的视角,完全不同的呈现角度、呈现方式,这是创作者主体性的体现。在体现纪录片制作亮点时,可以从内容叙事方式的创新上来阐述,比如新鲜的叙事视角、新颖的讲述方式、非线性的叙事结构等。纪录片《三节草》就运用了错位的叙事视角来表现主人公肖淑明老人传奇的一生,里面有第一人称"我",也有第三人称"他"。除了影片的文本外,纪录片制作的亮点还可以来自技术的开发与革新,比如近些年非常受到观众欢迎的"鸟瞰"视角纪录片,我国的《航拍中国》、法国的《鸟瞰地球》就是使用航拍技术进行拍摄的。2019年被誉为"4K+5G"元年,超高清影视产业被推上风口。《航拍中国》《他乡的童年》等多部纪录片都是4K影像,尤其是《航拍中国》第二季,更是使用无人机、载人机和轨道卫星进行多层次影像呈现,使用VR摄像机在平面影像上进行特效呈现,并采用了"一镜到底"场景飞行拍摄等手法。新技术带来新视角,让枯燥的内容更有趣,让知识更有质感,让观众身临其境,这是技术带给纪录片的魅力和贡献。英国BBC Studios的丽萨·奥佩认为,2020年纪录片最大的趋势是应用技术。随着5G、Cloud、VR、AR、AI、4K/8K等最新技术在纪录片作品中的不断运用,在不遮蔽纪录片艺术本性和真实性的基础上,新技术将对纪录片影像语言的叙事表现力、影像生成方式、表现内容、结构方式、叙事创新、传播与接受等方面产生积极推动作用。

(四) 播出的渠道及市场卖点

随着新媒体和院线市场的崛起,纪录片不再被冠以电视纪录片"独家"之名。中国纪录片在依托媒介上,从电视一家独大,向电视、新媒体、院线三极制播平台变革,纪录片的播出渠道日益多元化与混搭化。一些大制作影片走向了院线,而传统媒体也在拓展播出空间,电视台、互联网联播的情况成为常态。因此在策划文案中,可以将计划投放的平台进行详细介绍,让创作团队和投资方都能够清晰地了解到纪录片计划播出的渠道也是非常有必要的。

再说市场卖点,纪录片作为新时期的文化产品,选题与内容质量的好坏,都关系到其最终的价值实现。媒体要重视受众,受众所关注的往往就是卖点的体现。

(五) 确定作品的规格

作品的规格主要指的是在策划文案中要确定作品的分集标准以及篇幅长度。这些内容首先要根据选题来做考量,其次也需要根据推出平台以及目标受众的收视情况来进行规划。国际纪录片的标准长度一般是每集 50 分钟,但是由于今天多数人是在移动终端收看纪录片,且受众又以年轻人居多,因此纪录片的篇幅也做出了迎合新时代视觉消费习惯的改变。目前在新媒体上所播放的纪录片,通常长度在 10~20 分钟,甚至更短。如由中央电视台纪录频道制作,中宣部、国家文物局、中央电视台共同实施的国家涵养工程百集纪录片《如果国宝会说话》,每集的篇幅长度为 5 分钟,以全新视角在解读着中华文化。好的微型纪录片可以如短视频一样进行碎片化传播,其包含更多的人文关怀与审美价值。因此,在初期的策划文案撰写时,投资方会要求,而一般创作者也会主动在文案中将作品规格确定下来,从而做出内容设置与规格方面的清晰说明。

(六) 确定项目的预算

纪录片的项目预算是创作团队尤其是制片人对整个创作阶段可能支出的经费做的估算。通常创作方会在策划文案撰写的阶段就会预估可能产生的费用,并以文字或图表形式呈现出来。这样做的好处在于创作方可以对纪录片预计的开销情况做到心中有数,也可以根据总体预算来做细微的支出调节。还有就是要让投资方清晰地看到各项经费的使用细节,从而了解未来可能发生的资金投入情况。关于纪录片项目的预算可详可略,一般要视具体的创作规模而定,越是规模大的创作越要详细计划每一笔支出,

做到有据可依。一般在纪录片策划文案中,项目预算主要包括:

(1)前期调研费用,其中包括资料搜集阶段的调研费、咨询费等,还包括实地调研阶段的差旅费、咨询费、人工费,以及一些其他的开销等。

(2)中期拍摄费用,这类预算主要包括设备、耗材、人工、食宿、交通等方面的费用。具体要根据拍摄所使用的设备和拍摄地点而确定,设备支出如摄影器材、录音器材、灯光器材、轨道、吊臂、无人机等方面的费用;耗材支出主要有存储卡、电池、灯泡等方面的支出;人工费主要包括整个摄制组,如导演、摄像师、灯光师、录音师、场记、助理等人员的劳务费用,还有其他一些额外的专家顾问咨询费用、当地工作人员的劳务费用等;还有就是根据拍摄地点估算交通与食宿费用,部分特殊的拍摄地点可能还要考虑其他额外支出。

(3)后期制作费用,这类预算主要包括制作与人工等费用。制作费用具体包括音响后期制作费与合成特技、动画制作费等;人工费用则主要包括剪辑师、调音师、特效师、配音师、助理等的劳务费用。

(4)其他杂项支出,主要包括文印费、保险费、律师费、税费、管理费等。另外就是每个剧组一般会留有占总体预算5%~20%的不可预见费用,为人员更替、突发事件、意外事件、自然灾害等不可抗力做出准备。

我国大陆标准纪录片制作经费是每分钟1万~2万元人民币,台湾地区一部90分钟的纪录片预算为800万~1 200万台币,折合人民币为180万~280万元;英国是每分钟1万~2万英镑;美国是每分钟1万~2万美元。其他像栏目组创作的纪录片,预算相对于这个标准会低二分之一左右,新闻纪实类选题预算会更低。

(七)未来效益评估

如果说纪录片创作的项目预算是在前期创作阶段必须要进行规划的,那么基于项目投入的效果评估在市场化、商业化的运营背景下,也会被绝大多数投资方与创作者重视,其主要是通过分析前期投入与后期最大收益、收益类型来评估纪录片项目的可行性。因而,评估未来的经济、社会效益,实际上就是对投资回报的评估,让投资方能够清晰了解收益回报。在对未来效益进行评估分析时要注意突出几个方面,即纪录片可能的收视预测、纪录片的传播影响力、广告收入及衍生品收入等。

第六章 纪录片创作——思维与理念

第一节 如何记录真实

通常情况下,相比传统电影创作对虚构故事的呈现,部分人会认为纪录片创作对创作者的专业性要求更高。这种专业性不单体现在叙事技巧、画面构图技巧、拍摄技巧及剪辑技巧等专业操作层面,还体现在其所拍摄的对象与呈现内容上。纪录片创作者不仅要用活动影像记录现实世界人和事物的发展变化,同时还要将依靠观察社会现象和人类活动得来的对世界和人生的认识与感悟传递给受众,呈现创作者对于这个世界的认识变化的心路历程,更为重要的是还要坚持纪实主义进行创作。简单来说,就是要把现实存在的人或事物,有些甚至是人们已经非常熟悉的内容,拍得生动精彩,拍得富有魅力,拍得既能满足人们的审美愉悦的需求,同时影片本身还能够具有永恒的文献价值及艺术魅力,这些说来轻松,实则不易。在纪实的前提下进行影像创作,需要的更多是一种纪实创作的专业意识,一种区别于天马行空式创作的严谨与克制,这种意识进而会形成创作者的一种创作自觉,成为指导创作的基本思维与理念。

一、记录事实真实

纪实首先是一种美学品格,与真实密切相关。创作者在美学层面对纪实主义的坚持与探索是纪录片创作最为本质的追求。尽管许多理论与实践都在说明"纪实不等于真实",因为纪录片不可避免有主观创作的参与,也不能完全排斥创作者的主观意识表达,绝对意义的真实在镜头中是不存在的,被人创作出来的影像不可能代表哲学意义上的绝对真实,但是,纪录片所记录的内容是客观现实,素材来源于现实生活,是对"现实生活的创造性处理",纪录片创作者是通过记录客观现实来承载其思想主题的。克拉考尔曾在《电影的本性——物质现实的复原》一书中特别强调了该书副标题"物质现实的复原"这一说法,意思是纪录电影不但具有还原物质现实的功能,同时还担负着"救赎"世俗世界的义务。记录与诠释成为纪录电影的主要内容,记录在前,诠释在后,它们都是创作者想要通过影像表达的"真实",也是观众想要透过影像看到的"真实",不论是事实层面、主观层面,或是心理期待层面,它们都被统一在一部纪录片作品中,呈现出不同主题下的现实世界。因而,纪录片创作的首要层次就是要对真实进行客观记录。

记录事实真实是纪录片创作最基本的起点,代表着它的美学基础与创作底线。记录真实即对客观存在的事物、事件或过程的正确描述、记录。纪录电影的事实必须是确实存在过的,有其物理的空间、发生与发展的时间以及具体可感的客观对象,这3个元素缺一不可,有其绝对的意义。纪实主义来源于现实主义的创作方法,记录事件真实也离不开整体创作上对于现实真实的追求,从语言、风格、题材、视角到叙述方式,对现实真实的追求要保持步调一致,通过纪实风格的声画记录来反映现实生活的原貌和真实美。

二、建构意义真实

巴赞曾对"完整反映生活"的长镜头理论极为推崇,因为他认为长镜头能够更好地反映客观现实世界,能够达到记录真实。巴赞排除主观影响,反对蒙太奇,主张"存在先于含义",要求"仅仅通过对现实表象的展示揭示出现实的含义"的纪实电影理论,从追求客观反映生活的电影观念走向了一个排除主体影响的极端。巴赞的纪实电影理论的致命缺陷就在于它缺乏在创作实践中的可操作性,否定了创作主体存在的合理性,不承认主体在作品里应该有其合理的位置,而主张应该尽可能把主体从作品里排除出去,已达到"现实的渐近线"这一目标。事实上作为一种通过影像与视听符号表达内容的艺术形式,纪录电影不可能屏蔽"人"的因素及主观影响。在绝大多数的纪录影片中,纪录的形象与现实有着紧密的关系。纪录影片的社会企图就如同一百年前格里尔逊对待纪录电影的态度与观念,就是让观看的人感受到社会中存在的人文主义或人道主义,看到同一现实素材在不同创作主题的构思与设计下呈现的多种可能性。

通常追求纪实主义的纪录片都会强调纪实美,强调"非虚构",即不能虚构事实,一切记录都应该是对现实生活的真实记录。然而事实上,纪录片的创作往往在记录客观事实真实美的同时,还会融合创作者主观情感的抒发,只有这样纪录片的影像才能从一种机械式记录转而成为一种影像纪实艺术。作为客观见之于主观的产物,任何形式的艺术,其文本本身与物质存在都没有直接的对等关系,所以人类编码的纪实性文本和虚构性文本一样,都无法达到哲学意义上的真实,即形而上的真实。人们平时谈论的纪录片的"真实",确切地说,应该叫作"真实性",它体现为纪录片文本与创作客体之间的一种关系,即纪录片的表达层面和内容层面的关系。而这种真实性是一个变量,它会随着创作题材、风格以及创作者关照创作客体的视角、视野的不同而消长变化。纪录片除了要记录事实真实,还要进一步通过纪实的内容来传递创作者对世界和人生的感悟,这种看似主观的意义构建,让受众在欣赏创作者所观察到、拍摄到的客观世界的同时,还能接触到创作者的内心世界,并与之产生共鸣。创作者通过影像呈现其对世界认识变化的心路历程,并不一定就会影响素材的现实基础,但却必定会让镜头记录下的现实表达出不同的意义。

三、满足心理真实

满足心理真实事实上就是纪录片中的纪实呈现与客观真实不发生矛盾冲突,更为重要的是与人们对影像真实的心理期待不发生矛盾,在这种情况下人们一般在观影时就会将影像符号真实与客观真实等同起来。反之,影像符号与观众对影像真实的心理期待不相符时,就会被认定为不够真实、不合理,甚至是虚假。因为,这些失败的纪录电影没有为观众提供足够的"现实(现场)效应",无法达到观众对"真实"想象的期待值。也就是说,如果一部纪录电影的真实性遭到质疑,那么它所想表达的思想、观点都失去了意义。如果观众根据自己的心理经验否认影片的真实感,那么无论多么华丽的画面或者多么雄辩的解说也无法拯救现场记录的虚假。

因此,创作者在进行选题、叙述、结构设计、情景选择的过程中,都要注意选取现实素材中的典型情节、有关联的细节来还原、组合成符合观众心理期待的影像,并且要注意运用符合生活逻辑的结构,利用符合观众认知逻辑的影像进行叙事。

第二节　选择表现形式

纪实是纪录片的核心,也是纪录片的一种创作意念与创作自觉。就电视纪录片而言,纪实风格的体现就是以现在进行时为主线,真实地表现事物非虚构的发展过程,用画面和同期声来直观地记录现实。所以,提到纪录片的表现形式,最多、最常见的形式应该就是纪实。纪实虽不为纪录片所独有,却是纪录片必须具备的表现形式。纪实创作最基本的方式就是通过摄像机对现实进行记录,对事件发生过程和人物情景直接记录。纪实拍摄是20世纪50年代以后由美国直接电影和法国真实电影所发展而来的拍摄方式,由于这种拍摄方式最接近纪录片真实的本质,因此也被称为最具有纪录片特征的拍摄方式。初学者若想进入纪录片创作的门槛,也必须从纪实拍摄开始。

尽管纪实赋予了纪录片应有的风格特征与美学基础,但却不是纪录片表现形式的全部。如果把纪实看作是纪录片唯一的表达方式,那么创作者就会陷入纪实主义的偏执当中无法自拔,纪录片在20世纪60年代之后也就不会再有更进一步的发展与创作理念的变迁。前面曾提到过,纪录片之所以难以定义,主要就是因为其在发展过程中,不同创作流派之间无法达成共识,甚至是从来没有停止过对纪录片创作理论和创作方法的争鸣。新纪录电影出现之后,纪录片的创作手段与表达方式被彻底释放,新纪录电影的拥护者主张在纪录片创作中采用虚构手段进行拍摄,目的是更好地揭示真实。这样的理念突破了传统创作观念的禁锢,同时也得到了不得不根据观众审美趣味来调整作品创作的市场的热烈追捧,之后纪录片的表现形式开始逐渐丰富,情景再现、虚实结合等方式逐渐融入纪录片创作之中,这样的改变不但增强了纪录片的观赏性,同时也拓展了纪录片的题材范围,将纪录片引入了记录历史的广阔范畴。

一、情景再现

情景再现指的是纪录片创作者根据历史事实,运用影视语言,对时过境迁的重要事件或片段由演员表演,或者运用光影声效造型,再现某个特定历史时刻。这是一种从虚构类影片中借鉴过来的叙事技巧,主要目的是增强影片的观赏性。如果纪实的表现形式是通过影像给我们创作最逼真的"事实","再造"出我们的"镜像生活世界",那么,情景再现就是对过去的一种"造像",即通过虚构的方式将缺席的事物借助"拟像"而使其得以在场,与纪实记录的现实不同,情景再现可以使纪录片的叙事不再受到缺席的限制,纪实所拍事物尽管在现实中缺席,但却能够通过影像呈现出来,比如历史再现。

对于历史,通常有两种阐释,一种是过去真实发生的事实或现象;另一种是历史学家对此的记述或解释。针对后一种来说,历史就是用语言来与过去的现实实体发生联系并创造意义的再现行为或符号行为。历史与当下发生的事实不同,历史事实在本质上是不在场的,人们必须通过遗存的各种文献符号,并经由分析、推理,乃至想象,才能再现过去发生过的事情。这些符号可以是文字、图像,也可以是影像,因此集合了文字、图片、影像的纪录片所能达到的情景再现恐怕是符号最为丰富,也是最接近事实的再现了。更为重要的是,这种情景再现还是一种可以被观众认可的表现形式。弗拉哈迪拍摄《北方的纳努克》时,他为了还原当地人生活就让纳努克一家再现了祖辈生活的情景,比如放下猎枪使用鱼叉、使用半个冰屋拍摄生活起居场景等。荷兰纪录片大师尤里斯·伊文思将这样的纪录片拍摄手法称为"重拾现场"或"复原拍摄",如今很多人也将其称为"真实再现""现场模拟"等。尽管曾经如弗拉哈迪一般的创作者使用的情景再现受到了些许争议,学界和业界有关再现的争论也一直存在,但从目前的创作情况来看,情景再现已经是纪录片很常见的创作手法了。

因为许多人认为现实世界并不只是由现在进行时态构成的,我们生活在一个由过去、现在和未来构成的多维度时空当中,"那些融合着人类文明记忆的历史史实,那些在另一个时空发生的、影像难以捕捉得到的自然与社会的事实,那些盘桓在人们抽象思维中的认识和思辨,那些流淌在人们心里的情感与思绪……与现实的一切共同构成了我们的'现实世界'"。情景再现的引入使得纪录片在表现形式和内容上得以丰富,使纪录片创作在时间和空间上得到了很大延伸,对纪录片运用影视语言表现过去时态的突破性尝试起到了不可替代的作用。

目前纪录片常用的情景再现的手法主要是完整再现和局部再现两种。

完整再现主要是借助影像各方面的技术对一段完整时空内的情景与过程进行场景再现,其中再现的内容包括具体空间环境、历史真实人物、人物活动、具体生活场景等。其中当属场景再现的难度比较大,涉及的场面、人物也比较多。纪录片往往是通过宏大的场景、丰富的人物活动、较为逼真的环境背景的再现让观众仿佛置身于历史场景之中。从再现方式来看这种大场面的场景还原可以通过实拍来实现,比如纪录片《复活的军团》,导演为了再现2 000多年前的秦骑兵,要求撤掉所有的马鞍和马镫,让扮演士兵的演员双腿下垂裸背骑马。而从场面效果考虑,情景再现也可以通过数字三维动画的方式来实现,比如纪录片《圆明园》在93分钟的影片中有近三分之一的影像是三维仿真动画,通过这一技术观众再次目睹了被破坏前的圆明园的盛景。

局部再现也被称为"局部重现"或"局部暗示",主要是创作者选取拍摄场景或人物的局部、细节为主要表现内容。局部再现有主人公的局部生活细节暗示、模拟历史人物的主观视野、以声音创造联想3种方式。这样的再现方式相对完整再现难度会相对降低,避免了对场面和人物的完整展现,不仅无须大场面操作,拍摄成本也会相对降低。此外,通过碎片化的局部与细节的再现,会产生一种通过局部进行暗示的意味,从局部引发情节暗示,从情节暗示引发过程联想,从过程联想达到创作者还原历史情景的目的。局部再现有着明显的故事化叙事特征,且在内容的展现上有一定的强制性,多应用于影片中需要强调、暗示、表达寓意之处。局部再现往往采用虚化的表现手法,画面多采取小景深拍摄,利用几个小景别镜头进行积累蒙太奇、平行蒙太奇等组接,一般篇幅较短,也不需要出现完整的人物形象和全景的场景,所以易于操作和实现,适用于小成本纪录片和电视栏目纪录片。

二、凸显意象

海德格尔认为:就艺术而言,它的存在并不在于它本然地存在在哪里;艺术作品只有在被表现、被理解和被解释时,它的意义才得以实现。事实上,对于一个艺术文本,不同时代的人会不断地从中发掘出新的意蕴,那么对于同样的客观现实,不同的纪录片创作者因为选择的主题、叙事角度的差别,可能呈现出来的意蕴也各不相同。人们对影片传递出的意蕴的解读,与创作者运用一些能够凸显意向的情节或细节有密切关系,创作者利用联想来凸显意象,引导人们对影片进行解读,这种写意化手段也是纪录片创作中常用的一类表现形式。在纪录片实际的创作中,创作者可以通过各种画面造型元素、音乐、音响,甚至是后期制作来达到凸显意象的目的。

比如纪录片《沙与海》中的平行蒙太奇,在正常的纪实性叙事之外,还有围绕主题的写意。通过平行蒙太奇,不仅能够把一些平凡的日常生活提炼出来加以包装,更重要的是将两家人的生活境况以对比的方式来加以凸显。在作品中,刘泽远和刘丕成两家人的生活被分成了几个不同的方面,每一个方面都被放在了一起,由此构成一种穿插和对比,在这种穿插和对比之中,作品的主题被一步步地揭示出来。如作品开头先介绍两家人的家庭成员以及在沙漠和海岛的居住历史,接着介绍他们各自的家庭和收入状况,进而谈论他们对所处环境的看法……这样一路对比下去,使他们生活的各个方面都得到了展示。还有片中打沙枣的段落,这一段落的镜头主要由全景镜头和特写或近景镜头构成,一远一近的镜头都起到了叙事的作用,但又有各自所凸显的意象所在。比如创作者在打沙枣与拾沙枣的过程中选择使用特写镜头来展现牧民刘泽远的面部及手部,满是皱纹的面部给人们呈现的是这位男主人的饱经风霜,而在拾沙枣的过程中沙子从他粗糙的手指缝中漏掉,手部的特写同样展示了牧民生活的辛劳,当然还有一层内涵就是对沙漠里长出果实的珍惜,果实再小也要用双手一点点地挑出来。段落最后拍摄刘泽远父子专心地在沙漠中捡拾枣子,镜头由全景逐渐拉远至远景,父子俩在镜头中的身影,与空旷辽阔的沙漠比起来显得越发渺小。这些镜头虽然体现着作者想要表达的强烈情感,但却没有拍得十分刻意,也没有一味地使用解说词来说明。创作者选择用画面进行客观记录,通过特写、近景、全景、远景这些景别的变化进行表达,表现出沙漠牧民与艰苦自然环境做斗争的不屈不挠的精神。另外需要补充的是,创作者还使用了另一种强化、突出意象,带动观众共鸣的表现形式,就是声音。从打枣到捡枣这个过程中,一直有音响与音乐伴随,音响记录了大自然的真实环境,呼呼的风声让观众感受到了天气的恶劣,而最后将整个叙事推向高潮的音乐更是把观众的情绪再一次调动起来。音乐与画面使观众进入了纪录片的情景之中,甚至还能体会到画面之外影片传达的更深层的意义。

第三节　探索创新模式

一、"纪实+"的创作新模式

（一）"纪实+电影"

"纪实+"的创作模式,比较早期的模式是"纪实+电影幕后",也就是常看到的一些电影大片的幕后记录,电影幕后纪录片还有另外一个名称叫作"电影侧拍"。电影侧拍就是指那些记录电影创作的过程、以电影的幕后故事作为表现对象的纪录片形式。在这类纪录片里,我们通常可以看到一部电影是如何从无到有的,并能看到导演、主创,以及编剧们的创作过程、态度和思想。

事实上早期的好莱坞,就已经诞生了专门帮助电影剧组拍摄幕后纪录片的公司。他们通常将幕后的创作过程浓缩进半小时到一小时的花絮里,通过电视台播放或是随影片的 DVD 一起发行,珍贵的幕后花絮便是各大片方用来吸引人的一大亮点。进入 21 世纪,一些电影开始专门请侧拍师在现场记录创作过程和幕后故事,并根据影片的形式和宣传需要,最终剪辑成一定长度的纪录片进行播放。随着中国商业大片时代的到来,电影市场对于票房的考量越发重要,这时的侧拍除了本身具备的记录和资料价值以外,也更加凸显出其宣传的商品属性。

张艺谋导演的电影很多都启用了侧拍的方式来拍摄纪录片,从《幸福时光》《英雄》《十面埋伏》《千里走单骑》《金陵十三钗》到《影》《悬崖之上》,都能看到电影纪录片随正片而出。比如在《金陵十三钗》的幕后纪录片里,观众可以看到女主角从一脸青涩到风情万种的蜕变过程;也可以看到和当地群众打成一片,即便语言不通也能心领神会的好莱坞明星;甚至还有张艺谋对待拍电影一贯的孜孜不倦的态度,为了一个镜头不惜反复推敲,只为了最好的呈现效果。2018 年 9 月 30 日,张艺谋导演的新作《影》公映。短短半个月后,一部记录《影》如何诞生的纪录片《张艺谋和他的"影"》也成功登上院线。

好的幕后纪录片,无外乎是对人的探索。无论是导演、演员,还是幕后籍籍无名的工作人员,纪录片会记录他们是如何发挥价值的。如今,我国的电影剧组对于侧拍的重视程度不断提高,很多剧组安排了专门的侧拍师或是幕后纪录片团队。纵使宣传的形式不断变化,纪录片本身的意义也不会变化。优秀的幕后纪录片或许能让观众看到除了电影内容以外的更多东西,比如一群人为呈现出一部好作品的努力与付出。

(二)"纪实+真人秀"

"纪实+真人秀"实际上是在电视方面对纪实性节目的一次变革,让真人秀逐渐从"秀"走向了"真",更加贴近纪录片本来的纪实质感。2018 年年底真人秀一改往日同质化严重、被质疑伪纪实的面目,出现了一系列"纪实+真人秀"模式的纪录节目。在这些节目中演员的比重大幅下降,素人走入大众视野。像《奇遇人生》《地球之极·侣行》等综艺节目,将纪实落到实处,为观众带来了新的观看体验与情感共鸣。

首先,拍摄场地逐渐由现代化程度较高的都市转向了人类活动较少的大自然,让自然环境进入观众的视野。场景不仅仅是背景,对自然的敬畏与感叹、真实描摹与刻画也是节目的重要篇幅。节目的焦点在于人本身的交往及人与自然的交往。同时节目大大增强了素人的参与感,甚至可以说,素人作为节目的主角在带领观众"看世界",这一点与纪录片的本来面貌非常接近。比起用设计好的情节来操控观众情绪,触动人心的自然风景、真情流露的草根形象,加上高级的、克制的、平实的表达,更能够满足这个时代观众的需求,客观真实的记录比刻意放大冲突或曲折更容易击中观众的内心深处。

网生时代的纪录片打破纪录片惯用的形式壁垒,以互联网思维主动与其他艺术形式、传播媒介建立合作关系。新媒体纪录片呈现出"创作跨界"的特点,不断拓宽自己的边界,让"纪录片+"的新型道路成为可能。例如,由优酷出品的城市纪实探索节目《奇妙之城》,以生活于城市中的手艺人、美食家和艺术家为切入点,呈现具有城市内在精神的人物故事。"纪录片+真人秀"创作手法将纪实与真人秀相结合,打破了观众对于国内城市纪录片发挥宣传功能的刻板印象,在纪实框架下增加了节目的趣味性,既生动地讲述了城市的故事,又传递了人与城市密切关联的价值观念,成功探索出城市纪录片的创作新模式。

(三)"纪录片+小剧场"

"纪录片+小剧场"是2018年哔哩哔哩自制实验纪录片推出的创新模式,代表作为历史文化纪录片《历史那些事》。第一季由徐晋非执导,第二季由金铁木担任总导演,形式与风格采用了"纪录片+小剧场"模式,创造了新的历史文化纪录片形态,风格上保持着轻松、诙谐与极致创新。该纪录片依据史实合理改编,发掘历代史料中有趣的事件元素,呈现真实鲜活的历史故事,内容上兼具话题性和知识性。传统纪录片创作手法和创意手段交替使用,严谨细致与生动多样相得益彰,该纪录片用年轻、创新的形式传播了中国历史文化。

二、微纪录片

互联网技术、移动通信技术飞速发展,智能化终端的普及使媒介形态发生了深刻变化,与此同时也使人们的信息接收、文字阅读、视频观看习惯都发生了深刻变革,短视频的兴起就是最好的例证。从微博到微信,再到微电影,现代媒介引领人们进入了短小精练的微文化时代,微型内容的传播不仅契合了现代人多元化、快节奏、碎片化的信息接收习惯,同时也为传统的各类媒介内容与文化产品提供了新的出路,微纪录片也随之应运而生。微纪录片是以真实生活为创作素材,以真人真事为表现对象,并对其进行艺术的加工与展现,以展现真实为本质,并用真实引发人们思考的电影或电视艺术形式。

有研究者将纪录短片、微纪录片和短视频形态下的纪录片做了区分:在网络媒介兴起之前,时长控制在25分钟以内的纪录片称为"纪录短片",其制作更多体现的是纪录片的传统诉求,往往按照经典纪录片的制作方式展开,并没有因为其是短片而在制作方式上有独特之处。国外通常会以"微型纪录片"来命名4~10分钟的纪录片。根据国内外学者的观点,以及微纪录片的创作实践,我们认为微纪录片就是适应新媒体传播,通过艺术化手段记录真实生活和再现真实历史事件,达到以小见大的艺术效果的纪录片作品,具有创作周期短、耗资小、传播速度快等特点,通常时长为10分钟左右,上限为25分钟。其中,真实是微纪录片的本质特征。

微纪录片的提法,业界普遍认为出现在2012年年底,由凤凰视频举办的首届凤凰视频纪录片大奖,首创"最佳微纪录片奖"。微纪录片是网络媒介兴起后随之兴起的一种形态,"微"作为一种对制作成本小、实验性以及时长短的描述,在一定程度上也体现出其姿态的低。然而微纪录片的视频样式虽然体量轻巧,但是其以纪实拍摄为素材来源的主要形式,以及关注现实、表达纪录片人的社会担当意识的纪录片精神与传统纪录片高度一致,这也是微纪录片能以纪录命名的根本原因,其传播主要依靠网络媒介完成。

短视频形态下的纪录片是微纪录片在全媒体环境下的一种自觉演化,它既具有微纪录片的创作特点,同时也在生产传播上呈现出更加灵活化和平台化的趋势。短视频的出现除了拓展了纪录片的边界之外,也改变着纪录片这一古老影片类型的生产、传播和消费的各个环节。短视频为纪录片提供了新的思维、新的传播形态和新的诉求。

三、手段创新

科技的不断革新,不仅使纪录片在内容上发生了很大的变革,同样也在革新着纪录片整个业态。从早期的纯纪实到曾经被人们质疑的新纪录电影,每一次技术变革带来的创作理念与创作方法变革都会冲击人们以往的认知。新纪录电影刚出现时人们质疑其扮演与情景再现,但当这样的创作方法被广泛运用到创作中,弥补了人们因过去"不在场"而无法见证历史的遗憾时,当它用影像拓展了人类的认知时空时,人们对这种用影像书写历史的方式逐渐接受并认可,新纪录电影所代表的纪录电影创作观念与手段也开始被广泛使用。如今,技术革新正在驱动着纪录片的不断创新与升级。

(一)拍摄手段创新

在纪录片拍摄过程中,涌现出了很多新的拍摄手段,如航拍、水下拍摄、太空摄影等。这些新的拍摄手段让观众以新的视角获得知识,丰富了纪录片的选题和画面。比如于2017年播出的系列纪录片《航拍中国》,至今已经播出了3季,可以说是我国拍摄范围最广、规模最大、飞行航时最多且首次实现全航拍影像叙事的空中拍摄纪录片。纪录片利用了航拍拍摄最大的特点即独特的角度与景别,航拍的视角是人们平时在生活中所看不到的,是一般地面拍摄所不具有的,用鸟瞰的视角能够看到范围更广也更加震撼的场面。

当然除了航拍以外,片中还有很多突破常规拍摄的镜头,比如水下拍摄。在《航拍中国》第二季《浙江篇》中,航拍的飞机突然进入鱼塘中,拍摄水下世界的镜头用有限的时间巧妙地将杭嘉湖平原上的生态循环农业模式展现在观众的眼前。片中虽然全程采用航拍的宏观拍摄手法,但它的内容本身依然贴近人民群众,影片的处理方式也非常细腻,充满视觉美感。不同于好莱坞类型化、快节奏、充满视觉冲击的镜头,本片的镜头整体呈现出温和与壮丽、柔美与刚毅并存的视觉风格,潜移默化地缓缓深入人心,这是一种具有独特中国风格的镜头语言。

(二)后期制作手段创新

在后期制作过程中,三维立体技术、CG、VR、AR、MR 等在一定程度上弥补了传统纪录片的局限,带来了 360 度全景视频的实拍形态。多角度、多方位采集和剪辑素材,让观众有了更真切的沉浸式体验,使得纪录片更具趣味性。VR 技术使纪录片的叙事模式、表现形态及观看体验等方面发生了转变,因此 VR 技术的应用也被称作人机交互方式的革命。VR 技术不仅实现了由二维界面到三维空间的交互,同时也实现了人与内容的交互感知。就叙事方式而言,VR 纪录片开始尝试"互动式叙事",在全景空间中推进情节。美国学者迈克尔·海姆概括了 VR 技术的三大特征,即沉浸感、交互性和想象性。就目前国内 VR 纪录片创作而言,虽然其在沉浸特性、想象空间上有所触及,但在观众交互式体验方面仍是短板。

还是以《航拍中国》为例,片中为了呈现更广阔空间的绚丽景观,摄制组还采用了轨道卫星进行多层次影像呈现。《浙江篇》中出现的舟山群岛的卫星影像是《航拍中国》首次利用卫星采集的数据,并利用卫星影像辅助后期的处理,让观众能够清楚地看见平原和水系。此外它还首次使用了 VR 摄影在平面影像上进行特效呈现,例如,《江苏篇》中两条河流呈现立交时的画面就是用 VR 技术来展现的。

目前国内 VR 纪录片仅有如《山村里的幼儿园》《参见小师父》《摆渡人》等少数关注人物故事的作品,大多数 VR 纪录片则是只记录场景,不讲述故事。纽约城市大学教授马克·斯蒂芬·梅多斯在其《暂停与效果:互动叙事的艺术》一书中提出了互动叙事的 4 个递进过程:观察、(主动地)探索、修正、互变。依此观点,最深层的交互体验是互变。2020 年来自全国 32 个省市自治区的 124 名拍摄者共同完成了一部纪录片——《我生命中的60秒》,该片运用VR技术360度全景记录了普通民众生命中的一分钟,该片在互动叙事上进行了大胆的尝试。《我生命中的60秒》中手持全景摄像机的普通民众,他们不仅是纪录片的观众,更是作品的参与者与创造者。正如导演万大明所说,创作之前他曾预判搜集到的素材是灰暗的,最终却在获取的素材中看到了爱与希望。该片将创作权交予群众,使观众成为作者,可以说,该片的叙事已呈现出"修正"的阶段特征,并向高阶段的"互变"叙事迈进了一步。

第七章　纪录片创作——叙事与结构

第一节　纪录片的叙事视角

一、"纪录片也要讲故事"

纪录片需不需要故事？答案是肯定的。只不过纪录片所讲述的故事与虚构的故事片中的故事两者有着本质上的差异，其中最大的区别在于故事的来源。故事片所讲述的故事大多数情况都是由创作者主观建构出来的，所呈现的场景、人物、事件都不是现实存在的，尽管在现实生活中能够找到"近似"的原型，但故事片中的人或事往往是由无数个原型构成的，无数的人与无数的事情的特点构成了一个虚构的故事形象。纪录片所讲述的故事，源于创作者对现实生活的挖掘，源于创作者对现实生活情景和情节的发现。在纪录片历史上，曾有过一些排斥"故事"的创作观念，但多数排斥的是通过虚构情节的方式来营造故事的手段，而非在现实当中寻找情节。即使是在主张"旁观"的直接电影时期，梅索斯兄弟拍摄的《推销员》是以旁观的、不介入的方式记录推销员的推销过程，但其中一个又一个富含情节的片段，实际上都可以看作由现实构成的故事。

2005年，央视播出故事化的大型电视纪录片《故宫》，第一周的平均收视率在北京地区就达到了6.2%，超过了当时正在热播的电视剧《京华烟云》。2009年，《中国青年报》曾做过一个调查："当下的纪录片吸引你的是什么？"有高达55.3%的人选择了"故事性"，即以讲故事的叙事方式再现历史。一时间，纪录片的故事化叙事无论在学界、业界还是在观众中都空前一致地成为备受关注的话题。

纪录片的叙事，说得通俗一点就是讲真实的故事，即用不同的叙述方式来讲述发生在现实世界中的真实事件。纪录片注重故事、故事性和讲好一个故事的叙述方式，讲述故事早已成为纪录片的叙事特点之一。在全球化的语境中，现在电视纪录片表现的题材范围越来越广泛，主题形态也变得复杂了许多，人与动物、社会与自然界的纷繁事象，成为纪录片取材、拍摄和讲述的对象。面对社会文化的发展和大众审美意识的普遍提高，纪录片创作者不再满足于单一的创作维度，而是努力调动各种叙事手段，结构形式为表达主题、抒发情感服务，力求创作出个性鲜明、风格独特的纪录片。讲故事就是最重要的叙事手段。在为希拉·科伦·伯纳德的经典著作《纪录片也要讲故事》一书做代序时,单万里提到了2010年上海白玉兰国际纪录片影展主席应启明在分析国产纪录片的状况时说的话:"纪录片的'故事化'和故事化的'纪录片'其实是当今电影发展进程中的两股潮流。让中国的纪录片善于'讲故事',这不仅仅是一种拍摄手法,更是符合现代人审美需求的一种表现形式。"

故事与情节是文学作品中至关重要的组成部分,对于用影像叙事的纪录片而言同样受用,它们在叙事上有很多的相似性,但也有很多不同。纪录片要讲的故事和情节必须来源于现实发生的事实,不需要安排,不需要修饰,需要的只是对现实素材的捕捉与选择。文艺作品的精彩之处往往在于情节设计得精心、巧妙而使故事跌宕起伏;而纪录片的精彩之处则常常在于拍摄过程中意外的惊喜与发现。也正是因为纪录片的故事多源自创作者对现实事实的捕捉与选择,因而伴随式记录的最大优点就在于创作过程中的真实可感及事情发生发展的悬念感。但与一些历史题材的纪录片不同,大多数以记录现实生活为主的纪录片,尤其是不需要再现与重现历史的纪录片,其文本往往是开放的。因为纪录片的情节不能事前预定,对外界的记录也只能随着外界事物的发生、发展而进行下去,这也是纪录片最大的魅力所在,很多精彩的情节与片段往往都是自然出现的。

党的十九大报告指出:"推进国际传播能力建设,讲好中国故事,展现真实、立体、全面的中国,提高国家文化软实力。"在纪录片参与对外传播和国家形象塑造的过程中,讲好中国故事就是纪录片创作的一个基本切入点。近几年一些优秀的中国纪录片突出重围,走出国门,受到境外主流播出机构的欢迎。回顾这些成功作品的共性,不难发现,这些作品普遍关注现实生活,发掘中西文化的共同点,用观众易于接受的"接地气"的普通生活来传播中国文化的核心价值观,向世界展示真实可感的中国形象,这就是所谓"用世界话语讲述中国故事"。用纪录片来讲述中国故事,实际上就是将关于千千万万个能够表现中国精神的人或事情以故事的方式展现出来,通过千千万万个中国小故事,共同建构出真实的中国形象。

二、叙事视角

纪录片的叙事,就是对现实素材进行排列组合,通过调度素材与素材之间的关系来组织结构。同文学作品一样,有叙事就会有切入故事的视角。因此,叙事视角是指叙事者对故事叙述切入的角度,叙事角度问题也被称为视点问题。通过一部纪录片的叙事角度,观众可以了解到是谁以什么角度在进行叙述,其叙述的方式也会直接影响到观众对影像内容的理解与认知。通常来讲,一般纪录片常用的叙事角度有两种,即第一人称视角与第三人称叙事,或者也可以称为限制性视点与全知视点。

(一)第一人称视角

第一人称视角往往是一种限制性视点,限制指的是叙述者通常置身事件之中,视点往往会附着在影片当中的某个人物身上,因为置身于内所以看到的、了解到的往往是其所经历的事实,而非事件全貌。第一人称视角在讲述故事时往往带有比较强烈的主观意识与情感色彩,因为亲身经历,所以其叙述也更加真实可信。聂欣如将其称之为"孤独的叙述者"。第一人称叙述在影片中以"我"这样的身份出现,并直接同观众对话,作者的叙述角度完全是从个人出发的。通常来讲,能够运用第一人称进行叙事的纪录片,本身应属于高度纪实的影片类型,真实身份的"我"要么正在亲身经历着影片所记录的内容,这里面的"我"一般情况下会出现在镜头当中,与拍摄者共同经历眼前的事情,将自己的亲身经历通过影像完全展现,置身于一个相对开放的结构之中;要么已经亲身经历了影片中展现的事件,这时的"我"多以口述的方式对经历进行回顾,可以出镜,也可以隐藏在镜头后面;要么是非常了解影片的记录对象的经历,能够做客观陈述;要么就是如迈克·摩尔一般的反身式(自省式)纪录片的创作方式,是由创作者以第一人称来进行叙述的,创作者在镜头中往往像是引导者或是表演者。正如尼克尔斯所说:"第一人称叙述的方式,使纪录片的形式接近于日记、散文,以及先锋派或实验电影和电视的面貌。其重点从使观众确信某个特定意见或某个问题的解决办法,转移到对事物有鲜明自我观点的、更富个性的表述上,也就是从劝说变成表达。得到表达的影片体现了制作者对事物的独特的个人观点,但依然保持了与再现给观众的历史社会之间的密切联系,这样的影片才是一部纪录片。"对于这样的观点,聂欣如认为其论述显然有过于理想化的倾向,也有着致命的弱点,即狭隘和主观。所以对于是否采用第一人称进行叙事,这跟纪录片创作者的最初的构想和其所崇尚的纪录片创作观念有很大关系,另外也与所记录的事实有关。一般来讲,现实题材的纪录片,尤其是以记录正在发生的身边的人或事物为题材拍摄的纪录片采用第一人称的情况更多,反之以记录科学、人文、历史、自然、政治等为题材的纪录片则以第三人称叙事居多。

(二)第三人称叙事

第三人称叙事往往具有一种全知的视角,指的就是叙述者无所不在、无所不知,能够在影片之外叙述出影片中任何一个人物所知或未知的一切,因此这种叙事往往是以画外音解说的形式出现,又被称为"上帝视角"。"上帝视角"最初起源于格里尔逊的宣教式纪录片,往往带有较强的理性色彩和哲理化倾向。各种类型题材的纪录片在创作中,借助于第三人称多视点、全方位的视野展开叙述,或追求恢宏的历史文化学的高度,高屋建瓴地阐释、论述思想观念和理论问题;或娓娓道来,探索自然、生活现象,叙述客观事实,赋予作品深厚的人文性内涵;或保持相对客观的视角表现人的生存方式、生活境遇,把观众带入纪录片的叙事情境。

第三人称叙事可以说是纪录片最为常见的叙述方式,今天我们看到的大多数纪录片依然有很多采用解说词的方式进行叙事。以解说词讲述事情的来龙去脉,对抽象的概念或者事物进行解释,讲述历史故事,可以用来说理和拓展镜头的叙事范围,对镜头叙事做重要的补充,由此可以说解说词依旧是调动观众认知与审美感知的有效手段。但在实际的操作中,解说词使用多少、采用得恰不恰当也是值得我们关注的地方。

第二节 纪录片的解说词

解说词是纪录片创作中一个重要的叙事表意手段,解说词多以第三人称一种全知全能的"上帝视角"进行讲述。解说词有别于一般的文字,它是为"看"而写的,是为了配合影像画面而产生的。无声片时期解说词是以文字的形式出现在银幕之上的,有声片出现后解说词会配以人声对影像内容进行补充。所以解说词是应影像而产生的一种特殊的文学形式,其不同于其他文学形式,是为画面而写,是附加在影像之上的画外语言。

一、解说词的功能

纪录片的解说词最重要的功能就是弥补影像画面的局限性,先有画面,再有解说词,解说词解说画面所不及之内容。随着纪录片创作手段的成熟,创作者对解说词的运用也日渐多样化。除了对画面的补充以外,解说词又被看作纪录片创作者理性思维的直接外化,可以用来解释补充画面、介绍背景,也可以用来议论、抒情,表达创作者的思想观点,逐渐也就演化出如叙事、补充提示、抒情表意、提炼升华等诸多功能。

(一)解说词的叙事功能

纪录片的解说词能够自然地使各个叙事单元衔接在一起,起到叙述事实的作用。解说词的叙事功能首先体现在对事件发生的历史背景、时代背景和社会背景的交代上。其次还体现在对事件的叙述过程起到制造悬念,以情节带动叙事,以叙事带动观众的兴趣上。很多纪录片在开篇的部分都需要通过叙事来引导观众进入记录的人和事件当中,使其对人和事件的背景有一个基本的了解。因此,很多创作者就会在影片开篇选择使用解说词来引出主人公的故事,这时候的解说词多是用作叙事功能的。我们通过纪录片《沙与海》的开篇解说词体会解说词的叙事功能。

《沙与海》

【解说词】每天清晨,牧民刘泽远一家都要集中在这间屋子里喝早茶,这是一个7口之家,他们居住在宁夏与内蒙古交界的腾格里沙漠。刘泽远共有5个儿女,他们每天的早茶时间是在清晨6点钟左右,早茶实际上就是早饭,利用这短暂的时间,刘泽远要向全家人分派一天的工作。27年前,当时还是农民的刘泽远离开他的家乡,从甘肃来到内蒙古一带打工干活,到这儿定居已经8年了。他是牧民,可并不游牧,和草原上的牧民相比生活要安定得多。

井蛙岛因为有着一口井而得名,在这个方圆不到一平方千米的小岛上渔民刘丕成一家已经有三代60年的居住历史了,一直到现在从未有离开这里。井蛙岛位于辽东半岛这片水域,离它最近的岛叫大王岛,离它最近的县城是辽宁的长海县,离这儿大约有40海里。

(二)解说词的补充提示功能

纪录片解说词的补充提示功能,既是对画面内信息进行补充与延伸,如对画中环境、人物、细节等的交代,也是对画面外信息的引入与提示,如意蕴、意义、价值等无形观念的表达等。画面语言是纪录片最重要的元素,但是当画面不能完成一些抽象、理念内容的表达,或是对环境、背景的说明、解释时,解说词就能起到"讲清事实""传播信息""拓展视域"的作用。尤其是科技、人文、历史纪录片会涉及很多人们日常不常接触到的知识,如天文地理、风土人情、名山大川、文物遗迹、宗教信仰等方面的知识,当画面出现与这些内容相关的图像时,单纯从图像观众是无法了解到其背后的延伸信息的,这个时候就需要借助解说词来进行补充说明。

比如纪录片《故宫》中对紫禁城名字由来的介绍,展现了明王朝统治者对皇宫至尊的理想寄托,从一个侧面折射出丰厚的民族文化。

《故宫》

【解说词】故宫又称紫禁城,究其由来,是由天文学说和民间传说相互交融而形成的。中国古代天文学家将天上所有的星宿分为三垣、二十八宿、三十一天区。其中的三垣是指太微垣、紫微垣和天市垣。紫微垣在三垣的中央,正符合"紫微居中"的说法。因此,古人认为紫微垣是帝之座,故被称为紫宫。

再比如纪录片《圆明园》的开始部分,画面中先后出现了标有长城的地图、奋勇向前的铁骑,再现了1644年的紫禁城,这时解说词便对清朝入关的历史背景做了如下补充。

《圆明园》

【解说词】公元1644年,一支来自北方的游牧民族开始南下,铁骑越过长城,直达北京,象征着皇权的紫禁城落入了满族人之手,中国历史上最后一个帝国——大清开始了。

在影像的相伴下,观众通过解说词领略了北方的游牧民族骁勇善战的气势,也感受到了行将灭亡的旧王朝大势已去和一个新王朝的即将诞生。

另外还有2012年电视台热播的七集纪录片《舌尖上的中国》,第一季第一集《自然的馈赠》开始也是通过解说词为观众补充说明了中国食物原材料得天独厚的生长环境。

《舌尖上的中国》

【解说词】中国拥有众多的人口,也拥有世界上最丰富多元的自然景观,高原、山林、湖泊、海岸线。这种地理和气候的跨度有助于物种的形成和保存,任何一个国家都没有这样多潜在的食物原材料。为了得到这份自然的馈赠,人们采集,捡拾,挖掘,捕捞,为的是得到这份自然的馈赠。

这段文字配上生机勃勃的各种食物原材料的生长画面和成品,既让人们了解到了中国食材的丰富多样,也让人们感受到了中国的地大物博以及中国饮食文化的精致与源远流长。

(三)解说词的抒情表意功能

纪录片是对现实世界的客观记录,但是同时也承载着创作者对世界的认知与体会,从构思到选题,从选题到拍摄,每一幅画面都体现着创作者对现实世界的感悟。这种感悟不仅通过客观的画面表达出来,还能够通过解说词,用充满情感的语言表达出来。纪录片的解说词绝不是一味只强调真实叙事和解释说明,有时候也可以用来抒情表意,表现出文字及语言的艺术性。"或璧坐玑驰,或徜徉恣肆,或情文并茂,好的解说词本身便具有审美价值和艺术感染力,有的甚至可以成为具有独立传播价值的文学艺术作品。"

恰到好处地抒情可以使具象产生丰富的审美意蕴,进而升华为极具感染力的审美意象。比如《话说长江》第25回《走向大海》,创作者借用解说词直抒胸臆,对长江及长江的儿女们做出热情的礼赞。

《话说长江》

【解说词】长江滋润着九州大地,长江和黄河一道培育着中华文化。长江造就的土地——不论过去、现在,还是久远的未来,都长满金灿灿的稻谷、香喷喷的鲜花。长江,伟大的长江,你以浩瀚而甜蜜的乳汁,养育着世世代代的炎黄子孙。儿女,伟大的中华儿女,必将以非凡的聪明才智,制订并实施治理长江的最佳规划。不废江河万古流。不愧为世界巨川的长江,必将永远托举着一队又一队名副其实的巨轮,驶向世界五大洲四大洋!长江,伟大的长江,你流经神圣的中华大地,你永远奔流在亿万中华儿女的心上!

这意气风发、激发中华儿女爱国情怀的文字,充满激情,堪称时代的美文。它已超出了字面的表述,达到了一种民族精神的鼓舞与升华。

《舌尖上的中国》在第二集《主食的故事》中,借助我们中华民族生活中具有特殊意象的饺子,讲述了中国人传统习俗中对家的一种特殊情感。

《舌尖上的中国》

【解说词】饺子寓意更岁交子,无论一年过得怎样,除夕夜阖家团圆吃饺子,是任何山珍海味所无法替代的最终盛宴。当众多的手工食品被放到流水线上复制,中国人,这个全世界最重视家庭观念的群体,依然在各自的屋檐下,一年又一年地重复着同样的故事。其实在这一刻吃的是什么都不重要了,此时在中国人心里,没有什么比跟家人在一起更重要的,这是他全部的希望。这就是中国人,就是中国人的传统,这就是中国人关于主食的故事。

这段文字,和现实生活中的摄影师白波一家人过年聚在一起包饺子,孩子们在一旁嬉戏玩耍,其乐融融的场景交织在一起,让人们充分感受到了传统中国大家庭浓浓亲情中那种特有的感召力,以及在中国饮食文化中蕴含着的中华民族巨大的凝聚力。

还有一些纪录片在写作解说词时使用了散文体或诗歌体的形式,使得文字本身就具有一定的表现性和思想性,与画面结合进行表达,更显画面的深意。

比如微型纪录片《如果国宝会说话》每一集有800字左右的解说词,通过对国宝相关内容的诗意化朗诵,引发受众的关注,从而产生情感共振,增强受众的文化自信和民族自豪感。

《如果国宝会说话》(第一集《人头壶——最初的凝望》)

【解说词】你来自泥土,头微微扬起,仿佛仰望天空。6 000多年过去了,我们进食、生存、繁衍、不断进化,而今凝望着你,我们依旧在思索这一切的意义。人头壶——红陶材质,由仰韶文化先民制作于6 000至6 500年前。那时候的人们不断打磨手中的石器,开始驯养家畜、开垦田地、形成聚落。人类历史进入了新石器时代的纪元。陶是人类第一次从无到有的实验,在双手的作用下,土壤、水、火交织在一起发生物理和化学反应,实现质的转换。从对泥土的把弄开始,人类认识到自身创造万物的非凡能力。初生如光明照耀,死亡如黑夜降临。人类一次次地发出悠长的疑问,也一次次地溶解在沉重的泥土。根源于对生和死的思考,人类开始了对自我的凝望。世界各大古老文明的觉醒大约都从人像艺术的诞生开始,这件仰韶文化陶壶只不过是大地留下的亿万张迷惘的面庞之一。陶壶的人像难以分辨男女,那微微上翘的嘴唇仿佛儿童般纯真地仰起。

这件器物既是壶,也是人的身体,那宽大浑圆的腹部似乎隐喻着女性的丰腴身材与生育机能。人头壶的后背伸出一根断面呈扁圆形的管道,用于向壶内注水,眼睛和嘴巴则构成出水口。窄小的出水口降低了器物的实用性,暗示了这件陶壶或许还具有额外的功能。当水从人头壶的眼睛流出,恰如泪水流淌,纪念着人类孕育的最初痛楚。那些古人参照自身捏塑出的形象,比他们的制作者拥有更漫长的生命,与大地同寿,至今容颜清晰。我们凝望着最初的凝望,感到另一颗心跨越时空,望见生命的力量之和。6 000 年,仿佛刹那间,村落成了国,符号成了诗,呼唤成了歌。

有些观众甚至专门整理了纪录片《如果国宝会说话》的诗意化解说词,表示了对其解说词文案的喜爱之情,可见纪录片通过解说词进行抒情表意之重要。

"站在砖壁前,我们仍能感到迎面拂来的那阵山风,吹来的是未泯的典范和对纯真生命的深深渴望。"

"你可能会问我,为什么人们不把这些碎片全部拼接,恢复它完美的样子,因为人们发现,在这些无数的疤痕中见到了一个又一个历史的细节,在这些星辰般的碎片里看到了人类在苦难中前行的脚步。"

"我们乘着时代的风云,以微毫诠释盛大,且歌且舞而来。我们曼妙丰姿里,就是生命;我们轻盈飞过处,就是天空。"

"我们哭着降临世界,却可以笑着走向永恒。"

"此后的 1 500 年,雕刻在继续,世界被不同的文明雕刻成此刻的样貌,不同的陆地、海洋、山脉、湖泊、城市、村庄,人们的肤色、眼神、笑容,相遇一刻、生死一刻、聚散与悲欢的一刻,共同雕刻着人类的故事。"

"我们用'仿佛'这个词语描绘心念的状态,人类的身体,一举一动,一颦一笑,都仿如佛在,仿佛天地间、时光里,世界的样子,我们的样子,每一刻都是一场雕刻。就在此刻,就在这里,世界在这里大同。"

"地层如同一座沙漏,计算着朝代的次序,湮没了'无足轻重'的数据。当一切归于尘土,谁能证明普通人曾经爱过?"

"时间在泥土里沉降,让爱与不爱变得无从考证。一别行千里,再见是暮年。"

有些观众觉得这些国宝离我们太远了,它们身上的庄严、厚重的属性,很容易让解说变得更加曲折神秘。而纵观《如果国宝会说话》三季的解说词文案,基本都是"往小了写",不管风格是幽默还是优美,对文物进行一种日常口语化的描述,反而让整体的解说变得更加细腻有层次,达到了以微观见宇宙的效果。

(四)解说词的提炼升华功能

如果说纪录片最主要的特点就是纪实性,那么它最大的魅力应该就在于不同创作者在面对同样的现实真实时,却能够呈现出不同角度、不同意义的主题。现实是素材,是基础,而主题才是纪录片意义表达的重点。通常纪录片中能够吸引观众关注的,能够引起观众共鸣的,能够唤起观众情感的,都源于影片叙述的角度以及主题的意义。法国飞帕国际电视节秘书长让·米歇尔先生曾经讲过:"纪录,是一种发人深省的思考,也是一种思考方式的纪录。"他认为:"纪录片的意义,不仅仅是将现实实用画面组合起来展现在大家面前,更重要的是要向观众提出自己的一种观点,一种看法,一种对于某种问题、某个人物、某一状态所持的看法。"现实创作中,对每个人物或每个事件的记录,都是作者对人生感悟的记录,都是作者对所拍内容的思考梳理。所以不仅拍摄贯穿于创作的始终,对创作的思考也会贯穿于记录的始终。为什么有的纪录片要拍三年五载甚至更久,就是因为作者始终处于思考的过程。然而,除了流畅的镜头语言外,解说词也是一种重要加持,好的解说词能够引领观众深入理解影像,对整个影片的主题起到提炼升华的作用。

一般情况下,能够起到升华主题作用的解说词往往出现在纪录片的结尾之处,好比文章结尾的画龙点睛,最后一笔最为重要。但也有一些以提炼升华为目的的解说词是穿插在影片之中的,或者是在讲述故事时,又或者是在每个段落的结尾处,贯穿全篇,共同凸显主题。

我们再以纪录电影《圆明园》为例,伟大的作家维克多·雨果于 1861 年 11 月 25 日所写的两段话,正好在《圆明园》这部纪录电影的一前一后完成了深刻的对比。

《圆明园》

【解说词】

序:

请你用大理石、汉白玉、青铜和瓷器建造一个梦,用雪松做的屋架,披上绸缎,缀满宝石……

这儿盖神殿,那儿建后宫,放上神像、放上异兽,饰以琉璃、饰以黄金、施以脂粉……

请诗人出身的建筑师建造一千零一夜的一千零一个梦,添上一座座花园,一方方水池,一眼眼喷泉……

请您想象一个人类幻想中的仙境,其外貌是宫殿,是神庙……

尾声:

这个奇迹现已不复存在。一天,两个强盗走进了圆明园。两个胜利者一起彻底毁灭了圆明园。我们所有教堂的所有珍宝加起来也抵不上这座神奇无比、光彩夺目的东方博物馆。多么伟大的功绩!多么丰硕的意外横财!在历史面前,这两个强盗分别叫作法兰西和英格兰……

对于两种事物，愈是使其向不同的方向发展，对比愈强烈，所反映的主题就愈深刻。

纪录片跟所有的影视作品一样，同样也可以借助画面故事传达主题。在纪录片《人生一串》的解说词中，这种显示主题的解说词十分常见，几乎每一集前后都有升华主题的句子。如第一集《无肉不欢》开头就说："大家其实很懂生活，没了烟火气，人生就是一段孤独的旅程，这话简直就是为了烧烤量身定制。"结尾之时说："几串烤肉、一杯美酒，这就是深夜路边的那份得意，这就是平凡热辣的市井人生。"这一来一回道出了烧烤对人的价值，它既反映了人们的生活，也是人们生活的重要组成部分。

二、解说词的语言特点

纪录片的解说词是通过文字和有声语言来进行叙述的，叙述时还要考虑到声画共识的传播特点。因此在撰写解说词时要特别注意发挥影视语言综合性的优势，也要特别注意解说词与其他表现手段，尤其是与画面的配合关系。纪录片的解说词是纪录片的一部分，它不能背离纪录片画面单独存在，更不能只是简单地叙述画面，它需要与画面互相串联，对其进行补充，通过有声语言的形式传递信息、表达情感、深化并升华纪录片的主题，带给观众除视听以外的情感上的冲击，引起观众的共鸣与认可，故而解说词在纪录片中有着不可或缺的重要地位。纪录片的解说词有着自身不同的语言风格和特点，总体来说，解说词既是为看而写，也是为听而写，更是为表意而写。

（一）为看而写

为看而写，要求解说词要尽可能准确、具体、生动形象。

1. 为看而写——解说词要准确

影像的画面具有天生的局限性，有些画面是局部的、分散的，要把各种画面和各种信息通过解说词高度概括凝练出来，那么解说词就必须是精准的，同时要求和画面形象吻合。从某些角度来说，解说词是对画面内容的解释或信息的拓展，甚至是对画面的深度挖掘。因此，解说词必须做到一针见血地说明问题。凝练精准的解说词，可以让观众更多地透过画面了解画面和事件背后更加深层次的东西，透过现象深入本质，以听觉补充视觉的局限性。

2. 为看而写——解说词要具体

解说词要根据画面需要，把画面不能表达的部分转换成实实在在的内容。直观可见的画面语言要有相应的具体解说词，才能把事件、思想、观点传达得清清楚楚，才能把抽象的道理说得栩栩如生、具体实在，才能使观众产生一种清晰的印象，便于其理解和接受。纪录片是叙事的艺术，纪录片的主要功能是叙事，而在叙事具体事件的过程中，事情发生的来龙去脉,所涉及的时间、人物、地点等基本背景和事实有很多是难以用画面完全表达的。为了弥补这种画面解释的局限,叙事便成为解说词的基本功能。在当今纪录片创作走向中,纪录故事化、故事情节化、情节细节化、细节具体化是重要的发展走向,它们可以把一个个镜头串联起来,从而引发观众的兴趣,提高纪录片的可视性。

3. 为看而写——解说词要生动形象

虽然说解说词是配合画面的,但语言本身也要注意形象性。使用形象感强烈的词汇,可以加深观众的印象。因此,要使解说词形象活泼,就要注意词汇的选择,必要时可采用比喻、拟人、象征等修辞手法。还应当注意多用实词,尤其是在进行叙事或补充说明时,要将抽象的内容尽量具体化。

《如果国宝会说话》第一季第十四集《玉组佩——把世界戴在身上》就使用了拟人的修辞手法来撰写解说词。

《如果国宝会说话》

【解说词】你现在看到的我,来自3 000年前的西周。我在地下行走了3 000年,我和时光一起行走,穿着我的绳子已经腐朽,我的204块碎片被光线连接。204个不同的象征串接成闪光的句子,在身体上被佩戴成段落,组成了一个新的世界。

解说词优美形象又生动,纪录片《如果国宝会说话》是个典型案例,这部纪录片不仅影像精美,就连文案也受到广泛好评,其中解说词所使用的生动语言也是让其在同类文博类纪录片中脱颖而出的重要原因。

(二)为听而写

为听而写,要求解说词尽可能照顾观众的听觉习惯,语言要通俗易懂、口语化。

1. 为听而写——解说词要通俗易懂

影像传播,尤其是电视有着线性传播的特点,不论画面还是声音其呈现的内容都不能太过复杂难懂,否则就会影响人们对影像内容的理解。因此纪录片解说词的语言应通俗易懂。

2. 为听而写——解说词要口语化

纪录片的解说词要尽量口语化,即使是文化类的纪录片,解说词也要尽量以口语化的方式进行表达,因为解说词本就是为配音而创作的,一定要朗朗上口,读起来通顺,听起来符合人们的听觉习惯。做到口语化应当注意的是,解说词的遣词造句要多用平声字,慎用同音字,另外还要注意押韵。

(三)为表意而写

为表意而写,要求解说词要充分发挥文字语言的优美性、韵律感,以文字语言来彰显影像的艺术性。

解说词的语句要长短句结合，富有音律美，也就是读起来要朗朗上口，听起来颇有美感。对于不同类型的解说词，要与视频内容、定位、格调、背景音乐、主播声线相匹配，从而确定解说词是大气磅礴，还是轻柔舒缓，是欢快活泼，还是清新自然。以写意为主的纪录片更为重视解说词的外在韵律美，因而创作者会选择使用排比、对偶等修辞手法来丰富解说词，使解说词音韵起伏有致，充分发挥文字语言的魅力，将观众带入一种意境之中。比如纪录片《苏园六记》的解说词就充满着诗意。

《苏园六记》

【解说词】

雕几块中国的花窗，框起这天人合一的融洽；

构一道东方的长廊，连接那历史文化的深邃；

是一曲绵延的姑苏咏唱，吟唱得这样风风雅雅；

是几幅简练的山林写意，却不乏那般细细微微；

采千块多姿的湖畔奇山，分一片迷蒙的吴门烟水；

取数帧流动的花光水影，记几个淡远的岁月章回；

历史的颓垣早就埋没了吴宫花草，吴门烟水里，也不见了唐朝的渔火江枫，但范成大笔下的菜花，却依然是金灿灿地开着，石湖的蝴蝶年年也都抒情地飞舞，飞舞在每一个苏州的春天！

水，是园林里美的符号；水，是园林里活的灵魂。每一座山，每一片水，似乎都未曾忘记那一段段苏州旧梦。这水的波光，像依然追忆着太湖上飘散的芦花，那山的身影，像照样聆听着寒山寺悠远的钟鸣……

"如果说画面是纪录片的灵魂，那么解说词可以成为纪录片躯体里流动的血液，是它赋予纪录片生命的活力，活力的强弱决定于解说词的力量。"对于画面所呈现的场景，是无法承载起一种丰厚的文化内涵的，贯穿情绪、抒发情感以及意境渲染等都是解说词的重要作用，这些文化信息的传播需要艺术的语言来表达。画面体现出来的文化信息需要通过解说词得到提炼和升华，将观众的思绪引至画面之外，使其能够更好地理解纪录片想表达的更深层次的文化艺术。

三、解说词的撰写

解说词从最初的构思到最后配合画面进行解说，其中最重要的环节就是文本的写作，文本撰写的好坏会直接影响到解说词甚至是整个纪录片的质量与观感。

当下纪录片不论在题材上还是在创作内容上，涉猎都更为广泛，也更加大众化，受众群体也更加年轻化,因而在解说词的写作方面较以往也有了很多新的要求。新媒体时代双向互动性的增强对纪录片解说词的创作提出了新的要求。写作主体既要在写作活动中具备受众意识,更要探究解说词的写作技法和特点。

1. 文本要紧跟时代的表达节奏

新媒体时代伴随互联网的飞速发展而来,其主要受众是伴随互联网诞生的年轻群体。纪录片需要进一步挖掘年轻受众的心理特征,紧跟时代进行多元化表达。在新媒体平台的推动下,纪录片的话语节奏既要向快节奏靠拢,又要不减深度,体现对人文关怀和社会价值的深远思考。因此,信息量大与紧凑感强成为新媒体时代纪录片解说词写作的特点,这一写作特点十分符合新媒体时代信息的碎片化传播。

2. 文本要善用修辞手法

解说词文本写作可以恰当使用修辞手法,利用多样化的修辞手法强化影像记录内容的表达效果。纪录片的解说词实际上也是创作者的思维的外化,外化成为可听、可读的文本。为了烘托气氛,营造美感,解说词常常会用到排比、反复、比喻、引用等修辞手法,但切忌过多使用修辞,要恰到好处才行。

3. 文本要善于放大细节

不论是生活中还是镜头内,很多细节容易被观众忽略掉,但往往其又具有重要的意义。在进行解说词文本写作时,应该特别注意对有意义的细节的着重刻画,通过解说词来放大细节,透过细微之处来体现纪录片的主题意义。有时还可以用偏向细节刻画的语言来描写生活的每一个细微而又真实的瞬间,或体现生活之真,或体现人性之美,比如纪录片《人生第一次》的解说词。

《人生第一次》(第三集《长大》)

【解说词】

和幼儿园不一样,小学的门口孩子们不再哭闹,父母眼神里更多的是期盼。为了一点仪式感,一些家长在孩子的书包里藏下了小秘密。有人写了一段话,有人放了一棵葱,祝愿自己的孩子更聪明。

《人生第一次》(第四集《当兵》)

【解说词】

军营能够把一个男孩变成男人,却改变不了他看妈妈的眼神。

这两段解说词用平实真切的话语,从眼神的细节刻画入手,配合画面语言,将孩子对母亲的孺慕之情深刻地映射到每位观众的眼帘、脑海之中。因而,在解说词文本的写作中要注重对细节的刻画,因为越是细微之处就越能引发观众的情感共鸣,也正是这样的情感共鸣才能使观众感受到纪录片背后所隐藏的情感温度。

四、解说词常见的问题

(一)不要简单重复画面内容

影视是声画合一的艺术形式,画面与声音之间有着相辅相成的密切联系,因此画面与解说词之间也要建立一种和谐的内在联系。解说词存在的意义不单只是叙述,更是揭示、补充、升华主题,解说词要强化观众对画面的理解,要引导观众去注意画面背后隐藏的内在深意。因此在撰写解说词时,要特别注意一个问题,就是不要简单重复画面内容。影视作品永远是画面第一,视觉的要素永远占据主要地位,而文字与声音多数是作为画面的配合部件而存在的。因此,在纪录片中能够使用画面表现的内容与元素,尽量不要用声音来叙述,而画面当中直观呈现的人物或事物的特征,也就不需要解说词再度进行描述,解说词应更多为丰富和延伸画面信息而存在。

(二)要确定合适的风格

不同题材的纪录片,对其解说词的语言风格有着不同的要求,或直接叙述,或表意抒情,或激发情感,或渲染抒情。现实题材的纪录片解说词一般较为清晰直接,在文采方面不需要太多华丽的词语,只要能够准确而简练地交代清楚事件就可以了,这类纪录片的解说词语言就不宜华丽或过于优美。

第三节 合理搭建结构

纪录片的结构就是把杂乱无序的素材按照一定的叙事需求组织起来,确定各项内容层次之间的关系,确定人物和事件之间的基本联系,合理安排纪录片的开头,事件的经过、高潮及结尾,最终搭建出一个合理且完整的叙事框架。很多时候,创作者搭建框架的过程,就是组织叙事和确定故事结构的过程。

在纪录片创作中,结构方式具有较强的主观性,不受时间、空间的制约,不同的创作者对于结构的搭建会有不同的理解,也会遵循不同的原则,因而即使是同样的人或事,在不同创作者的结构搭建中,也会呈现出不同的叙事特征。同一位纪录片导演,面对相同的素材,充分利用纪录片内部结构与外部结构的形式因素,可以剪辑制作成不同时长、不同版本,在叙事内容方面有一定差异,甚至主题思想与价值取向走向对立的纪录片。同样,不同的后期编导面对相同的素材,在素材的使用、组织上,对事件内容、人物性格、故事情节、细节的编排方面,往往会运用不同的结构方式,加之存在的文化、审美情趣和叙事个性等因素的差异,最终会制作出风格迥异、不同风貌的纪录片。

一、叙事结构的搭建

如果说叙事结构是人的骨骼,那么具体的内容就是人的血肉。如果说叙事结构是房屋的框架,那么具体的内容就是混凝土这些建筑材料。因此,搭建叙事结构,就如同盖高楼,有了结构框架,还需要注入混凝土才能使其成型;但如果没有结构框架做支撑,再多的混凝土也不能成为高楼大厦。所以很多创作者在正式开始拍摄前都会确定影片的叙事结构,这个结构可以为拍摄和剪辑提供思路,也是重要的创作参考。

一部纪录片的整体结构包括开头、主要内容和结尾,对纪录片结构的基本要求就是完整统一、符合逻辑。纪录片导演的结构观念和叙事手段十分重要,一部好的纪录片应该有一个完整、符合逻辑、清晰具体的结构形式,而具体的叙事结构的搭建又可以有四种不同的形式,可以时间为线索搭建、以空间为线索搭建,也可用时空交错的形式搭建、发散式搭建,形成四种不同的结构,具体如下。

二、四种不同的叙事结构

1. 时间结构

时间结构又可以称为纵向结构,是纪录片创作中最为常见的一种结构,其将时间作为线索进行结构搭建,创作者往往考虑的是尽量将事件的完整过程、前因后果进行呈现。因此创作者会选择依据事件发展过程的先后顺序对素材内容进行安排,在情节化的叙事中,为保持一系列场景动作和时空发展的连续性,一般会选择沿时间轴线顺序展开。这种结构的最大好处是线索单一,叙事依时间顺序推进,因而条理清晰。但是对选题的要求也较高,一般情况下能够采用时间结构的纪录片,其选择的多为有故事情节的题材。比如纪录片《藏北人家》所搭建的就是这样一种时间结构,因而其解说词也是紧紧围绕时间结构来进行叙述的。

"清晨五点,天还很黑,女人们就起来了。"

"天亮了,阳光洒满帐篷,孩子们醒来了。"

"早饭以后,全家人开始收拾打扮。"

"中午时分还要给牛挤第二次奶。"

"下午,措纳把羊群赶到附近草场,自己回到家中。"

……

"晚餐是藏北牧人一天中最主要的一餐,这里做的是一种叫土粑的食品,它是藏北牧人普遍爱吃的一种面食。藏北草原的夜晚总是那么寒冷,吃上热腾腾的一碗土粑,可以增加热量,驱逐寒冷。"

"吃完晚餐已经很晚,年轻的牧人有时会趁着夜色聚集在帐篷附近跳'咕息'。牧民跳舞很注重脚部动作,像是一种踢踏舞,跳起来节奏鲜明,豪迈活泼。小伙子和姑娘们都尽情表现自己。"

"新的一天开始了。这一天同过去的每一天都一样。对措纳、挪佳来说,昨天的太阳、今天的太阳、明天的太阳都一模一样。牧人们的生活就像他们手中的纺线锤一样往复循环、循环往复,永远是那样和谐,那样恬静,那样淡远和安宁。"

2. 空间结构

空间结构又可以称为横向结构,也是纪录片创作中较为常见的一种结构,其将空间作为线索进行结构搭建,创作者往往考虑的是要尽量将不同时空发生的事情进行完整呈现,尽量在广阔的空间内记录典型的人和事物。搭建这类框架时,有时候创作者会选取某一个时间点,然后向不同空间延伸,记录诸多的人和诸多的事。有时,创作者会选取一个跨度不大的时间段,记录不同空间的人和事。在空间结构中叙事,事件的推移会变得非常缓慢,甚至给人故意拉长的感觉,但是每一个空间的人和事却能够得到充分的展示,不同空间的人和事又汇聚到一个主题之下,呈现出更为广阔的意义。

3. 时空交叉结构

时空交叉结构也可以称为纵横交叉结构。如果将时间比作经线的话,那么空间就是纬线,经纬交叉的结果就是能够在同一部影片中感受到时间与空间共同架构叙事的力量。影视作品中的时空交叉结构常指在影视叙事中对时间及空间的整体安排,它是由镜头按先后排列顺序而结成的。第一类是线性时空交叉结构,即按照事件的时间、空间的自然发展逻辑来组织结构,主要特征是,所记录的事件有明显的时间线索,段落层次与因果关系分明。在这样的纪录片里,创作者可以随着时间的推移依次展开叙事,并在叙事的过程中不断变化视点,尤其是空间位置上的视点变化。第二类是串联式时空交叉结构,即影片中有两个或两个以上故事的叙事时空,可能是古今的叙事,也可能是对同一主题的不同拍摄对象的记录,各个叙事时空相互独立,它们在叙事过程中没有互相穿插地呈现,一个叙事时空呈现完后才会接着呈现另一个叙事时空。这种情况下,如果各个板块内容相对完整,线索相对清晰,那么在时空的跳跃上要么幅度不能太大,要么就要做好铺垫与过渡。第三类是交错式时空交叉结构,这种结构的核心是两个或两个以上不同时空中的片段能够有机交错,可以把两条以上存在着内在联系的线索,或是一个同样的主题,按照因果、对比等一定的逻辑关系组合安排,以此来推动事件的发展和对主题的表达。第四类属于内含式时空交叉结构,指的是从一个时空中引出第二个时空,再从第二个时空中引出第三个时空等。第五类是重复式时空交叉结构,影片的叙事时空只有一个,但却多次重复呈现,使得一个故事变成了具有多种说法的多个故事,通常这种重复呈现依靠的是梦幻或回忆来实现的。

4. 发散结构

发散结构的典型特点就是开放,类似于散文,其故事可以没头没尾,情节也可以相对松散,不追求因果关系,不追求线性逻辑。散文的特点是"形散而神不散",纪录片的发散结构也一样,形式上可以发散,但却必须有"神",也就是所有内容必须围绕主题及主题的意义来叙事,因此也可以称其为"主题式结构"。

发散结构往往会有一个总的主题,这个主题基本上在策划的阶段就已经确定。如果是多集的纪录片,可能会在总主题下分别确定每一集的内容与框架,集与集之间内容的联系度可大可小,但都统一在同一个主题之下。发散结构是对前面三种结构形式的拓展,在具体剪辑中,其关注的角度与前三者不同,纪录片以时间、空间为线索安排结构更多考量的是形式因素,而以主题为线索考虑的则多是内容。

如电视纪录片《敦煌》总的主题是"在 1 500 年历史的背景下,展现敦煌文化走过的灿烂辉煌的足迹,以及近代以来多灾多难的命运"。为了表现这一总主题,安排了 10 集的内容,分别是:第一集《探险者来了》;第二集《千年的营造》;第三集《藏经洞之谜》;第四集《无名的大师》;第五集《敦煌彩塑》;第六集《家住敦煌》;第七集《天涯商旅》;第八集《舞梦敦煌》;第九集《敦煌的召唤》;第十集《守望敦煌》。这是一种根据内容进行安排的发散结构,分集内容之间的关系是并列的,它们共同为作品的总主题负责。

总而言之,纪录片的结构是一部作品的骨骼,只有搭建好结构框架,才能更好地进行后续创作。

第八章 纪录片创作——方法与实践

第一节 拍摄前的准备

一、选择拍摄团队成员

纪录片创作是一个复杂的过程,在这个过程中会涉及许多创作环节,从前期选题策划文案编写到拍摄再到后期的剪辑制作,是制片人、导演、摄影、灯光、录音、剪辑等各方面人员的通力合作过程。大部分纪录片创作都需要团队协作来完成,即使是独立纪录片也不可能是导演一个人单打独斗的成果。而具体到拍摄阶段,在拍摄前选择团队成员也是一项重要的准备工作。

在拍摄阶段,主要的团队成员有导演、摄像师、录音师、灯光师、场记等。

(一)导演

纪录片导演是整个创作团队的灵魂。一般情况下导演会负责前期的拍摄及后期编辑的全部工作,有些系列纪录片会采用多位导演,也会有总导演和分集导演,总导演要对整个纪录片的创作全过程负责,而分集导演主要负责具体内容的拍摄与制作,另外一些大型纪录片在拍摄时还会配1~2名副导演辅助导演进行现场指导。在创作前期,导演一般直接与制片人对接,按照制片人做出的决策、生产计划和预算,指导被拍摄对象和摄制组进行有序的创作活动,并将前期的创意策划内容转化为影片的声音和图像。实际开拍后,导演还要现场指导和调度整个拍摄过程中的摄影、灯光、录音等。拍摄完成后,导演还需要继续指导后期剪辑制作等一系列工作。

(二)摄像师

在现场拍摄的摄像师是仅次于导演的核心角色,也是导演最重要的创作合作者,纪录片导演与摄像师的默契配合可以使影像的表达达到最佳状态。在纪录电影早期,很多导演为了能够使影片拍摄效果达到自己的预期而选择兼任摄像师,现在尽管这样单枪匹马创作的情况比较少了,尤其是在正规的纪录片创作中,但很多纪录片导演都出身于摄像师,这也间接说明了摄像师之于创作的重要意义。好的摄像师能够用摄影造型来实现导演的创作意图,同时还能协助导演、灯光师、录音师、美工师等其他工种制订适合的拍摄方案、灯光照明方案、录音拾取方案、道具制景方案等。随着纪录片制作的产业化和运作的市场化,业界对摄像师专业技术的要求也在不断提高,行业技术设备更新的速度更是让人应接不暇,要求摄像师具有较强的学习能力,关注行业动态,了解最新的专门设备和掌握专业技能。

(三)录音师

从20世纪60年代开始,由于直接电影的兴起,同期声越来越被重视,被视为纪实化创作的重要手段。作为纪实类作品,纪录片在拍摄过程中需要录音师进行现场拾音以还原、记录现场的声音信息,增强拍摄画面的真实性。现代纪录片越来越趋向对声音的高品质追求,不仅要进行现场环境的拾音、人物对话的录音,还要求录音师能够捕捉到具有意义的声音细节。现场录音如果出现问题,不仅会直接影响到影片的效果,更会给后期制作留下难以弥补的遗憾。所以,录音师在纪录片制作团队中的工作也是十分重要的,是导演和摄像师的紧密合作伙伴。录音师不仅要全面负责纪录片声音的设计和创作,确保拾取声音的技术质量,更要参与制作后期的拟音混录,可以说,整部纪录片的语言、音响、音乐和混录等跟声音制作有关的工作都由录音师负责和完成。

(四)灯光师

纪录片拍摄的现场分为多种情况,有室外和室内、自然环境和演播室、单人和群像甚至还有情景再现布置的场景等,在不违背真实性的情况下,拍摄时使用人工照明布光会最大限度提高画面的质量和效果。灯光师的主要职责是辅助导演与摄像师对现场光线条件进行分析,不仅负责在拍摄过程中所使用灯具的布光,如主光、辅助光、轮廓光、眼神光等,还要同时解决灯具安装调试过程中随时出现的各种技术问题,甚至还能够根据纪录片拍摄的特殊要求来设计制作专门的特殊灯具。

(五)场记

场记在拍摄过程中是不可缺少的角色,其负责的工作繁杂细碎且又十分重要,纪录片的拍摄过程中会有大量的素材与场别,场记负责将这一切记录得清晰且有条理,以方便后期人员进行编辑。场记具体负责的工作内容包括记录场景名称、机位、镜号、人物信息、时间、地点、访谈内容、服装道具等,只有事无巨细地记录下来,才能使创作团队在后期研究素材、使用素材时更加便捷,事半功倍。

二、准备设备

人员配备完毕之后，就进入了准备设备阶段，即准备拍摄所要使用的所有设备器材并进行相关检查，这一阶段不仅是为后面的拍摄做好设备方面的保障，更重要的是通过查缺补漏以及细节检查，确保后期拍摄的顺利进行。

（一）相关设备准备

关于纪录片拍摄的相关设备，一般情况下由导演、摄像师和整个摄制组共同讨论而确定，在设备的选择上既要考虑拍摄现场的实际情况，比如环境、光线，又要考虑制片方所给出的预算情况，在符合以上两个方面的情况下要选择最优的器材供创作使用。纪录片创作的首要器材就是摄像机，目前市面上能够拍摄纪录片的各级各类摄像机种类繁多，选择时导演要多听取摄像师的意见，根据其专业的意见来进行选择，因为摄像师与器材的配合是十分重要的。在选择摄像机时，主要考虑的要素是清晰度与专业性，应选择符合创作项目要求和预算的级别和型号，再根据具体的机型配备适配的电池电源、镜头、脚架、摇臂、轨道或者斯坦尼康稳定器等。如果使用双机位或多机位拍摄，那么从摄像机的级别、品牌型号到定焦、变焦镜头，甚至是偏振镜等各种滤镜都要求一致，要做到除摄像师操作的人为因素外的最大统一。当然，根据拍摄特殊画面的需要，在标准拍摄设备的基础上可以选择其他能够满足拍摄要求的摄像机，比如暗访拍摄时的针孔镜头摄像机、水底拍摄时的潜水摄像机、运动拍摄时的运动摄像机、高速拍摄时的高速摄像机、3D拍摄时的3D摄像机等。

（二）设备检查

在设备准备完毕后，进行实际拍摄前，切记还要进行设备的检查。这里的检查不仅是要核对设备，认真检查设备的数量、种类与之前列出的清单是否相符，如检查电源适配器、连接线和长距离电源线圈是否齐备，电池数量是否充足，话筒专用电池是否有备用的等，更重要的是在出发前要检查各种设备的运行情况。如检查摄像机的带电运行情况，试录看其工作状态是否正常；检查充电器工作是否正常；检查摄像机三脚架、云台、其他支撑设备和连接装置是否正常；检查便携式预览监视器及连线是否良好；检查拾音话筒型号和吊杆、防风罩的配置是否正确；音频连接线要用指示表调试信号是否畅通；检查灯头灯管、灯架及连接电缆、插座、线圈等是否工作正常等；最后，还要检查一下所有的专用设备的运输包装是否安全可靠。

三、起草拍摄进度表

纪录片拍摄前准备的最后一个事项是起草用于指导和规划拍摄的进度表,拍摄进度表作为策划案的补充,是比策划案更为详细的拍摄计划。在起草拍摄进度表的时候,拍摄人员最好能够再次实地考察,记录详细的环境和气候等的情况。如果不能实地考察,也要通过查找资料对各个拍摄场地的情况进行规划与安排。对于外景的拍摄尤其要考虑光线、天气等状况,尽量拍出艺术效果。拍摄进度表根据不同的影片内容而定,一个详细的拍摄进度表,可以缩短拍摄周期,使效益最大化。一旦有了拍摄进度表,就可以把剧本中所列的镜头进行归类,确定哪些镜头先拍、哪些镜头后拍。另外,在拍摄进度表中体现出采访对象的采访时间也是十分必要的,以防出现采访对象因有事而空档的情况。总之拍摄进度表就是摄制组为了尽一切可能合理安排拍摄进度,合理分配拍摄场景,让拍摄有计划进行而拟订的。一个设计规划详尽的拍摄进度表同样也是顺利拍摄的保障。

第二节 纪录片采访

在纪录片创作中,人物采访是一个重要的环节。当然,这里提到的采访可以是为了拍摄而进行的采访,也可以是在前期调查中以了解情况为目的的预访。但不论是哪种形式的采访,都需要创作者的精心准备与有效的提问、沟通。采访是一种通过交流沟通来了解当事人、了解其生存环境和其经历的相关事件的最佳途径。"成功的现场采访并不仅仅是让当事人说出有关事实的真相,更应该表现出一种人性的深度,凸显被采访者言语背后丰富的人生经历和精神境界,这也正是纪录片的魅力所在。"因此,纪录片的采访与一般的新闻采访不同,尽管沟通与交流的方式有所相似,在纪录片中也有提问式采访的方式,但二者的根本目的还是有差异的。新闻采访是记者对当事人和事件的一种调查,带有明显的功利性,过程也比较讲求实效,所以新闻采访一般都以获取信息为最终目的,在这期间一切都是为了新闻事实而服务的。而纪录片的采访则不同,首先时效性没有新闻采访那么强,且在采访的过程中采访者所表现的目的性没有那么强烈,更多时候可以放任被采访者发表内心的想法。很多人说纪录片的采访是一个接触对象、与被采访者交友的过程。优秀的纪录片导演为拍摄一部真实感人的纪录片,他们会投入大量的时间、精力来与被采访者进行交流,甚至是生活在一起,先建立情感联系,再谈拍摄目的。当双方彼此信任时,不仅使被采访者在镜头前的表达会变得更加自然,而且也可以就很多话题轻松交流。这样的采访往往会使整部纪录片更加流畅与自然。

一、采访前准备

关于采访前的准备工作,这里主要针对几个重要的环节展开叙述,具体情况如下。

(一)搜集相关资料

1. 前期知识储备

纪录片因拍摄题材涉猎较广,一般情况下要求纪录片导演应对所拍摄领域有所涉猎,就如同新闻记者一般,尽管不是所在领域的专家,但是前期必要的知识储备还是有必要的。纪录片导演要根据不同内容和题材,储备广泛的知识,如政治、经济、文化、社会、地理、人文、法律等方面的知识,这些知识不仅是书面上的,有时候导演还要有相关实践经验。如果纪录片导演拍摄的是一部考古人文类纪录片,对考古知识一窍不通,那么拍摄自然就无法进行。因此,纪录片创作者至少要是某一领域的专家,对自己所拍摄的内容和相关知识较为熟悉,这样才能拍摄出高质量的纪录片。如今有越来越多的专业人才跨界拍摄纪录片,将自己的专业知识与影视拍摄很好地结合起来,从而拍摄出既专业质量又高的影片。比如,中国著名纪录片导演周兵就是南开大学中国艺术史方面的博士,因此他拍摄的《敦煌》才如此精美且专业,这与他所学的专业有一定的关系。

2. 采访前的资料准备

采访前的资料准备环节是必不可少的,如果前期的策划环节已经确定了采访的对象以及明确了采访目的,那么就可以开始着手从各个方面去查找相关的资料了。资料主要包括与被采访者及事件相关的背景资料,还有提问需要用到的资料,具体可以通过书籍、互联网、各类数据库来进行查找。

(二)与被采访者进行沟通

事实上在纪录片的策划阶段,参与到纪录片拍摄的对象就已经被确定下来,但这些拍摄对象并不是全部都需要接受采访,如一些拍摄对象属于不善于表达的类型,就不适合在镜头前进行采访。因此,在拍摄前除了要再次确定被采访者以外,还要进一步与其进行沟通,并且可以让被采访者提前了解采访主题与内容,在有准备的情况下接受采访。但是如果导演想要获得对方更为真实的表现,哪怕是面对镜头的沉默与不善言辞,则不需要提前进行过度沟通,以免被采访者因熟悉内容而缺乏采访的新鲜感。比如纪录片《沙与海》中采访住在沙漠的一家人中的大女儿片段,就没有预先进行采访,大女儿在接受采访时全程真情流露,甚至因为不知如何回答而沉默,而当长镜头将这一场景全部拍摄下来时,反而成了影片几个较为经典的镜头之一,因为这种采访更加贴近纪实性。因此，如何和被采访者进行沟通、怎样沟通、前期沟通到什么程度，还是取决于导演想要呈现的效果是怎样的。

（三）确定采访时间、地点

纪录片采访与一般新闻采访不同，新闻采访以获取事实为目的，在约定采访时会首先考虑时效性的问题，因为时效性是新闻报道的重要标准。相比新闻采访，纪录片采访更注重拍摄的效果，因此不论是约定采访时间还是采访地点，考虑得更多的是拍摄的效果以及被采访者的状态。采访环境主要有自然环境、被采访者工作生活的环境和演播室3种。每种采访地点通过镜头传达的信息是不一样的，因此纪录片会在策划期间就将采访的地点初步规划好，待到后期可以直接参照策划进行时间、地点的安排。

（四）准备采访设备

一般导演会根据不同的采访环境而准备不同类型的设备，这是因为采访是以交流为主的过程性记录，在采访中声音的获取是十分重要的，所以，话筒选择的合适与否便会直接影响影片最终的质量。一般常用的话筒有摄像机自带话筒、挑杆话筒、无线话筒等。摄像机自带话筒一般常用于记录现场被采访者的同期声。如果现场环境过于嘈杂，就可以选用指向性较强且装有防风罩的挑杆话筒来进行声音的记录，这样便可以获得更加清晰的声音和音质。无线话筒比较适合于舞台等场合。

二、正式采访

（一）采访机位的设计

纪录片因题材内容与拍摄方式的不同，在采访上也会有不同的处理方式和机位的设计。比如较为强调纪实性的现实题材纪录片中，采访多是伴随着拍摄者的记录而进行的，这种情况下多为肩扛摄像机的随机采访，如让·鲁什的《夏日纪事》就是典型的街头随机采访。直接电影也是用一种旁观式的机位进行采访拍摄，这时的摄像机化身创作者的眼睛，以与被采访者对话的人的视角而出现。更多纪录片采用的则是固定机位的拍摄方式，手法类似于新闻采访，但是也有所不同，纪录片采访拍摄更讲求在拍摄时镜头呈现的效果与美感，甚至可能会采用多机位进行拍摄。下面是纪录片常用的采访机位的设计。

1. 直面交流

正面机位往往是摄像机以模拟人际交流的方式来拍摄被采访者，此时的被采访者正面面对镜头进行讲述,这个过程中尽管被采访者是与采访者进行交流,但因为正面机位镜头的拍摄,镜头内的被采访者会直接面对观众,观众完全感觉不到采访者的存在,因此能够带给观众持续且连贯的交流感,形成一种镜头内外的拟人际交流感。如纪录片《三节草》《平衡》《半个世纪的乡恋》中的大部分采访采用的都是这种采访机位进行拍摄的。

2. 画外音采访

画外音采访指的是采访者处于画外,但是其采访的同期声却被收入进影片。以这样的方式进行采访,尽管观众看不到声源,但是却清楚地知道采访者的存在。与第一种直面交流式的采访不同,采用画外音采访其给观众的纪实感是介于完全不参与和采访者介入之间的。事实上采用画外音的采访方式,是创作者有意暴露纪录片的人为拍摄过程。导演并不想制造与观众直面交流的状态,而是让观众清楚在画外有一个人在与被采访者进行交流,这种态度较为真诚,不会隐藏创作者的主体性。因为摄像机的存在,那种直接电影式至高无上的真实被打破,摄像机在场本身明确告知,所有的内容都是摄像机在场的记录,这种机位可以让作品获得更为丰富的信息。例如纪录片《沙与海》中,画外采访者采访家住在沙漠的刘泽远家的大女儿的片段。

(画面外记者)你想没想就在这儿结婚了?

(画面内刘泽远女儿)没有。

(画面外记者)找着对象了吗?离这儿多远?骑骆驼几个小时?

(画面内刘泽远女儿)七个小时。

(画面外记者)你们怎么认识的?这么远的路是怎么认识的?

(沉默)

(画面外记者)你想不想离开这个地方呢?

(沉默)

(音乐声起)沙漠上,一个女孩子在奔跑,从一个陡坡上滑下。

这里,刘泽远女儿的回答因记者的采访而被触发,画面外的记者和画面内的被采访者彼此构成一个信息场,如果删掉采访问话,信息场将被破坏。

3. 出镜采访

纪录片创作者作为采访者出镜是自省式纪录片(反身式纪录片)的典型风格,采访者直接出现在画面中,作为触媒者的角色与被采访者接触,采访与沟通的全过程被镜头记录了下来。这种采访方式是创作者一种主观上的自我暴露,通过这种参与式自省而起到推动作品叙事的作用,如迈克·摩尔的一系列作品。同样,这种采访方式也可以是创作者将拍摄过程作为触及被采访者心灵的一种触发剂,使纪录片的拍摄成为一种对内心或内在真实的探讨,如让·鲁什的真实电影。但不论是哪种风格的纪录片,采取出镜采访的方式都是对纯粹的纪实主义的一种突破,主体性愈加鲜明的同时,影片也就自然具有了强烈的个人风格,为观众呈现出了另一种主观视角下的真相。

（二）采访方式

纪录片的采访方式主要根据纪录片的题材而定,而不同的采访方式又会选择不同的提问方式。

除新闻访谈外的一般性的新闻采访多以了解事实为基础,力求在最短的时间内获取最全面的新闻事实并核对已知信息的真实性,因此在这类事实性采访中,记者多会采用封闭式的采访。封闭式的采访简单明确,一问一答,可以最快最有效的方式获取信息,它更关注回答的内容,而记者在提问时往往也会通过问题的设计给予被采访者一定的回答范围。这类形式的采访在新闻中经常使用,但是在纪录片中却相对使用较少。在纪录片采访中使用封闭式提问的,一般是在采访的预热阶段,进行基本的信息核实,也起到为观众介绍基本信息的作用。另外一些风格较为鲜明的纪录片也会采用这种方式来实现创作者的主观表达,比如入围第50届柏林国际电影节"青年论坛"单元的纪录片《北京风很大》,全片由大量的街头采访组成,创作者在1999年的北京街头,对来来往往的人进行提问:"北京的风大不大?"记录了人们在镜头前的反应,这种情况下创作者记录的更多的是人的状态而非答案本身,这也是一部向让·鲁什的《夏日纪事》致敬的影片,也是20世纪90年代国内极具个人风格的纪录片作品。

实际上,在纪录片的采访中极少会有采访者进行大量信息的核实,因为很多纪录片在开拍前就已对拍摄相关的信息进行了核实确定,因此不必在影片中再次核对采访内容。这样纪录片的采访就跨过了核对事实的阶段,而直接进入了解事实以及沟通思想的过程。既然不用刻意在镜头前核对信息,那么那些限制回答范围的封闭式提问方式相对使用频率就低了。在纪录片的采访过程中,开放式的提问方式、自由问答的方式更加适合。开放式采访的目的在于与被采访者深入地交流,谈话时间一般较长,在类似专访的场合下,采访者采用非导向性的交流形式,甚至一开始不提出什么问题,在轻松自在的谈话氛围中挖掘被采访者的心理情感信息、事件深层次的原因等。开放式采访致力于营造一种心灵解放的谈话氛围,对事件做出深度解释。被采访者在与采访者深入交流的过程中,重新审视自我记忆,传达出经历了情感发酵后的对事实的再认识,这往往能成为影像中的精彩篇章。毕竟对于纪录片而言,能够获取丰富的信息以及了解被采访者的真情实感才是采访的根本目的。

除了采访形式和话题的选择外,还有一些小技巧可以使采访者和被采访者更加自如地交流。在《纪录片也要讲故事》一书中,作者伯纳德提到一些具体的方式与采访细节。

很少有采访者会要求受访者直接对着摄像机讲话,部分原因是鲜有"一般"人能够很自然地面对摄像机。与之相反的是,大多数纪录片导演是坐在受访者的对面,即相对摄像机镜头稍微偏左或偏右一点的位置上的。由于受访者看着采访者,因此看起来会稍微有一点偏离镜头。而有些摄像师会把受访者和镜头之间的距离拉大一点。但博伊德·伊斯特斯却喜欢让摄像机的位置极度接近受访者,大概只有5英尺。伊斯特斯觉得这样做的好处有两点:如果受访者在镜头前移动位置,那么他在画框中的大小也会随之改变,这样会使画面更有三维立体感。如果你用长焦距拍摄,受访者就会像贴到了背景上一样。最为重要的一点是,这样做会令受访者和采访者都感觉比较舒服。

借助一张桌子进行采访会明显增强这种亲密感。当双方坐在桌子两旁,身体微微前倾时,他们显得如此亲密,连双方手的动作都能进入画框里。伊斯特斯提到那种带扶手的木质椅子(学术机构里常用的那种)是上上之选,因为那种木椅的扶手稍微高一点,能让人的手势语言展露无遗。"你能清清楚楚地看到自己的动作表情,如果微微前倾点会让人看上去更精神。当然了,在拍摄的时候要注意避免拍到椅子的轮廓或是头靠,另外要尽量避免使用摇椅或石质椅子。"

另一个问题是:受访者的视线是要稍微偏左还是偏右呢?假如你希望访谈双方做出正在谈论某部电影的样子,你可能会希望他们的脸朝向不同的方向。但这不是总能够做到的。如果你想要达到这一效果,你必须得提前设计一下。同时你的摄制组还需要设计画框里的其他一些视觉内容。"从某种程度上说,采访就是在推销受访者,以引起观众聆听他们的'声音'。"伊斯特斯说:"我的方法就是努力使受访者的形象与周围环境相契合,这样受访者身处的背景和他们的外表就会传达出一些与受访者及他们要讨论的话题有关的信息。在宽屏(16:9)显示器中这样做尤为必要。因为不管你的谈话内容有多么紧凑,半个屏幕还是会看上去空荡荡的,要知道,用满是书的墙壁做背景是没有丝毫意义的。"(伯纳德.纪录片也要讲故事[M].2版.北京:世界图书出版公司,2011:117.)

第三节　现场拍摄

本节主要介绍纪录片的现场拍摄。现场拍摄与前期的选题策划、叙事方式、结构建构略有不同,在纪录片的前期创作环节,不论是选题策划还是确定叙事方式、进行结构建构,更多是建立在对已有资料与素材的构想与构建上。确定主题、寻找意义,这样的过程更像是创作者们的一次头脑风暴,通过前期的构想将想要呈现的影片描绘出来。现场拍摄则不同,是将前期策划的成果变为现实影像的过程,在这个过程中,需要的不仅是感悟力,还需要实践操作的能力,需要对技术的熟练运用。在整个电视纪录片的创作过程中,现场拍摄是前期策划与后期剪辑之间重要的桥梁,也是获取影像素材的重要环节。从纪录片的影像创作来看,从早期的新闻纪录片单一的画面加解说词到如今声画同步的现场拍摄,一切都与技术的发展密不可分。尽管传统的西方纪录电影史带有某种技术决定论色彩,忽略了人的主观能动的作用,因为同样的技术条件下人们创作的作品的效果是形色各异的;但反之,我们在看到人的能动作用的同时,也要肯定技术对影片拍摄的极大影响。特别是 ENG 和 EFP 等摄制系统在拍摄方面的广泛应用,让纪录片导演和摄像师们能够更加方便地进行纪实性现场拍摄创作,从而使目前的纪录片在创作思想、拍摄手法等多方面都得到了整体性的突破与创新。纪录片有着区别于其他类型影片,尤其是故事片独特的创作语言和创作观念,所以在拍摄方式上也有着自身独特的特点与要求。

一、常见拍摄方式

(一)常规纪实拍摄

纪实拍摄虽然不是纪录片所独有的拍摄方式,但却是纪录片必须具备的表达方式。纪实拍摄是 20 世纪 50 年代以后由美国的直接电影与法国的真实电影所发展起来的拍摄方式,由于其最能实现纪录片真实的本质,因此也被称为最具有纪录片特征的拍摄方式。在纪录片的纪实拍摄中,人物、情境、行动与场景是纪实叙事的四要素,最常见的纪实拍摄是对过程的记录和对细节的捕捉。

1. 对过程的记录

纪录片通过完整的过程记录得以让事实本身的戏剧性通过影像呈现出来,而在过程记录中纪实性最强的、最常被使用的就是长镜头,长镜头是最具有纪实性的拍摄方式。很多纪录片摄像师为了贯彻纪实的原则,在拍摄过程中会特别重视长镜头的表现方式,以长镜头拍摄来强化所表现事物的连贯性。如果说情节意识是对故事片段的斟酌取舍,那么长镜头理论的重要意义就在于摄像师对现实生活完全真实的过程化记录,反映了个体对生命和生活本质的认知程度。电视纪录片的长镜头运用电视摄像的综合运动拍摄技法和现场场面的调度,将生活的若干情节片段整合在一个镜头当中,形成一个完整事件,营造一定的环境氛围和节奏,展现出客观时空的真实情况和具体过程。因此,运用长镜头记录事件过程是纪录片重要的特色和根本手段之一。

当然，记录过程并不一定非得采用长镜头，多种形式素材的拍摄与选择也同样可以通过后期的制作再现出完整的事件过程。记录事实往往为纪录片的创作者提供了一种拍摄途径，但是现实当中的很多事件事实上却不都是可完整记录、充满戏剧性的过程，更多的是一种常态化的发展，因此常态化的拍摄就成为一种普遍的拍摄方式。注重记录过程的拍摄不论是运用长镜头还是采用常态化的拍摄，都依赖于拍摄者对现实的观察，更需要其在平凡的生活中发现细节，使记录影像变得生动好看，有情节有过程有亮点。

2. 对细节的捕捉

细节是影视作品的最小叙事单元。钟大年在他的《纪录片创作论纲》一书中写道："在一部作品中，细节是十分重要的，细节像血肉，是构成艺术整体的基本要素。真实生动的细节是丰富情节、塑造人物性格、增强艺术感染力的重要手段，是作者用以表情达意的有力方法。"细节在纪实性作品中就是亮点，也是使作品变得有魅力、有意义的关键所在。好的纪录片细节的呈现甚至会胜过故事片中反复刻意强调的情节，纪录片的细节真实且自然，既生动又能打动观众。细节往往可以起到刻画人物、渲染气氛、深化主题的作用，因此，在拍摄纪录片时创作者一定要注意对细节的把握，用心观察人物细节、环境细节等。

人物细节就是摄像师捕捉被拍摄者的突出特点，通过各种小细节来反映人的实际情况、性格特征、生活环境、社会地位、工作、家庭情况等。比如，在纪录片《老头》中推着摇篮车四处散步的老人，一出场便是他推着车在暴雨中磕磕绊绊地行走的场面，接着就是老人因在雨中被风刮倒而在医院治疗的场景，最后老人离去了，只留下了那孤零零的摇篮车。导演这时给了摇篮车一个长长的镜头，让摇篮车作为重要的细节停留在观众的视觉中，这个视觉形象细节令无数观众动容。

环境细节则是显示主人公生活环境的细节，发生在日常生活中的纪录片素材被剪辑成作品后，体现的是创作者的艺术追求。纪录片导演在拍摄现场，要注重挖掘生活中真实的细节。但凡优秀的纪录片作品都有能够令人印象深刻的典型细节，这些细节，尤其是环境细节，通过摄像师的镜头以一种强制性的影像方式来引导观众的注意力，以部分揭示整体，以整体强调意义，让观众对事件本身的意义产生联想，从而达到丰富现实、刻画人物、增强效果的作用。

纪录片创作者要想拍摄到或抓住精彩的细节，首先就要有明确的目标，对于拍摄的内容与主题有清晰的了解。在纪录片拍摄过程中，很多摄像师常常感到细节很难拍到，也很难拍好。细节拍摄确实很难，因此，摄像师要时刻观察，也要勤动脑筋。想要拍摄细节或者通过完整的长镜头捕捉细节，摄像师可以培养在拍摄中早早开机记录且尽量晚关机的习惯，尽量在拍摄过程中不漏掉重要的事实细节。比如在纪录片《人间世》的第一季中，几乎每集都有泪点，而这部纪录片好就好在不是刻意寻找泪点，却总有些细节和病人的话会戳中观众的泪点。这部纪录片不仅运用多机位拍摄了许多日常难以接触到的画面，并通过捕捉到的细节来引导观众对生死深入思考。

（二）旁观式拍摄

这类拍摄主要是让摄像机代替拍摄者的眼睛对被拍摄对象进行观察，追求一种不干预、不介入的零度拍摄风格。直接电影就是践行此类拍摄理念的典型代表，并形成了一整套旁观式拍摄方式的美学原则。

（1）拍摄者始终是身处事外的旁观者或偷窥者，以观察者的心态记录生活，以尽可能提供对物质现实的复原。

（2）拍摄者绝不主动介入生活，不干涉、不影响事件的发展，竭力维持中立和旁观者角色，藏匿一切主观因素——评论、解说、采访、音乐等。

（3）反对直白诠释，追求主题的多义性和开放性。它"孜孜寻求一种同古典好莱坞风格方式相同的'一目了然'的风格——抓拍行动中的人物，让观众自己去对它们下结论，而无须任何含蓄或直率评论的帮助"。

（4）反对不加选择地堆砌素材，试图把主题抽象到一种隐喻的层次。正如美国直接电影大师弗雷德里克·怀斯曼所说："仅仅把纪录片作为'曝光'性的片子是太过于简单化了，而且是不足取的。"

这种直接电影式的拍摄方式，可以采用固定机位进行拍摄，也可以采用伴随式跟踪拍摄方式，用运动镜头为观众创造身临其境的参与感。无论以何种形式进行拍摄，旁观式拍摄都在力求还原一种观察生活的视点。

固定镜头是纪录片旁观式拍摄最基础的拍摄方式，一般会将摄像机置于三脚架之上，使用固定镜头拍摄既能够表现静态的拍摄对象，同样也能够用于拍摄动态的对象。通常情况下创作者选取固定镜头拍摄，要么是用以拍摄相对静止的主体或者环境，要么是为了通过固定镜头来表达某种独特的视点。利用三脚架拍摄的纪录片画面有很多优点。这种拍摄方式非常适用于表现那种平静、冷峻、凝重、深刻的纪实场面，通过相对稳定的画面来营造舒缓的叙事节奏。因此，在进行纪录片拍摄时，摄像师常常会使用架在三脚架上的摄像机拍摄一些静态的景物与建筑，通过精心的构图，展现景物或建筑的宏伟或端庄的气势。固定镜头拍摄的优点就是视点稳定，与运动镜头相比，能够更好地交代和展现环境，也有利于表现人物的外在细节，更有利于进行客观记录，很多时候固定镜头也是较为符合观众的观赏习惯的。

然而,尽管固定镜头拍摄有很强的表现力和优点,但是也不免存在一些局限性,这也就是影片很少从头至尾采用固定镜头的原因。固定镜头相对运动镜头而言视野范围相对较窄,无法进行很好的动态拍摄,因此在一个镜头中就很难表现一段完整时空中流畅的过程拍摄,这也是固定镜头存在的突出问题。

旁观式拍摄在向世人展示不断逼近生活本质的客观纪实精神的同时,也渐渐把"纯客观""不介入"绝对化、教条化,形成一种死板的模式;过分强调过程展示和"生活流"表现,使得大多数作品篇幅冗长、叙事拖沓,如果记录不到事件的关键时刻和决定人物命运的重要关节点,有时呈现的内容仅仅是现象和皮毛层面的"表象真实"而已;带有即发性和无目的性的现实生活中,事实发展的形态从空间上割断了与其他事物之间的联系,纯粹的观察所得到的可能是表面的真实,事物的本质意义往往被掩盖。另外,除了近乎生活原始状貌的客观记录之外,几乎没有观察者对历史背景、人物心理进行介绍的解说,也没有主动对被拍摄者的策动诱发,使得这类影片的主题选择十分有限,在表现诸如历史与未来、心理与抽象等领域时显得捉襟见肘。

(三)介入式拍摄

介入式拍摄与其说是一种拍摄方式,其实更多是在表现创作者的一种拍摄理念,这种拍摄理念与偏向于隐匿的、静态的或小幅度运动的旁观式拍摄相反。介入式拍摄的过程中,创作者与摄像机都会暴露在拍摄对象面前,让其知道拍摄的存在,甚至有时机器的存在还会影响到拍摄对象的行为与表现。如果说直接电影践行的是旁观式拍摄的方式,那么以让·鲁什为代表的真实电影,再到后来的新纪录电影,都是在践行着一种介入式拍摄的方式。"作为审美特殊形态的纪实,就不是冷静地旁观、纯粹地观察了,而是创作者对被拍摄者投入了情感与评价的'参与的观察'了……参与的观察是建立在创作者与被拍摄者的交往的基础上的……参与的观察,还要创作者主动介入,人为地刺激和有意识地诱发。"

在介入式拍摄中,伴随式跟拍是纪录片导演经常使用的方式。一般跟拍多采用肩扛或手持摄像机的方式进行,这也是直接电影与真实电影出现之后,纪录电影拍摄方式最大的转变。跟踪镜头能够连续而详尽地表现运动中的被拍摄主体,它既能突出主体,又能交代主体的运动方向、速度及其与环境的关系。它用画框始终框住运动中的被拍摄对象,将被拍摄对象相对稳定在画面中的某个位置上,使观众与被拍摄对象之间的视点相对稳定,形成一种对动态人物的静态表现方式,使被拍摄对象的运动连贯而清晰。在纪录片中,跟踪镜头对人物和事件的跟随记录非常多见。比如在纪录片《潜伏行动》中,在整个"设伏""追击""毙敌"的实战中,摄像师始终在跟踪拍摄,尽管有时因跑速太快而造成画面颠簸,却也表现出了极强的现场感,使观众犹如身临其境。当然,跟踪拍摄不论是肩扛还是手持,都会存在画面不稳定的情况。如果画面的摇晃是为了表达某种艺术效果当然可以,但如果导演只是纯粹地记录,那么镜头过多晃动就会影响观影效果。因此,跟踪拍摄中如何保持镜头的平稳运动是摄像师需要注意的,尤其是刚刚开始练习拍摄的学生,更要多注意画面稳定的问题。

当然,就像旁观式拍摄也会使用运动镜头拍摄一样,介入式拍摄也同样会使用固定镜头。将它们分别在两种不同的拍摄理念中体现,实际上是为了能够更好地区分这两种不同理念下采用的拍摄方式的侧重点,以更好地区分旁观式与介入式两种不同的拍摄方式。

二、画面造型意识

无论电影还是电视,在拍摄的过程中都需要注重从画面造型上形成独特的视觉审美,同样的题材、相似的结构与叙事可以让影片在内容上较为接近,但是影视作品最终还是需要以画面来表现。在整个纪录片的创作过程中,现场是非常重要的一个拍摄环境,在拍摄过程中以导演和摄像师为主的创作者的画面造型意识是至关重要的,会直接关系到一部影片的镜头呈现与观看效果。此外,运用恰当的画面造型还能起到增强影片内容表现力的作用。

一般而言,常规的画面造型主要是景别造型、角度造型以及构图造型等,我们着重介绍景别与角度造型。

(一)景别造型

景别,指的是画面中被拍摄主体(人或物)在屏幕中所呈现出来的大小和范围。通常情况下能够决定景别的因素有两个,一个是摄像机与拍摄主体之间的实际距离与空间范围,另一个则是摄像机所使用的光学镜头焦距的长短。摄像机与拍摄主体间的距离长短决定了景别的大小,两者距离越远,景别就越大;两者距离越近,景别也就越小。光学镜头的焦距也决定了景别的大小,在两者距离不变的情况下,焦距越短,景别就越大;焦距越长,景别就越小。

将景别的概念引入拍摄主要是用于区分在不同距离下拍摄同一主体的成像效果,其作用是以摄像机来模拟人的日常视点,通过不同的景别变换来满足人的日常观看习惯与感受。观众在观看影片时往往位置是相对固定的,但画面的景别变换却能给人以动感的视觉效果,引领人的视点观看不同的事物,满足人们的审美习惯与观看需求。此外,景别还具有指向性特点。在不同景别下同样的事物呈现的大小与周边环境的范围是相对的,远景时主体让位于环境,中近景时环境则让位于主体,观众会看什么实际上景别是重要的指向。

1. 远景

远景(大远景)是画面造型中视距最远、表现空间最大的一种景别。因为远景拍摄的画面视点较为开阔,因而此类景别不适宜表现具体的某个人或事物,更适合用来表现地理环境、自然风貌等开阔的景象与场面。远景使用最多的是自然类题材纪录片,在这类纪录片中往往没有过多的个体拍摄对象,更多的是表现广袤的大地或辽阔的海洋、草原、沙漠等自然风光。比如《望长城》中广袤无垠的大漠与蜿蜒的长城,又如《故宫》中紫禁城的宏大规模与气势,都是通过远景来展现的。一般在纪录片中,远景通常用于一个段落的开篇或结尾,强调环境,以及主体与环境之间的位置关系,在远景中人物会降到次要地位,重点表现空间的规模与气势等整体视觉效果。

2. 全景

全景是能够再现被拍摄对象整体形象的景别,同时还能够展现某一具体的环境,因此全景景别能够将被拍摄物体及其所处环境同时收进画框,使观众通过画面看到被拍摄人物或事物与场景之间的关系及两者的完整形象。电视纪录片当中全景使用频率较高,它不仅符合人眼的视野,更因和被拍摄对象保持了一定的距离,能够看清镜头中所有的一切,符合电视纪录片纪实主义的客观记录的要求。全景与远景不同的是有明显的内容中心和结构主体,同时,全景是与其同一场景拍摄的其他小景别的参考基础,其轴线、光线、色彩、影调等要一致。在拍摄全景镜头时要特别注意几个方面,首先是全景中的主体与环境是同样重要的拍摄对象,处理好两者之间的关系是全景构图的重要任务,画面中人与人、物与物、人与环境等的各种关系就是全景的表达重点。其次在拍摄时还要注意镜头的焦点跟踪,时刻注意镜头的焦点,要随着摄像机的移动与外界场景的变化而调节焦点,防止全景画面出现失焦情况。最后特定环境表现特定人物是全景镜头出彩之处,因此环境、拍摄主体、拍摄主题的匹配也是十分重要的。

3. 中景

中景一般主要表现的是人物膝盖以上的部分,在中景画面中能够较为直观地看到人物上半身动作,这个景别能够让观众更近距离地接近屏幕中的人物,有置身于之中的感受,有助于表现人物状态和人物间的关系,尤其适用于表现人物之间的交流。相对于全景中人物的完整形象与环境空间的全面展现,中景中人物与环境的关系弱化,弱化了环境但却让人物更为突出,这也使中景成为一个重要的表现与过渡景别。

在纪录片拍摄中,当出现人与人之间的对话场景时,中景画面常常被用作记录的主要叙事性景别。因为中景既可以给出人物形体动作和情绪交流的空间,又使之不与周围的环境脱节,可以揭示人物的情绪、身份及相互关系。当中景拍摄对话时,需要注意的是画面的结构中心不是人物间的空间位置,而是人物视线的相交点和情绪上的交流线。

4. 近景

近景多用来表现人物胸部以上的部分,或者是在画面中要突出人物或事物的关键部位。与中景相比,近景所表现的空间环境进一步缩小,而人物在画面中的比例则一再增加,有时甚至会占据画面至少一半的面积。因此,在近景景别中,背景环境往往处于陪衬地位,大多数时候还会被虚化处理,这样就可以将观众的注意力都吸引至画面占主导地位的人物形象上。因此,近景景别常用来表现人物面部的神态、情绪,并通过这些来反映人物的内心世界。

如果近景中的人物是女性,要注意构图的和谐,不要将胸部刚好卡在边框的沿上,要留出一定的余地。

5. 特写

特写主要是拍摄人物肩部以上,用来表现人物面部以及身体其他局部或是物体的局部的景别。就景别表现空间而言,远景是对宏观世界的缩微,特写是对微观世界的放大。特写画面可以不受空间、方位限制,不顾景物、人物的全貌,而是瞄准被拍摄对象的最具本质特征的细部加以强化、放大、渲染,以揭示某种深层意蕴和情绪。

在纪录片拍摄中,创作者往往会通过某些特写镜头达到内容表达以及意象象征的作用,特写可以是对所描绘事物的细节的展现,强化观众对此细节的关注。同样也可以通过突出某一细节来强化某人或某物的存在感与真实性,且特写镜头的指向性较为明显,因此能够传达某些象征的意味,主观表达性非常强,不仅突出了拍摄主体,同时也能对拍摄主体的意义予以表达。但要注意的是由于特写景别的镜头过于注重细节与局部,因此在脱离背景环境的情况下客观记录的真实性也会随之下降。在强调纪实性的纪录片中,特写镜头的使用应当较为克制,尽量少用且单个镜头的时间不宜过长。

(二)角度造型

纪录片拍摄的角度主要是指摄像机与被拍摄对象之间所构成的位置关系,主要指方向、高度上的关系,而且这种关系主要表现为两者之间的几何角度。以被拍摄主体为中心,摄像机可以从其周围的任何位置拍摄,这就是水平关系,即水平角度,具体可以分为正面角度、侧面角度、背面角度。除了水平角度以外还有高度的差别,通过调整摄像机与被拍摄对象的高度差可以塑造两者之间的高度关系,即垂直角度,具体可以分为由低向高拍摄的仰角拍摄、由高向低拍摄的俯角拍摄,另外还有平摄与顶摄角度。

纪录片摄像师在拍摄现场选择拍摄的角度是一件非常重要的工作,拍摄角度直接影响画面造型,决定画面构图,角度一旦改变,构图将随之改变,拍摄角度新颖,构图就显得独特。拍摄角度决定画面光线和色彩,角度变化影响光线效果和色彩色调,也会影响到画面的情感表达和传递。选择恰当的拍摄角度,能够正确反映社会现实,提高纪录片的观赏性,延伸镜头的表达意义。一般情况下,纪录片拍摄时首先应该选择合适的高度和方向,这样才能在一个三维空间中根据需要来全方位地记录。

下面我们详细阐述纪录片拍摄的角度。

1. 水平角度

(1)正面角度。

正面角度就是摄像机位于被拍摄对象的正前方进行拍摄,往往用于展现被拍摄主体的正面形象特征,有较为庄严、稳重、正式、肃穆的视觉效果。使用正面角度拍摄人物时,由于被拍摄对象正面面向镜头,因此会更容易让观众产生接近感与交流感。另外在纪录片中还可以从正面方向拍摄建筑、物体等。但正面角度的缺点在于画面的纵深感不强,由于处于前景的人物或物体过大,往往会使画面纵深感、透视感减弱,因此画面会缺乏一定的空间感与立体感,甚至会产生缺少灵动、鲜活的感受。所以,正面角度要结合其他角度一起运用,取长补短。

(2)侧面角度。

侧面角度实际上在拍摄方向上还可以分为正侧角度、前侧角度、后侧角度。其中,正侧角度即摄像机位于被拍摄对象的左侧或右侧进行拍摄,主要用于表现被拍摄对象的侧面特征。正侧角度用于表现人物的侧面轮廓、动作姿态,但是同样较为缺乏空间感。前侧角度与后侧角度属于斜侧角度,只不过要看是从人物的前斜侧还是后斜侧进行拍摄,斜侧角度可以归结为左前侧、右前侧、左后侧、右后侧。

斜侧角度与被拍摄对象呈现一定的角度,但摄像机与人物正面或背面的角度要小于90度,多数以45度内的角度拍摄。拍摄斜侧角度时摄像机与被拍摄对象呈现一定的角度,能够产生较为明显的形体透视变化,使得被拍摄对象具有更加丰富的变化,空间背景也具有更丰富的透视感与立体感。在现场拍摄时,拍摄斜侧角度特别需要注意的就是摄像机的位置要始终处于被拍摄对象的同侧,或者在后期剪辑时注意将同侧镜头剪辑在一起,避免出现越轴的情况令观众感到困惑。

(3)背面角度。

背面角度是摄像机在被拍摄对象正后方进行拍摄的角度,所表现的角度与被拍摄对象的视线方向一致,能够使观众产生强烈的主观参与感,这种代入感也在无形中加强了画面的纪实感。在纪录片中背面角度常用于跟踪镜头的拍摄,能够呈现出与被拍摄对象视线一致的景象,使观众产生身临其境的感受。

2. 垂直角度

(1) 仰角拍摄。

仰角拍摄就是摄像机以从低到高的角度进行拍摄,摄像机镜头要低于被拍摄主体的水平高度。这种自下而上的拍摄能够使被拍摄人物产生高大、威猛、威严、权威、正面的效果,同样也可以使被拍摄物体,比如建筑、高山、树木等产生高大、挺拔、雄壮、宏大的气势,往往给观众以视觉上的震撼感,并表现出一层赞美、肯定、美化的色彩。但需要注意的是,在拍摄时要注意人们日常的视觉习惯,控制垂直的角度,另外不能离被拍摄对象太近,否则容易造成人物的变形与失真。

(2) 俯角拍摄。

俯角拍摄就是摄像机以从高到低的角度进行拍摄,摄像机镜头要高于被拍摄主体的水平高度。这种自上而下的拍摄能够使被拍摄人物产生被压缩的效果,看起来人物会显得低矮、畸形,让人物在画面中与环境相比显得较为弱小、无助,甚至还会产生蔑视、孱弱的暗示效果。在纪录片中运用俯角拍摄较广阔的空间时,拍摄的垂直角度越高,就越能产生鸟瞰的效果,利于展现事物的多层次视觉效果和整体风貌,表现出地理环境和整体空间的广阔壮美。在拍摄较为局限的空间或是拍摄的角度较低时,则会表达出压抑、封闭的效果。因此,俯角拍摄时要注意摄像机离地面的高度,距离地面越高,镜头表现的空间就越广阔;反之,距离地面越近,镜头中空间压缩得就越明显,以至于形成平面的构图。《航拍中国》就是俯拍纪录片中的代表作品,通过无人机航拍的形式,以俯拍的鸟瞰角度呈现祖国大好山河具有高度的观赏性。

(3) 平摄角度。

平摄角度就是摄像机镜头与被拍摄对象处于同一水平高度,与人视线平行的平摄角度最接近人们的视觉习惯。平摄角度是最符合纪录片纪实美学的垂直拍摄角度,相比于主观性较强的仰角与俯角,平摄角度带给观众平等、真实、自然、亲切的视觉感受。

(4) 顶摄角度。

顶摄角度可以被看作极致的俯视角度,即摄像机镜头的角度近似于与地面垂直,是从被拍摄主体的正上方向下拍摄。这种角度因与人们日常的视角习惯有较大差异,所以在纪录片中使用得较少,只有纪录片需要刻意为观众带来强烈的视觉冲击时才会使用顶摄角度。

(三) 固定镜头

固定镜头是纪录片拍摄中最基础的拍摄方式,既能够表现静态的被拍摄对象,也可以表现动态的拍摄对象。从技术的角度讲,固定镜头就是在机位不变、光轴不变、焦距不变的"三不变"条件下拍摄的一段连续的画面。在纪录片创作中,拍摄固定镜头可以用来交代事件发生的环境,因为固定镜头相对较为稳定,有利于观众看清环境。此外,固定镜头还往往用于采访当中,采访时使用固定镜头可以让观众对被拍摄人物的语言、神态、表情、动作等观察得更为仔细,静态的人物更利于建立与观众之间的交流感。

可见,固定镜头画面的最大特点就是画框不动,与运动镜头的画面相比,摄像机没有推拉摇移和变焦等动作。固定镜头画面的景别、拍摄角度、透视关系等基本不变,画面中景物范围大小始终不变。固定镜头画面视点稳定,较为符合观众的欣赏习惯。然而,固定镜头也有其自身的缺点,就是视点范围的单一与局限,难以表现一段时空内事件完整流畅的过程,难以实现过程性的记录,因此需要运动镜头来进行配合,以完成更好的拍摄与记录。

(四)运动镜头

运动镜头主要是通过各种运动的方式进行拍摄,从而使原本不动的物体运动起来,使其富有动感。相对于固定镜头,运动镜头能够表现一段时空内事件完整流畅的过程,实现过程性的记录。在纪录片创作中运动镜头的应用较为广泛,主要包括推、拉、摇、移、跟镜头等基本方式。

1. 推镜头

推镜头的拍摄可以通过摄像机的向前推进实现,也可以在固定机位上利用摄像机光学镜头的焦距变化而实现。随着镜头焦距变长,画面内的被拍摄主体随之变大,画面内呈现的形象元素越来越少,直到集中在一点之上。这两种推镜头的拍摄,前者被称为"真推镜头",后者被称为"假推镜头"。推镜头的运动轨迹是随着摄像机向被拍摄主体靠拢,视点离目标越来越近,被拍摄主体的成像面越来越大,由此可以达到突出重点与细节的作用。

2. 拉镜头

拉镜头与推镜头刚好相反,拉镜头的拍摄可以通过摄像机的后退得以实现,也可以在固定机位上利用摄像机光学镜头的焦距变化而实现。当光学镜头由长焦距逐渐拉成为广角镜头时,空间范围就由一个点扩展为一个面,并逐渐向四周扩展开来。这两种拉镜头的拍摄,前者被称为"真拉镜头",后者被称为"假拉镜头"。拉镜头的运动轨迹是随着摄像机离被拍摄主体越来越远,景别越来越大,视点离目标越来越远。在这种情况下,被拍摄主体的成像面越来越小,由此可以造成强烈的远离感,达到一种渐渐远离的视觉效果。

3. 摇镜头

摇镜头拍摄是纪录片较为常用的活动画面造型方式,主要是指摄像机在机位不动的情况下,借助三脚架的活动云台,或摄像师自身来变动摄像机光学镜头轴线的拍摄方式,包括机位不变的水平摇拍和垂直摇拍。

水平摇拍如果运用在大景别的拍摄中,可以用以表现空间的开阔。比如在户外进行一个大范围的水平摇拍,可以表现山势的连绵不断,体现景色的宏大气势。而在小景别中使用水平摇拍则可以建立事物之间的联系,或者刻意表现其内在的特殊联系。

垂直摇拍则是摄像机以固定的机位自上而下或自下而上地进行摇拍,常用于拍摄较为高大的对象,如纪念碑、高层建筑一类对象。

在拍摄摇镜头时要注意过快且不稳定的摇镜头会使人产生眩晕的感觉,因此切记要符合所拍摄事物的内在节奏,且尽量速度均匀,不可忽快忽慢,这样才能够让观众在视觉和生理感觉上都较为舒适。

4. 移镜头

移镜头拍摄主要是将摄像机架在活动的物体上随之移动而进行的拍摄方式。活动机位的移动拍摄方法多种多样,有摄像机面对被拍摄对象横向移动、环绕移动、进退移动、上下移动等。不同移动方向拍摄,能呈现丰富多彩的造型效果,各显所长。横向移动是最为常见的一种移镜头拍摄方式,横向移动镜头有时还可以起到突破画框框限的作用。当使用横向移动镜头拍摄静态物体时,主体从镜头前移过会产生动感的效果,而使用横向移动镜头拍摄运动物体时,如果摄像机的移动方向与物体一致,则能够产生跟随的视觉效果。总而言之,在拍摄移镜头时画面平稳是最基本的要求。

5. 跟镜头

跟镜头是摄像机始终跟随拍摄主体运动而运动的一种拍摄方式。相对于其他类型的运动镜头,跟镜头可以在一段时空内对被拍摄对象进行连续的记录,在纪录片拍摄中跟镜头属于较为常见的运动镜头。它在旁观式拍摄中较为常用,也是最能够体现纪实性的一种拍摄方式。在直接电影出现之后,跟拍的方式能够记录现场的过程,呈现人物生活的各种状态,捕捉各种精彩的瞬间与细节。跟镜头是大多数现代纪录片导演在进行拍摄,尤其是在拍摄现实题材纪录片时都会使用的基本表现手段之一。跟镜头拍摄不仅能够表现出客观的观察姿态,还能够使观众在观看时跟随镜头置身于事件之中,产生很强的代入感。当然,跟拍时同样需要注意镜头运动的稳定性,尽量与被拍摄对象的节奏保持一致。

总而言之,尽管纪录片创作在画面造型方面会多少受到纪实性的限制,不能如故事片般使用较多主观性较强、具有创造性的造型方式,但是依旧可以通过调节景别、拍摄角度、光线、色彩、镜头的运动等,让纪录片成为兼具纪实性与艺术性的影像作品。

第四节 剪辑的艺术

当纪录片的主要素材拍摄完毕之后,就进入了剪辑环节,也可以称之为后期制作环节。后期制作需要通过非线性编辑软件对视频和音频素材进行编辑,大部分影片后期制作的过程都要遵循拍摄前期所拟定的结构与叙事方式,以规定好的分镜脚本及导演的意图为依据进行素材组接。然而,在某种程度上剪辑却也是客观见之于主观的过程,剪辑之前拍摄的素材更接近于对事物的记录,而剪辑之后的影片则更多包含了导演在内的创作者们的观点和态度,还有剪辑师对影片进行的艺术化处理。

剪辑不是孤立的素材整合,而是思想性和艺术性高度集中的创作环节,它既是对社会客观现实的二度观察、认知、思考、判断,以及对创作主题思想的贯彻落实和修正发展,又是对叙事策略、艺术手段的遵循和执行。为了更加逼近客观现实、明确主题思想,剪辑环节的素材研究要对前期拍摄的素材进行检查,并由此形成补拍或者继续深入拍摄的建议。从深入研究素材、纸上剪辑、查漏补缺到初步粗剪、审查调整、再度精编,具体操作过程需要反复琢磨、不断锤炼。具体的剪辑过程主要分为准备、初剪、精剪等几大步骤,下面将针对纪录片后期制作的技术性和艺术性工作分别做详细的介绍。

一、准备

通常情况下,纪录片的影像素材在进入正式的剪辑阶段前,剪辑师还需要做一些基本的准备工作,比如观看素材、撰写剪辑提纲(纸上剪辑)等。

(一)观看素材

在后期制作阶段,剪辑师准备的第一步便是观看素材,也就是审看素材。后期制作人员要同导演一起将拍摄到的素材仔细地审看一遍并进行记录,主要是记录可以用到正片中的素材,并与导演或者团队其他成员一同讨论哪些素材、哪些画面、哪些段落较为突出,商量后期剪辑的可能性。前期观看素材的工作量比较大,属于较为耗时但是却必须要经历的过程。剪辑人员只有对素材的情况了如指掌,才能够更好地投入后期剪辑的工作。有时候这种素材的观看要经历多遍,然后筛选出能够用于影片叙事结构的片段。观看素材确实是一个非常痛苦且漫长的过程,有的时候甚至要耗费几个月,一些大型的制作甚至要耗费数年时间,但是作为专业的剪辑师,这是在后期剪辑前必须要做的工作。因为观看素材并非只是单纯地熟悉素材,也是对作品的思考过程,边看边记录观看感受,对于后期正式剪辑而言是非常有益的。

(二)撰写剪辑提纲

撰写剪辑提纲也被称为纸上剪辑,实际上就是剪辑师根据筛选的素材与记录下来的素材情况针对影片撰写的文字提纲。撰写剪辑提纲的过程就如同在纸上进行模拟剪辑,先进行这种纸上剪辑远比直接进行剪辑更有效率,也可以让后期制作有一个清晰的参照方向。剪辑提纲是素材剪辑的重要依据,要求按照脚本和素材的实际情况对影片内容、结构以及段落做出比较精确的设计。这是一个动态的过程,需要不断地调整。作为剪辑师,要时刻在脑中构建可能的逻辑段落,在场记本上的新发现也可能会成为新的结构而不断地被添加进来。尽管提纲只是对影片制作的初步构想,不能代表最终的结构,但是却需要将所有重要的人物、事件、场景、对话等统统记录并安排好,这样在实际动手剪辑之时便可以事半功倍,轻松应对,而当一切都准备就绪之后就可以进入正式的剪辑阶段了。

二、初剪与精剪

(一)初剪

初剪也被称为粗剪或粗编,实际上就是根据剪辑提纲和影片时长的要求对素材进行第一遍的剪辑,建立起影片的基本结构。如果准备阶段的纸上剪辑进行得较为细致,那么在初剪阶段就较为容易操作。通常剪辑师只需要对照着场记本和剪辑提纲对素材进行一一查找,然后把筛选出来的素材放在各个段落的剪辑点上,再对其进行排列组合即可以完成第一次的粗略剪辑。初剪本身就是将原本无序的素材和相关的影视资料进行初步的组接,因此初剪不必太过纠结于两个段落衔接处是否足够自然与精细,因为这是后面更多次精剪的工作。

此外,还有关于剪辑时间的问题,通常初剪时剪辑师要尽量将素材控制在一定的时间范围内,但是也要明确不可能通过一次剪辑就能达到完全适宜的时间。初剪出来的影片大多数都会超时,因为初剪只需要大致勾勒出纪录片的叙事框架和基本面貌即可。每个镜头的时长可以稍微长一些,剪辑的素材导入的层次也可以丰富一些,比如在剪辑软件中可设置多条影像画面、特技、图片、字幕的视频轨道,并同时设置多条同期声、主观音乐、音响等音频轨道。

(二)精剪

在对初剪的素材的大致框架和总体节奏进行适当调整后,剪辑工作就可以进入精剪的环节。精剪也被称为精编,是剪辑师按照剪辑提纲上的叙事表意的要求对已经经过几次粗剪的内容进行的精细调整,此外还包括一些细致的修改和包装。精剪过程中要求剪辑师注意遵循影视语言的基本规则,并且镜头的组接要在叙事表意上具有合理性,并利用不同素材的组接、不同镜头的长度、不同剪辑点的选择来对纪录片进行艺术创造。有人说如果把之前的粗剪比作毛坯房的话,那么精剪就是精装修。这一阶段就是要经过一遍遍细致的打磨、一遍遍细化的修改,直到最终使其成为一部让创作者满意的作品。

精剪的过程经常是在做减法,压缩、省略、调整节奏。如果一个镜头让人看够了再切换,节奏自然会显得拖沓。对此,审视作品时要有敏锐的感觉,控制全片的叙事节奏、速度。精剪是对一部纪录片进行精雕细琢的过程,需要针对每一个镜头,根据画面内容的信息,删减或延长镜头的长度。镜头的删减或延长,要重新切割镜头,需再次选择剪接点。从一个镜头的剪切,到两个镜头之间的重新组接,镜头剪接点的选择有时需要精确到帧。由此循序渐进,从而完成对一组镜头结构的调整。这些精雕细琢的完善和修饰贯穿了整个精细剪辑的全过程,既包括对组成影片叙事的各个片段组接合理性的审视,也包括通过艺术化的、具有表现性的剪辑处理达到表意的目的。

三、镜头组接

熟练地运用剪辑技巧是纪录片剪辑师必须掌握的基本技能,其中将素材中的关联镜头进行合理的组接是剪辑师最为重要的一种能力。组织画面语言就如同遣词造句一般,要遵循一定的原则与规律。通常情况下镜头的组接要采取"动接动,静接静"的方式,这是最为基础的剪辑规则,但往往实际的剪辑要远比这复杂得多。镜头组接技术的关键是要保障镜头转切的流畅,恰当的镜头剪接点是保证镜头流畅的首要因素。通常情况下剪辑师选取剪接点会从画面运动、声音、情绪、节奏四个方面进行考虑。

选择画面运动为剪接点主要是考虑被拍摄人物或事物的外部运动,尽可能让剪辑后的运动主体符合实际生活的运动逻辑,让动作与动作之间的衔接自然流畅。比如选择人物运动的剪接点,通常会将具有前后联系或关联性的动作放在一起,同时也尽可能选择起始动作和动作的终点,从而组接成过程连贯的动作。

选择声音为剪接点则主要考虑的是声音的连贯性,无论人物行为如何、空间如何转移,在一定叙事框架内声音要尽可能连贯,包括对白、画外音、解说词以及音乐等各种声音。人物同期声(包括访谈),至少要让人完整地说完一两句话,再切入下一个画面。特别是中、近景镜头,选择剪接点时要特别注意嘴唇动作和眼睛等细节的细微变化。

选择情绪为剪接点则是按照人的心理,主要是被拍摄对象的心理活动,以镜头的组接来构成一种情绪的延续,因此要相应地保留镜头的长度来抒发、释放某种情绪。选择情绪作为剪接点,可以从表情因素和细微的肢体动作切入,也可以利用逐步积累起来的情绪效果和感情色彩,通过转换镜头,制造情绪气氛。情绪剪接点的作用是能够强化影片的感性基调,激发出行为与内容的深层意义,将人物的心理活动转化为一种显性的叙事,与外部动作共同参与影片叙事,进一步强化影片的艺术性与多样化叙事特性。

选择节奏为剪接点通常是导演为了强化影片的艺术效果,是表现纪录片艺术风格的一种方式。节奏可以分为内在节奏与外在节奏两种形式,在选择节奏作为剪接点时要将两者统一起来,以增强纪录片的叙事感染力,节奏或急促或舒缓都是影片独特的艺术效果。节奏剪接点涉及的因素非常多,涉及人物语言、动作、情节内容、情绪、气氛和造型性节奏等。因此,选择节奏作为剪接点,主要是通过控制镜头的长度创造不同的节奏感,短镜头节奏急促,长镜头节奏舒缓,剪接率决定着一组镜头的转换节奏。

四、蒙太奇式剪辑

蒙太奇(Montage)一词源于法语,原义是安装、装配、剪接,在俄语中被发展成电影中镜头组合的理论,即"有意涵的时空被人为地拼贴剪辑的手法"。当不同的镜头组接在一起时,往往会产生各个镜头单独存在时所不具有的含义。爱森斯坦认为:"将对列镜头衔接在一起时,其效果不是两数之和,而是两数之积。"也就是我们常说的,以蒙太奇的方式进行镜头剪辑,常常能够达到一加一大于二的效果。凭借蒙太奇手法,电影享有时空的极大自由,甚至可以构成与实际生活中的时间、空间并不一致的电影时间、电影空间及电影节奏。早在电影问世不久,美国导演,特别是格里菲斯,就注意到了电影蒙太奇的作用。后来苏联导演库里肖夫、爱森斯坦和普多夫金等相继探讨并总结了蒙太奇的规律与理论,形成了蒙太奇学派,他们的有关著作对电影创作产生了深远的影响。

第二次世界大战后,法国电影理论家巴赞对蒙太奇的作用提出异议,认为蒙太奇是把导演的观点强加于观众,限制了影片的多义性,主张运用景深镜头和场面调度连续拍摄的长镜头摄制影片,认为这样才能保持剧情空间的完整性和真正的时间流程。他倡导创作者使用能够表现完整生活的长镜头,而反对爱森斯坦的理性蒙太奇。这样的观念一度对纪录片创作产生非常深刻的影响,使得当时很多纪录片创作者放弃了蒙太奇而追求长镜头的完整纪实。然而,巴赞的纪实电影理论却在创作实践中存在很大的局限性,一味地否定创作主体存在的合理性,排除主体、排斥主观,并不完全符合纪录片创作的本来意义,纪录片是纪实性作品,但它也是艺术品。纪录片的素材的确与现实世界有着密切的关联,但从创作者的角度出发,作为一种创作观念,它更强调的是表现主题的现实性和形式所具有的实在意义。意义的产生必然由影像决定,影像以何种方式呈现,就赋予纪录片何种意义。在纪实主义作品的创作中,摄像机不仅是记载客观现实的机器,更是创作者用来表意的工具。

同样,后期制作也是创作的一部分,选择蒙太奇的手法与否与创作者想要表达的影像内容与创作意愿相关。当然我们明白,纯粹客观的展示是不可能存在的,只能是无限地接近与追求。法国导演让·维果曾说过:"如果我们能根据社会的一次纯物质的表现而显示出一个社会的精神,那么,我们就达到了纪录片的目的。"这里面"一次纯物质的表现"是基于现实的素材汲取,但是要"显示出一个社会的精神",主体意识必然是存在的,主体意识是将现实转换成意义的重要存在。正如马尔丹所说:"在纪录片的创作中,不是将思想处理成画面,而是通过画面去思考。"

因此,在纪录片创作中创作者并不是以主题先行的方式来创造现实,而是通过蒙太奇的组接方式,让现实成为具有意义的、能够引起人们思考的影像。在纪录片中,蒙太奇不是主体按照主观意愿的肆意创作,而是创作者用心将素材组织在一起,以最贴近现实的影像展现现实、传递思想的桥梁,蒙太奇使纪录片兼具了观赏性与思想性。伴随着蒙太奇美学的演进,纪录片也逐步发展并形成了自己独特的一套剪辑美学理念与风格。在纪录片的后期制作过程中,导演可以使用同样的素材,经过不同方式的编辑处理后,表现出完全不同的观点或感情。蒙太奇剪辑风格,可以分为叙事性蒙太奇与表现性蒙太奇两类。

(一)叙事性蒙太奇

叙事性蒙太奇所使用的剪辑方式,通常是遵循蒙太奇的法则并按照叙事的目的对素材进行编辑处理。在纪录片当中使用叙事性蒙太奇来展示现实生活,一般剪辑师会以前期策划的叙事结构为蓝本,从拍摄的素材当中提炼具有故事性、戏剧性的内容,如事件的过程、情节发展、转折悬念、人物关系、结尾高潮等。这些内容经过剪辑师按照时间顺序或叙事逻辑顺序进行分类、剪裁与组合后,就能够基本地呈现日常生活当中的戏剧时刻。通常导演也会参与这部分的制作,从而在如何制造情节的转折点、如何设置悬念、如何铺垫、让事件按照怎样的逻辑发展、如何激发并呈现高潮方面给予剪辑师一定的指导,以保证能够最大限度地在基于现实生活本身的基础上表达创作者的思想。当然,有时导演的意见只是一方面,在后期剪辑时还必须考虑到观众的观影体验与心理接受的问题,即要考虑到受众。要从受众的角度对各类事件、细节和语言进行筛选、分解、压缩、放大及重构,以有效传递出流畅的信息,形成推动纪录片真实故事不断发展的张力。这样经过组接后的每一个镜头,才能恰如其分地传递出关于事实过程的重要信息。

在叙事性蒙太奇剪辑中,有一些基本的原则,其中两个重要原则需要剪辑师特别注意。

1. 保持叙事的连贯性

保持叙事的连贯性指的是剪辑师在进行镜头的组接时要让整体的叙事连贯,其中包括动作的衔接、不同场景的转换、事件进展的因果、时间的连贯与空间的统一等。叙事性剪辑重视形态和动作的顺畅和连续性,重视画面之间的内在逻辑关系。叙事性剪辑重视纵向组接画面叙事,大体按事件(故事)发生、发展、深入、结束的顺序组接画面、结构作品,对横向结构和时空跳跃的组接取谨慎态度。叙事性剪辑的技巧注重的是镜头的记录、揭示功能,几个镜头连接在一起,在时间上是连续进行的,在空间上是一个整体(即使不在同一空间),这样才能准确表达事件的发展和运动的连贯,给人以流畅、清晰的感觉。所以在进行叙事性剪辑时,剪辑师要格外注意细节,注意镜头切换是否顺畅、动作衔接是否合理,以及在一些空间转换时,有无细节方面的变化等。

2. 交代清楚环境与各部分关系

在叙事性剪辑中,剪辑师不能只是将关注点放在叙事上,在进行叙事镜头组接的同时还要重点关注镜头内各部分与环境之间的关联性,尤其要交代清楚环境与这些人、事、物之间的关系。让观众在一个清晰、明确的背景下了解事情的发展过程,这样才不会使观众对实际空间的概念产生思维混乱。尤其是在空间转换的地方,应该借助长镜头或者一些特别的细节及背景参照物来进行空间切换,从而帮助受众在视觉上对画面所处空间有清晰的认知。

在具体的剪辑中,叙事性剪辑主要会采用以下四种结构。

1. 线性剪辑结构

线性剪辑结构是叙事性蒙太奇最为常用的一种剪辑结构,也被称为前进式线性结构,指的是纪录片中时间发展的唯一线索是严格按照时间顺序或者故事情节发展的顺序展开的一系列事件场景。因为完全是流线性的发展,所以事件中没有两个局部的情节的展开在时间上是相互重叠的,剪辑的每一组画面都是按照时间顺序进行组接的,看上去影片呈现的就是事件的完整发展过程。这种剪辑方式简单且常用,可用于大多数社会生活类的纪实影片,也是被使用较多的剪辑结构。

2. 逆向剪辑结构

逆向剪辑结构在纪录片剪辑中也比较常用,用逆向叙事的剪辑方式可以让纪录片有一个充满戏剧性的开头。这类影片往往用一个富有戏剧性的开头切入,刚开始就将观众的注意力引向事件的高潮部分,这种结构有点类似于新闻写作当中的倒金字塔结构。当高潮部分展示完毕后,影片又会回到正常的时间顺序。整个叙事过程从现在转向过去,从过去再返回现在,让影片里的事件和人物按照其本来的发展状态继续下去,回到正向的线性剪辑。

3. 交叉剪辑结构

交叉剪辑结构是指在纪录片中有同时进行的两条或两条以上的线索齐头并进,其共同构成影片的完整叙事结构。在大多数采用叙事性剪辑的纪录片中,如果使用的是交叉剪辑结构,通常情况下在影片中相互交叉的线索都是有一定关联性的,这种联系可能是直接的,比如不同线索中的人物或事物存在联系,甚至是相互影响;也有可能是间接联系,这种情况下影片中不同叙事线索中的人物与事件可能不存在直接关联性,但是却可能存在于相似的生活背景与环境中,或是有着相似的经历等。这种交叉剪辑结构也是纪录片中经常使用的剪辑方式,当纪录片所记录的人物或事件并不局限于同样的时间和空间时,或是要记录同一时期不同空间发生的事件时,常会采用这类结构。一般在前期摄制时也会通过分组的方式对各条线索中的人物或事件进行跟踪记录,记录在同一时间不同空间中不同对象的活动,后期再通过交叉剪辑的方式将其联系在同一主题下,共同构成影片的复合叙事结构。

4. 板块剪辑结构

板块剪辑结构与前面的交叉剪辑结构有相似之处,但也有着明显的区别。首先板块剪辑结构与交叉剪辑结构都是利用前期分组拍摄的素材进行剪辑。但与交叉剪辑结构的区别在于,板块剪辑结构没有特别强调线索与线索之间的时间统一性,交叉剪辑结构特别强调的是同一时间的不同空间,而板块剪辑则可以将发生在不同时空的事件组合在一起。比如有些纪录片会采用一年四季作为各个板块的主题,记录人们在不同空间发生的故事。这些事件之间可能没有相互交叉进行叙事,而是呈现为多个平行事件的板块式并置,是作为整体叙事的一个独立的组成部分共同统一在一个主题之下。

(二) 表现性蒙太奇

表现性蒙太奇与叙事性蒙太奇最大的区别在于其剪辑不但是为了叙事而进行的,还重在"表现",也就是通过将具有一定关联的镜头进行组接,来达到某种写意的效果。这就是人们常说的一加一大于二的效果,镜头组接后所产生的意义远远大于两个单独镜头的叙事效果。通过镜头的组接,创作者可以用来暗示或者表达某种寓意,抒发某种情绪,表达某种思想,从而激发观众对影片当中人和事物的某些联系的思考。某些时候表现性蒙太奇是纪录片创作者表达主观意愿的一种途径,也是让纪录片更接近艺术作品的方式,当然这种主观表达是要建立在不违背事实本来面貌的基础之上的。爱森斯坦曾经这样总结表现性蒙太奇:"摆在艺术家面前的任务是,将这个能从情绪上体现出主题的形象转化为两三个局部性的画面。这些画面一经综合或并列,就应该在感受者的意识和情感中出现当初在创作者心中萦绕的那个概念的形象。"比如维尔托夫的经典作品《持摄像机的人》,影片中多次借鉴了爱森斯坦的蒙太奇理论,在剪辑中会将不相干的素材相互联系起来,通过"冲突"的原则,为影片制造断裂、对比等如戏剧般离间的效果。表现性蒙太奇常用的手法主要是对比、喻比、象征、烘托、重复等,这些手法大都在叙事的基础上表意,达到解释事物本质和营造特定意蕴的目的。相比之下,叙事性蒙太奇更注重对客观事实的陈述,如同导游一般陪伴观众共同走进时间当中,以伴随的方式陪伴观众了解事件的整个过程,其主要功能是写实。表现性蒙太奇则更注重将客观事实的展现建立在创作者的主观引导之上,如同一个为观众讲故事的人在通过自己独特的方式对客观现实进行展示,在此期间还要渗透一些主观情感,其主要功能在于写意。

表现性蒙太奇主要采取以下三种剪辑方式。

1. 对比式剪辑

对比式剪辑是表现性蒙太奇中最常用的手法之一,通过不同视听形象的组接对比,形成某种印象或结论,进行对比的两个或两个以上的可视形象之间要具有可比性并差异明显,缺乏可比性或差异微小的形象是难以构成对比效果的。通常情况下,在纪录片剪辑中,同类差异或异类共性的素材都可以组合在一起构成对比,如何剪辑及用什么素材来进行对比剪辑,关键是创作者首先要明确作品需要什么样的对比、手中的材料可以构成什么样的对比、要通过对比来说明什么。在自然界及社会生活中,美与丑、善与恶、正与邪、贫与富、大与小、强与弱都可以构成对比。另外具体到剪辑的内容,在画面所表达的思想内容上,在画面的造型方面、声音的造型方面,甚至是叙事的节奏方面都可以构成对比,在后期制作时积极地寻找与挖掘具有可对比性的素材,往往可以非常巧妙地深化主题。

2. 联想式剪辑

联想式剪辑包含多种方式,其主要是利用视听形象的象征、隐喻等暗示功能来激发观众想象与联想,是一种既形象又含蓄的解释主题意义的剪辑方式。在表达创作者对现实的某种理解和认识等比较抽象的概念方面,联想式剪辑具有巧妙神奇的叙事能力。联想式剪辑主要分为象征式剪辑与隐喻式剪辑。二者较为类似,都是一种具有阐释和联想作用的镜头组接对应关系,其差别在于象征式剪辑是以具体形象对应上下情节所涉之事之理,利用某种视觉形象来代替作品中特定的含义和内容,具有集中、简练、形象化的意义。象征式剪辑往往是借助观众认知范围内的视觉或听觉形象的引申意义来创造新的内涵的剪辑方式,如色彩的象征,还有人们对一些约定俗成的抽象意义的认知,绿色象征新生、红色象征热情与喜庆、朝阳象征生命、落日象征晚年等。运用象征式剪辑的关键在于认知范围的普遍性,在于所选择用于象征的物象能够被广大受众理解并接受。利用隐喻式剪辑的前提是本体与喻体之间的内在联系要合情合理,能够让观众较为容易地理解创作者运用比喻的寓意。在影视作品中以具体形象喻示相对抽象含义的手法非常常见,创作者以具体的事物形象来隐喻、阐释抽象概念,把隐蔽的、深奥的思想内容浅显化、形象化,这种方式要比直接说理更容易让观众接受,如以体育竞技比喻人生竞争、以婴儿出生比喻新生与改革、以礼花比喻喜庆等。

3. 重复式剪辑

重复式剪辑是在影像素材中选取某些具有象征意义的形象(画面或声音),并使其在影片中反复出现,起到强调和突出的作用,同时也可以作为段落转折的符号。当一个具有象征意义的片段重复出现时,为的就是让人们频繁地注意到它,每一次出现,影像所传递的象征力都会进一步加强,观众对此的认知也会一次又一次地得到强化。如纪录片《逃亡上海》中,那个俯瞰下的蜿蜒行进的长长的难民队伍,在寒冬荒野里艰难蹒跚,每次出现都重复着一群生命挣扎绝望的呼喊:"告诉我,走向何方?因为我没有立足之地!"这种重复,既起到了深化主题的作用,又是段落转折的符号,有效地加深了观众的印象。与重复式剪辑较为相似的是利用相近似的素材而非完全相同的素材进行叠加,比如影像的内容、景别、运动形式等,这种叠加剪辑又被称为积累效应,或积累蒙太奇、主题蒙太奇,顾名思义就是以阐明主题为目的的剪辑形式。通过素材的叠加与积累,达到强调与突出的作用,并以此来强调影像的意义,强化纪录片的艺术感染力。

综上可见,相较于叙事性蒙太奇,表现性蒙太奇的确会因创作主体的深入参与而使相同的现实素材具有多样化的表达层次,让影像意义更加丰富。这也是为什么即使是在以记录现实为主要目的的纪录片中,很多导演依旧无法放弃使用表现性蒙太奇的手法进行后期制作,因为表现性蒙太奇使作品更加深刻,也更具有认识价值和审美价值。如果在纪录片中创作者有意要进行议论与抒情,那么表现性蒙太奇一定是表达创作者鲜明主体意识最重要的方式与手段。

五、声音剪辑

纪录片是视听结合的影视作品,内容与信息的传递往往需要通过画面与声音共同承载,即除了画面外还需要声音来承载内容与表达意义。声音的剪辑是以声音元素为基础,根据内容要求与画面的有机关系来处理音频素材的制作方式,而如何保持声音的完整性与连贯性,并利用声音达到增强叙事感染力与意义表达都是剪辑师在剪辑声音的时候需要考虑的。

纪录片中的声音剪辑主要包括对人物语言(现场同期声、解说词)、音响、音乐进行的剪辑,剪辑过程中最需要注意的就是声音与画面的关系问题,声画的不同组合形式能够造就完全不同的表达效果。

(一)人物语言的剪辑

在纪录片中现场同期声与解说词是人物语言的两种最主要的声音形式。早期的纪录片因技术等各方面原因,更加注重解说词的使用,利用解说词对画面所呈现的内容进行适当的解释、说明,擅长叙事说理是解说词的典型特征,比如早期的格里尔逊模式就是典型的画面加解说词的形式。

纪录片的后期制作在选择解说词方面需注意尽量不要重复画面已经展示的内容,同时也不能完全独立于画面之外,导致与画面不匹配、声画两张皮的现象出现。另外,解说词的配制也不能过多、过长、过满,造成连篇累牍、毫无间歇的灌输效果。

20世纪中叶同步摄录技术的出现使摄像机在人声的选择上又多了一层选择,尤其是在纪录片的采访过程中,同期录音的便捷使得同期声被运用得越来越广泛。在后期制作过程中,剪辑师要尽量保证同期声内容,尤其是人物讲话的连贯性,在必须要剪辑的地方,要找到合适的剪接点进行剪辑,切忌出现声音的不连贯与声音衔接的错位感。

(二)音响的剪辑

纪录片中的音响是被拍摄对象的人物语言(对话、自述等)以外的同期声,主要包括环境声或自然声。当然环境声中的一些被录入的非主要拍摄的背景人声也属于环境声,比如大街上来来往往的人群、闹市中嘈杂的人声等。音响在纪录片中的作用通常是渲染氛围和传达情绪,和谐的音响能够有效地阐释画面,从而表现出画面内视觉形象蕴含的深层意蕴。现场同期录制的音响不仅能够有效地传递环境信息,让场景转化得自然流畅,还能够增强纪录片的真实性与现场感。

进入纪录片的声音,必须是经过选择、加工的声音,原始声音的简单堆砌不是艺术。那些表现欢快热烈、大喜大悲的声音,总是与可视形象一起深深地刻入人的记忆,诚然可贵;根据作品题材内容和艺术要求,对现场声进行各种巧妙处理,使之产生堪与精彩镜头媲美的亮点,在精彩细节中起到独特的作用,更能显示声音剪辑技巧的作用,也更能显示剪辑者的功力。

(三)音乐的剪辑

在声画结合的创作过程中,创作者通常会利用具有表现性的音乐创造节奏,表意抒情。纪录片后期进行音乐剪辑时要切记几个重要的方面,首先是段落过渡要自然,不要有明显的间断点;其次是段落不要分得太短、太碎;最后是配乐素材宜集中不宜过于分散。总而言之,音乐本身在纪录片中就是烘托气氛、渲染情绪之用,不宜过多、过满,过度使用音乐会产生有悖于纪录片纪实特性的刻意之感,导致主观性增强、客观性减弱,还会给人过度煽情之感。在实际应用中,多数纪录片音乐剪辑的起落都是伴随着纪录片叙事节奏或情绪剪辑的起伏自然和谐地出现,因为符合情绪与节奏的音乐听起来才自然、顺畅,不仅能为影片增色,还能增强纪录片的艺术性。

六、合成与审片

经过了观看素材、撰写剪辑提纲、初剪、精剪、镜头组接、蒙太奇式剪辑、声音剪辑等步骤,纪录片的后期制作就进入了最后一个步骤,即合成与审片环节。

纪录片的合成主要是将已经剪辑好的声音及字幕与画面合而为一,成为完整的作品。声音合成的环节也被称为配音,这里的声音就是前期剪辑好的解说词、同期声、音响及音乐等混响,一般到了后期合成的环节,这些音轨大都已经各就各位,被剪辑师放在了与画面相对应的剪辑点上,在此基础上进行的合成并不是一件困难的工作,但需要剪辑师的细心与细致。最好在声画合成之前再细致地检查一遍音轨所对应的位置是否准确,核对完毕再进行合成,一段高质量的影像就由此而产生了。字幕合成主要是为经过声音合成后的纪录片添加正片字幕、采访字幕、影片内容的说明性字幕、片头片尾字幕等。

纪录片的审片是对合成后的影片进行最终审定的环节。从观众审看到制片人审查,不同的意见为纪录片修改提供了不同的视角,纪录片的修改是在吸取多种不同意见的基础上进行的。修改过程是让作品日趋完善的过程,正是在不断的修改过程中,精品才会诞生。大多数纪录片在上映前都需要经过几轮审片,参与审片的人员包括导演在内的创作团队、制片人、专家、同行、观众等,制片人是影片的最终审定者。

参 考 文 献

[1] 王庆福. 电视纪录片创作[M]. 重庆:重庆大学出版社,2016.

[2] 郭振元. 纪录片剪辑与制作[M]. 北京:中国传媒大学出版社,2019.

[3] 何苏六. 中国电视纪录片史论[M]. 北京:中国传媒大学出版社,2005.

[4] 刘迅,陈卓威. 电视纪录片创作实训[M]. 重庆:重庆大学出版社,2016.

[5] 周振华. 纪录影像的再建构——表征、意义与认知[M]. 南京:南京大学出版社,2015.

[6] 欧阳宏生. 纪录片概论[M]. 四川:四川大学出版社,2010.

[7] 陶涛. 纪录片创作教程[M]. 北京:中国传媒大学出版社,2019.

[8] 聂欣如. 纪录片概论[M]. 上海:复旦大学出版社,2012.

[9] 钟大年. 纪录片创作论纲[M]. 北京:中国传媒大学出版社,1997.

[10] 王列. 电视纪录片创作教程[M]. 北京:中国广播电视出版社,2005.

[11] 陈国钦. 纪录片解析[M]. 上海:复旦大学出版社,2012.

[12] 何苏六,丰瑞. 纪录片创作[M]. 北京:中国传媒大学出版社,2015.

[13] 方方. 中国纪录片发展史[M]. 北京:中国戏剧出版社,2003.

[14] 何苏六. 中国电视纪录片史论[M]. 北京:中国传媒大学出版社,2005.

[15] 单万里. 中国纪录电影史[M]. 北京:中国电影出版社,2005.

[16] 张同道. 真实的风景——世界纪录电影导演研究[M]. 北京:同心出版社,2009.

[17] 孙红云. 真实的游戏:西方新纪录电影[M]. 北京:文化艺术出版社,2013.

[18] 刘洁. 纪录片的虚构——一种影像的表意[M]. 北京:中国传媒大学出版社,2007.

[19] 尼尔克斯. 纪录片导论[M]. 北京:中国电影出版社,2007.

[20] 奥夫德海德. 纪录片[M]. 南京:译林出版社,2018.

[21] 伯纳德. 纪录片也要讲故事[M]. 2版. 北京:世界图书出版公司,2011.

[22] 巴尔诺. 世界纪录电影史[M]. 北京:中国电影出版社,1992.

[23] 罗莎. 弗拉哈迪纪录电影研究[M]. 上海:上海人民美术出版社,2006.

[24] 艾伦,戈梅里. 电影史:理论与实践[M]. 北京:中国电影出版社,2004.